Artur Bogner · Zivilisation und Rationalisierung

Artur Bogner

Zivilisation und Rationalisierung

Die Zivilisationstheorien Max Webers, Norbert Elias'
und der Frankfurter Schule im Vergleich

Westdeutscher Verlag

CIP-Titelaufnahme der Deutschen Bibliothek

Bogner, Artur:
Zivilisation und Rationalisierung: die Zivilisationstheorien
Max Webers, Norbert Elias' und der Frankfurter Schule im
Vergleich / Artur Bogner. — Opladen: Westdt. Verl., 1989
   ISBN 978-3-531-11898-7   ISBN 978-3-322-94355-2 (eBook)
   DOI 10.1007/978-3-322-94355-2

Der Westdeutsche Verlag ist ein Unternehmen der Verlagsgruppe Bertelsmann.

Umschlaggestaltung: Horst Dieter Bürkle, Darmstadt
Umschlaggraphik: Susanne Wolff, Essen

ISBN 978-3-531-11898-7

Für

Paul Wilhelm Rose

(1898 − 1968),

der sich
wenig mehr gewünscht hätte,
als im Licht der Leselampe
lernen zu dürfen.

Danksagung

Die hier vorgelegte Schrift ist eine überarbeitete Fassung der Dissertation, die ich im April 1986 der Fakultät für Soziologie der Universität Bielefeld eingereicht habe. Beide Fassungen, daran möchte ich hier erinnern, schulden ihre Existenz nicht nur den im Literaturverzeichnis angeführten Büchern und Zeitschriftenaufsätzen. Jeder Mensch ist auf andere angewiesen – und so sind es auch seine Werke. Viel hängt davon ab, wie diese Menschen und man selbst mit dieser Grundtatsache menschlichen Lebens umgehen. Ich bin in der glücklichen Lage, darüber hier nur Gutes zu berichten – ohne dabei irgendetwas Wichtiges und Dazugehöriges zu verschweigen. Vor allem die zahlreichen Gespräche mit meinem Doktorvater, Prof. Dr. Franz-Xaver Kaufmann, und mit Prof. Dr. Norbert Elias sind mir in der schönsten Erinnerung. Ich wünsche allen Doktoranden eine so vorbildliche Förderung, wie sie mir durch diese beiden Männer zuteil wurde.

Unter den Menschen, die geholfen haben, die seelischen und materiellen Kosten meines prätentiösen Unternehmens zu tragen, ist an erster Stelle meine Frau zu nennen, deren Liebe und Geduld ich auf eine schwere Belastungsprobe gestellt habe. Ohne sie wäre dieses Buch nie geschrieben worden – und es gehört dennoch nur zu den geringsten Dingen, die ich ihr verdanke.

Für Zuneigung, Ermutigung und eine ebenfalls sehr weitgehende finanzielle Unterstützung bin ich meiner Mutter und besonders meiner Großmutter, Martha Rose (1901–1988), zutiefst verpflichtet. Ich hoffe, es ist auch in ihrem Sinne, wenn ich diese Schrift dem Andenken meines Großvaters gewidmet habe.

Anerkennung soll die Studienstiftung des deutschen Volkes finden, die mein Promotionsvorhaben durch die Gewährung eines Stipendiums großzügig gefördert hat. Von großer Hilfe war außerdem ein Honorarauftrag der Norbert Elias Stiftung (Amsterdam), weil er mir gestattete, im Umkreis meines Dissertationsthemas wissenschaftlich zu arbeiten. Schließlich verdient Wilfried Staemmler mein großes Lob für seine außergewöhnliche Sorgfalt und seine freundliche Geduld gegenüber einem stets zu nachträglichen Korrekturen und Ergänzungen aufgelegten Autor – bei einem so schwierigen Geschäft wie der Herstellung einer druckfähigen Satzvorlage.

Wichtige Gesprächspartner waren in den letzten Jahren und sind mir hoffentlich auch in Zukunft: Jóhann P. Arnason, Klaus D. Dey, Eric Dunning, Georg Elwert, Hans-Dieter Evers, Mike Featherstone, Johan Goudsblom, Richard Kilminster, Wolfgang Kröpp, Eberhard Kunze, Stephen Mennell, Manfred Müller (Westdeutscher Verlag), Hans Nokielski, Eckart Pankoke, Gert Schmidt, Hartmann Tyrell und Cas Wouters. Ihnen und anderen Bekannten und Freunden fühle ich mich nachhaltig verpflichtet. Jene unter ihnen, die hier nicht erwähnt sind, habe ich nicht vergessen.

In leicht abweichenden Fassungen sind das Kapitel 3. und (gemeinsam) die Kapitel 2. und 4. dieser Arbeit inzwischen als englischsprachige Aufsätze erschienen*. Ich möchte mich in diesem Zusammenhang bei den Herausgebern der Zeitschriften *Sociology* und *Theory, Culture & Society* für die Genehmigung bedanken, diese Texte nun in deutscher Sprache zu publizieren — und in dem sachlichen Kontext, in den sie ursprünglich hineingehören.

Im Mai 1988   Artur Bogner

---

* Als 'The Structure of Social Processes', *Sociology* 20, 3 (1986): 387–411, und als 'Elias and the Frankfurt School', *Theory, Culture & Society* 4, 2/3 (1987): 249–285.

Inhaltsverzeichnis

1. Einleitung

Die Aufgabe dieser Arbeit bildet eine vergleichende Diskussion der Arbeiten von Norbert Elias und Max Weber unter dem Gesichtspunkt einer Theorie dessen, was Elias den "Prozeß der Zivilisation" und Weber "die zunehmende Intellektualisierung und Rationalisierung" (GAWL: 594) genannt[1] hat. In diesen Vergleich habe ich auch die Theorie Max Horkheimers und Theodor W. Adornos über die "Dialektik der Aufklärung" einbezogen – unter anderem deswegen, weil manche Thesen und Probleme der beiden anderen Autoren schärfer ins Licht treten, wenn man sie dieser gegenüberstellt. Während im Mittelpunkt meiner Darstellung die beiden Theorien stehen, auf die der Titel mit den Stichworten "Zivilisation" und "Rationalisierung" verweist, hat mir die Zivilisationskritik der älteren Frankfurter Schule vor allem als Kontrastfolie und als eine wichtige Quelle von hilfreichen Intuitionen gedient.

Die Problematik einer Theorie der "Zivilisation" im Sinne Elias' und in der verwandten Bedeutung, die dieser Begriff bei Horkheimer und Adorno erhalten hat, oder der "Rationalisierung" umfaßt, je nachdem, welcher der genannten Autoren zu deren Eingrenzung herangezogen wird, vor allem die folgenden Gegenstandsbereiche:

– eine Theorie der Entwicklung soziogener Persönlichkeitsstrukturen im Zusammenhang mit dem Wandel der gesellschaftlichen Beziehungen und ihrer Organisationsformen;
– eine Theorie der Entwicklung der gesellschaftlichen 'Institutionen', der sozialen Zusammenhänge von Handlungen und Menschen, die sich in der Geschichte der sogenannten "Hochkulturen" verfestigt und bestimmte "typische" Züge angenommen haben, von denen einige heute nahezu über die ganze Menschheit verbreitet sind (dazu gehört zum Beispiel die Monopolisierung der "legitimen" Gewaltanwendung als Kennzeichen des modernen Staatsapparats und im übrigen auch die herausragende Rolle von Parteien in der Arena innerstaatlicher Politik);
– eine Theorie der Genese jenes "Rationalismus", den vor allem Weber als charakteristisches, aber zu universaler Verbreitung neigendes Merkmal der abendländischen Neuzeit hervorgehoben hat;
– die Klärung der Frage, ob sich diese Elemente zu einer kohärenten Theorie der Menschheitsentwicklung verbinden lassen, die der soziologischen und historischen Forschung fruchtbare Problemstellungen – das heißt aber:

---

[1] Weber spricht in diesem Zusammenhang auch von dem "*Fortschritt* der gesellschaftlichen Differenzierung und Rationalisierung" und vom Fortschreiten eines "Intellektualisierungs*prozesses*, dem wir seit Jahrtausenden unterliegen" (GAWL: 473 und 593; Hervorhebungen von mir, A.B.). Über die für Webers Schriften verwendeten Abkürzungen siehe die Erläuterungen am Ende der Arbeit.

überprüfungsfähige Hypothesen und Modelle — zur Verfügung stellen könnte.

Wer sich nur oberflächlich mit den Werken Elias' und vor allem Webers vertraut gemacht hat, weiß, daß eine umfassende empirische Überprüfung ihrer 'Zivilisationstheorien' historische Kenntnisse erfordern würde, die auch die Fähigkeiten und Ressourcen eines guten Fachhistorikers vor eine harte Belastungsprobe stellen müßten. Angesichts dessen konnte ich mir — in einer Dissertation — im wesentlichen nur die Aufgabe stellen, die Vorarbeiten für ein solches Unternehmen zu erbringen. Die Schwierigkeiten der Interpretation des Weberschen Werkes sind bekannt genug. Der Umfang und die Kontroversen der Sekundärliteratur legen dafür ein deutliches Zeugnis ab.[2]

Insbesondere die bisherige Rezeption der Weberschen Theorie der Rationalisierung hat mich dabei mit einem komplizierten Problem konfrontiert, das hier ansatzweise skizziert werden soll:

In den vergangenen Jahren hat sich das Interesse von Soziologen wieder in zunehmendem Maße evolutionstheoretischen Problemen zugewandt. Bei einer Durchsicht der prominentesten Beiträge zu diesem Thema aus den letzten zwei Jahrzehnten fällt auf, daß die Mehrzahl der Autoren dabei explizit an Max Webers Analysen zur Genese des okzidentalen Rationalismus und der ihn repräsentierenden Erscheinungen (Bürokratie, Betriebskapitalismus, protestantische Gesinnungsethik, positiviertes Recht) oder zumindest an deren zentrale Fragestellungen anknüpfen, wenn sie nicht gar direkt ihre Beiträge als Wiederaufnahme, "Rekonstruktion" bzw. Revision oder Weiterführung der Weberschen Untersuchungen verstehen.[3] Das gilt insbesondere für die Arbeiten von Habermas und Schluchter (Habermas 1981a & b, Schluchter 1979), aber auch schon für die die neo-evolutionistische Diskussion eröffnenden Aufsätze von Parsons und Bellah aus den frühen sechziger Jahren.

In den Kontext der Wiederaufnahme universalgeschichtlicher oder evolutionstheoretischer Probleme in den zentralen Fragenkreis der gegenwärtigen soziologischen Theoriebildung gehört auch die "Entdeckung" des Werkes von Norbert Elias, der auf diesem Wege inzwischen zu einer "Mittelpunktfigur der

---

2   Allein die Bibliographie zur Weber-Sekundärliteratur von Seyfarth & Schmidt (1977) nennt über 2000 Titel. Angesichts der gegenwärtigen, weltweiten 'Renaissance' dieses Autors könnten es allein in der Zwischenzeit leicht doppelt soviel geworden sein.

3   Zur Wiederaufnahme dieses Themas im Rahmen des Struktur-Funktionalismus vgl. die Aufsätze von Parsons (1969), Eisenstadt (1969) und Bellah (1973), zur neueren evolutionstheoretischen Diskussion in Deutschland vor allem: Habermas (1976: insbes. 129-267), Habermas (1981a & b), Luhmann (1975 & 1978) sowie Schluchter (1979), der vor allem in seiner Einleitung die Stellung der Theorie Webers in dieser Diskussion erörtert.

Sozialwissenschaften" geworden ist (Lepenies 1977: 29) − eine Einschätzung, die sich, wie mir scheint, auf den letzten deutschen Soziologentagen bestätigt hat (vgl. Sewing 1983: 299; Mayntz 1985).

Andererseits aber wird Weber − anders als Elias − von prominenten Autoren der Sekundärliteratur immer wieder als Vertreter eines wissenschaftstheoretischen Standpunkts verstanden, der mehr oder minder ausdrücklich die bloße Möglichkeit einer sozialwissenschaftlichen Evolutionstheorie radikal in Frage stellt. Es lohnt sich, bei einem Beispiel etwas zu verweilen: bei Robert Nisbet (vgl. 1969: 276–277; 1970: 200–201).

Nisbet hat seine eigene Auffassung, für die er unter anderem Weber in Anspruch nimmt, mit Hilfe eines klassischen Zitats wie folgt zusammengefaßt:

"One intellectual excitement has (...) been denied me. Men wiser and more learned than I have discovered in history a plot, a rhythm, a predetermined pattern. These harmonies are concealed from me. I can see only one emergency following upon another as wave follows upon wave, only one great fact with respect to which, since it is unique, there can be no generalizations (...) the play of the contingent and the unforeseen" (Fisher 1949: V; zit. nach Nisbet 1969: 284).

Und Nisbet selbst zieht daraus die Schlußfolgerung:

"Patterns, rhythms, trends are *inescapably subjective*. There is *no inherent relation* to the data. However persuasive a given 'direction' may be to our acquired interests or values, it has *no independent or objective* validity. A mind as profound as Marx's could see intensification of classes and class struggle as the trend of European history. A mind as profound as Tocqueville's could see the disappearance of classes and class struggle." (Nisbet 1969: 285: meine Hervorhebungen, A.B.)

Zumindest in bezug auf Nisbet hatte Arnold Toynbee wohl recht, wenn er jenes Zitat seines Fachkollegen Fisher als Ausdruck einer bestimmten Geschichtstheorie bezeichnete: der Geschichte als Königreich des Zufalls. Jene bei vielen Geschichtswissenschaftlern verbreitete Auffassung hat immer wieder auch unter den Kommentatoren Webers ihre Fürsprecher gefunden.

Auffällig ist an der zugespitzten Formulierung Nisbets die Behauptung, für Muster und Richtungen historischer Prozesse gäbe es prinzipiell keine Möglichkeit der intersubjektiven Kontrolle. Die Vorstellung, daß man solche Theorien in empirisch prüfbare Hypothesen 'übersetzen' und daß der Ausgang solcher Überprüfungen eine von vorgefaßten Meinungen (zumindest relativ) unabhängige Größe darstellen könnte, liegt hier jenseits des Horizonts.

Interessanterweise findet sich in dem gleichen Text Fishers, den Nisbet neben Weber als Gewährsmann benutzt, noch ein anderer Satz − nur eine Zeile nach den zitierten Formulierungen:

"*The fact of progress is written plain and large on the page of history*; but progress is *not a law of nature*. The ground gained by one generation may be lost by the next." (Fisher 1949: V; meine Hervorhebungen, A.B.)

Offenkundig hätte diese Aussage den von Nisbet angeführten Sätzen eine etwas andere Wendung gegeben. Um es klar und direkt zu formulieren: Wenn man berücksichtigt, daß die Saurier ausgestorben sind und daß die biologische Evolutionstheorie im Kern nicht aus Gesetzesaussagen nach Art der klassischen Mechanik besteht, dann ist eigentlich nicht klar, warum das Modell eines gerichteten, aber ungeplanten und zufallsabhängigen Prozesses, das zur Erklärung der Artenentwicklung verwendet wird, nicht auch *in anderer Form* für die Erklärung gesellschaftlich-geschichtlicher Veränderungen herangezogen werden kann, *sofern sich dieses Herangehen als empirisch fruchtbar erweisen sollte.*

Genau für die Annahme, daß diese *Chance* besteht, scheinen mir die Arbeiten von Weber und Elias zahlreiche Indizien zu liefern. Es ist kein Zufall, wenn derselbe Kommentator Webers, von dem hier die Rede ist, etwa drei Jahre vor Veröffentlichung der referierten Thesen eine etwas abweichende Deutung Webers geliefert hat. Darin rückt Nisbet ihn in die nächste Nähe eines Mannes, den er später als einen der herausragenden Repräsentanten des kritisierten "Evolutionismus" eingeordnet hat (vgl. Nisbet 1969: 167, 169, 181–182).

"Rationalization serves Weber precisely as equalitarianism serves Tocqueville. (...) The drive towards equality that Tocqueville had been able to find in European history, going all the way back to the breakup of the Middle Ages, (...) is matched by the drive toward rationalization that Weber finds.

Weber, comparative scientist as he was, does *more* with rationalization *than to leave it simply as a unique process* in modern Europe. Rationalization becomes, in his hands, a far-reaching methodological tool, neutrally applicable to patterns of culture and thought in *all* civilizations. (...) Tocqueville saw the future in a spread of atomized masses surmounted by absolute, if providential, power. Weber, *in no disagreement with this perspective*, puts the future in the *complementary* terms of a reduction of all values, all relationships, all culture to a monolithic, secular, and utilitarian bureaucracy." (Nisbet 1966: 293–294; meine Hervorhebungen, A.B.)

Sollte Nisbet wirklich Weber so gründlich mißverstanden haben? Ich bezweifle das, und ich werde diese Annahme im fünften Kapitel dieser Arbeit begründen. Man muß nicht Parsons' Interpretation teilen, nach der sich aus Webers Theorie ein "Gesetz der zunehmenden Rationalität" analog zum zweiten Hauptsatz der Thermodynamik ablesen lasse (Parsons 1949: 751–753), um in seinem Werk grundsätzliche Annahmen über die Gerichtetheit und über wiederkehrende Muster geschichtlich-sozialer Prozesse zu erkennen.

Nisbets einander widersprechende Deutungen liefern ein schönes Kleinmodell für die Konfusion, die man nicht nur an diesem Punkt in der Sekundärliteratur vorfindet. Vor allem angesichts der zerstrittenen Kommentatoren habe ich mich besonders in dem Teil der Arbeit, der Weber gewidmet ist, darum bemüht, meine Interpretationsthesen jeweils durch ausführliche und möglichst mehrere Zitate abzusichern. Aus dem gleichen Grund und weil damit die Diskussion der Weberschen Rationalisierungstheorie vergleichsweise komplex und wohl auch etwas umständlich geraten ist, ziehe ich es vor, in diesem Fall nicht der historischen Reihenfolge zu folgen, sondern die älteste der drei behandelten Theorien am Schluß darzustellen.

Die daraus folgende Gliederung des Textes bietet allerdings noch einen weiteren und wichtigeren Vorteil. Im Lauf meiner Vorarbeiten hat sich mir als Leitfaden meiner Argumentation ein Gesichtspunkt ergeben, den vor allem die Theorie von Elias *explizit* in den Mittelpunkt rückt: die Annahme einer ungeplanten, spontanen Ordnung sozialer Prozesse. Diese aus dem Gedanken nicht-intendierter Handlungsfolgen entwickelte Grundannahme liefert aber auch den wichtigsten Schlüssel für Webers Theorie der Rationalisierung. Anders als Elias hat dieser jedoch keineswegs jenen Aspekt in seinen wissenschaftstheoretischen Arbeiten oder in seiner Konzeption von Soziologie betont. Die Vorstellung einer "'Tragik' jedes Realisationsversuchs von Ideen in der Wirklichkeit" (GASS: 445; vgl. auch GPS: 547), einer "Paradoxie der Wirkung gegenüber dem Wollen" (GARS I: 524) durchzieht dennoch als ein wiederkehrendes Leitthema seine wissenschaftlichen (und politischen) Schriften. Wie ich zeigen werde, hat Weber diesen Grundgedanken *implizit* in ähnlicher Weise wie Elias zu der Annahme nicht-intendierter *Strukturen* des geschichtlich-sozialen Geschehens weitergeführt. Weil Elias diesen Gesichtspunkt aber mit Vorrang und ausdrücklicher thematisiert, lassen sich die entsprechenden Annahmen Webers in der Darstellung leichter *sichtbar* machen, wenn dem Leser dieselben und vergleichbare Überlegungen schon im systematischen Zentrum des Eliasschen Ansatzes begegnet sind.

Die Auffassung der menschlichen Welt als einer nicht-intentionalen, "naturwüchsigen" Realität, die sich erst allmählich und doch niemals ganz aus der nicht-menschlichen Natur emanzipiert, bildet zugleich eine fundamentale Gemeinsamkeit zwischen den Zivilisationstheorien Elias' und der älteren Frankfurter Schule. In dieser und in anderen Hinsichten steht die Theorie der "Aufklärung", wie Horkheimer und Adorno den Jahrtausende alten "Intellektualisierungsprozeß" nannten, in einer Art Mittelposition zwischen Weber und Elias. Denn ihre Theorie beruht einerseits wesentlich auf denselben grundsätzlichen Annahmen Sigmund Freuds, die wenige Jahre zuvor auch Elias' Untersuchung über den Zivilisationsprozeß inspiriert haben (siehe dazu das zweite und vierte Kapitel und insbesondere den Abschnitt 2.1 dieser Arbeit). Andererseits aber haben Horkheimer und Adorno einige der wichtigsten Thesen Webers in veränderter Form übernommen und in ihre Theorie der "Aufklärung" integriert — teilweise und wohl vor allem auf dem indirekten Weg über die Auseinandersetzung mit dem Werk von Georg Lukács. Den Weg von Weber zur älteren Frankfurter Schule hat Jürgen Habermas ausführlich und klar nachgezeichnet und dabei im wesentlichen erledigt, was ich im Rahmen meiner Untersuchung zum Vergleich ihrer Theorien hätte sagen können (vgl. Habermas 1981a: 461-534). Deshalb und weil mit seiner und anderen Darstellungen (siehe vor allem Arnason 1971: 79–142 und Honneth 1985: 11–111) jeweils hinreichend umfassende und zugleich knappe Interpretationen des Werks Horkheimers und Adornos unter den hier maßgeblichen Gesichtspunkten vorliegen, habe ich darauf verzichtet, ihre Theorie in ähnlich detaillierter Form zu rekonstruieren wie im Falle der beiden anderen hier behandelten Autoren. Statt dessen konzentriere ich mich auf den Vergleich zwischen Weber und Elias und, soweit es die Behandlung Horkheimers und Adornos betrifft, auf den Vergleich beider mit Elias.

Wo meine Interpretationen von denen der genannten Kommentatoren abweichen, wird im Verlauf meiner Argumentation deutlich werden. Wichtig ist in diesem Zusammenhang, wie angedeutet, ein Gedanke, den in anderer Formulierung auch Adorno und Horkheimer vertreten haben: die Anerkennung des *naturhaften*, blind 'objektiven' Moments menschlicher Wirklichkeit als eines integralen Bestandteils der sozialen Welt. Der späte Adorno hat diese Forderung am deutlichsten bei der Kritik der traditionellen philosophischen Erkenntnistheorie erhoben − in der These vom "Vorrang des Objekts":

"Der Gang der erkenntnistheoretischen Reflexion war, der vorwaltenden Tendenz nach, der, immer mehr an Objektivität aufs Subjekt zurückzuführen. Eben diese Tendenz wäre umzukehren." (Adorno 1975b: 178)

Demselben Motiv dient in seiner Theorie der Zivilisationsgeschichte der Rückgriff auf Freuds Kulturtheorie. Was Goudsblom für Elias und Freud formuliert hat, trifft daher ebenso für Horkheimer und Adorno zu: ihnen "gemeinsam ist (...) die Erkenntnis, daß das menschliche Leben in hohem Maße von 'blinden Kräften' beherrscht wird (...)" (Goudsblom 1984: 139). Es ist daher passend, dem Vergleich zwischen Elias' Werk und der *Dialektik der Aufklärung* eine Erinnerung an den Schöpfer der Psychoanalyse vorauszuschicken.

2. Die Theorie des Zivilisationsprozesses

2.1 Freuds Theorie der Kulturentwicklung

Eine der frühesten Schriften Freuds zur Theorie der Zivilisation[4] ist kurz nach
Ausbruch des Ersten Weltkriegs entstanden und trägt den Titel *Zeitgemäßes
über Krieg und Tod* (1915). Er stellt darin die Frage, wie es möglich sei, daß
zwischen der Verwirklichung moralischer Normen in Friedenszeiten und dem
Verhalten der Zeitgenossen im Kriege ein scharfer Kontrast beobachtet werden
kann. Sein Versuch der Erklärung bewegt sich auf mehreren Ebenen. Zum
einen formuliert er die Hypothese, daß die meisten Menschen sich den Forderungen moralischer Normen nur unter sozialem Zwang beugen – einem
Zwang, der im Kriege fortfällt oder gar den einzelnen Menschen in die entgegengesetzte Richtung lenkt (1915: 43-44). Zum anderen betont er, daß in der
Entwicklung der individuellen Psyche die früheren Entwicklungsphasen niemals
ausgelöscht werden, sondern weiterhin neben den späteren Organisationsformen
der Persönlichkeit koexistieren. Damit ist die Möglichkeit einer *echten* Regression gegeben, und solche Situationen wie die des Kriegs könnten eine Rückkehr
zu kindlichen, "unzivilisierten" Mechanismen der Verhaltenssteuerung begünstigen (ebd.: 45-46).

Auf einer anderen Ebene seiner Argumentation weist Freud darauf hin, daß
die psychische Realität, die in den moralischen Normen ihren intellektuellen
Ausdruck findet, selbst das *verselbständigte* Resultat sozialer Zwänge bildet:

> "Kultur ist durch Verzicht auf Triebbefriedigung gewonnen worden und fordert von
> jedem neu Ankommenden, daß er denselben Triebverzicht leiste. Während des indivi-
> duellen Lebens findet eine *beständige Umsetzung* von *äußerem* Zwange in *inneren*
> Zwang statt. Die Kultureinflüsse leiten dazu an, daß immer mehr von den eigensüchti-
> gen Strebungen durch erotische Zusätze in altruistische, soziale verwandelt werden. Man
> darf endlich annehmen, daß *aller innere Zwang*, der sich in der Entwicklung des
> Menschen geltend macht, ursprünglich, d.h. *in der Menschheitsgeschichte* nur äußerer
> Zwang war." (Freud 1915: 42; meine Hervorhebungen, A.B.)

Anders formuliert: "(...) unser Gewissen (...) ist in seinem Ursprunge 'soziale Angst' und nichts anderes" (ebd.: 40).

Freud zieht eine Parallele zwischen Ontogenese und Phylogenese, zwischen
der Entwicklung des Individuums und der der Gattung. Für beide gilt: Gewissen und Moral sind keine a priori vorhandene Instanz, keine von Ewigkeit her
feststehende Realität. Die Regeln des Gewissens sind das historische Resultat

---

4   Freud benutzt den deutschen Terminus "Kultur", weist aber darauf hin, daß er nicht
    – wie in Deutschland üblich – zwischen "Kultur" und "Zivilisation" trennt (Freud
    1927: 140; Freud 1933: 285). Über das hier nur gestreifte Verhältnis von Elias' und
    Freuds Persönlichkeitstheorie siehe Blomert (1987: 6-94).

von sozialen Verhältnissen. Damit tritt Freud jenen transzendentalistischen Theorien der Moral und Ethik entgegen, die eine Verankerung moralischer Regeln in einer zeitlosen, unwandelbaren Vernunft jenseits der vergänglichen Welt postulieren. Gewissen und Moral repräsentieren psychische Zwänge, die ursprünglich nichts anderes als soziale Zwänge gewesen sind.

Doch während Freud auf der einen Seite auf das jenseitige Reich einer ewigen Vernunft verzichtet, greift seine Zivilisationstheorie auf eine andere metaphysische Konstruktion zurück: Er erklärt die Grundrichtung des Zivilisationsprozesses aus dem immerwährenden Kampf von Eros und Thanatos — eine Annahme, die nur scheinbar auf Kräfte der individuellen Seele Bezug nimmt:

> "Dieser Konflikt (zwischen Eros und Destruktionstrieb — A.B.) wird angefacht, sobald den Menschen die Aufgabe des Zusammenlebens gestellt wird; solange diese Gemeinschaft nur die Form der Familie kennt, muß er sich im Ödipuskomplex äußern, das Gewissen einsetzen, das erste Schuldgefühl schaffen. *Wenn eine Erweiterung dieser Gemeinschaft versucht wird*, wird derselbe Konflikt in Formen, die von der Vergangenheit abhängig sind, fortgesetzt, verstärkt und hat eine weitere Steigerung des Schuldgefühls zur Folge." (Freud 1930: 258; meine Hervorhebung, A.B.)

Es ist vielleicht bezeichnend für die wissenschaftliche Leistung Freuds, wie sich in dieser Passage eine Erklärung vom Typ des *deus ex machina* mit dem Hinweis auf einen historischen Zusammenhang vermischt, der später von Elias in den Mittelpunkt seines eigenen soziologischen Erklärungsversuchs gestellt worden ist: Das ist der Zusammenhang von verschiedenen Phasen der Überichbildung mit der Entstehung von sozialen Verbänden, deren jeweils größte Einheiten im Verlauf der Geschichte zunehmend mehr Menschen miteinander integriert haben. Freud weist auf die Staaten und Völker hin, die er die "Großindividuen der Menschheit" nennt:

> "Dieselben wiederholen vielleicht die Entwicklung der Individuen und treten uns heute noch auf sehr primitiven Stufen der Organisation, der Bildung höherer Einheiten entgegen. Dementsprechend ist das erziehliche Moment des äußeren Zwanges zur Sittlichkeit, welches wir beim Einzelnen so wirksam fanden, bei ihnen noch kaum nachweisbar." (Freud 1915: 47)

2.2 Elias' Modell des Zivilisationsprozesses

Von diesen eher beiläufig formulierten Vermutungen Freuds führt ein nur scheinbar einfacher Schritt zu jener These, die den Brennpunkt der Analyse bei Norbert Elias bildet: daß nämlich die Herausbildung des modernen Überich auf der Errichtung einer stabilen staatlichen Zentralgewalt mit einem dauerhaften Monopol der physischen Gewalt beruht (Elias 1976b: 326–331). Von entscheidender Bedeutung ist für Elias dabei die interne Pazifizierung der Gesellschaft durch die Staatsmacht:

"Was sich mit der Monopolisierung der Gewalttat in den befriedeten Räumen herstellt, ist ein *anderer* Typus von Selbstbeherrschung oder Selbstzwang. Es ist eine *leidenschaftslosere* Selbstbeherrschung. Der Kontroll- und Überwachungsapparat in der Gesellschaft entspricht die Kontrollapparatur, die sich im Seelenhaushalt des Individuums herausbildet." (Elias 1976b: 327-328; meine Hervorhebungen, A.B.)

Die Transformation der Persönlichkeitsstruktur ist jedoch nicht allein Resultat der direkten Zwänge, die die staatliche Zentralinstanz auf die Individuen ausübt, sondern ebenso das der "waffenlosen Zwänge und Gewalten", die mit der Monopolisierung der legalen Gewaltanwendung freigesetzt oder auch erst ermöglicht werden. Elias nennt als prominentes Beispiel vor allem die wirtschaftlichen Zwänge, die erst unter den Bedingungen eines relativ friedlichen Alltagslebens jene "stumme Gewalt" gewinnen, die Marx ihnen mit Recht zuschrieb (Elias 1976b: 328-329, 95-96, 339, 204-206; vgl. auch 1976a: 267).

Elias untersucht in seiner Analyse der abendländischen Geschichte der Zivilisation die Formung des Verhaltens und Empfindens durch jene Interdependenzgeflechte, die sich um das staatliche Monopolinstitut der Gewalt und der Steuern herum auskristallisieren: An den Höfen der Zentralherrscher entwickeln sich zuerst die *gesteigerte* Selbstdisziplin, die *strengere* Zügelung der Triebe, die emotionale Distanzierung der Individuen voneinander und gegenüber dem eigenen Körper, die für den modernen Menschen charakteristisch geworden sind. Die größere Ausdehnung, Dichte[5] und Komplexität der gesellschaftlichen Verflechtungen in den Zentren der Herrschaft und Verwaltung, aber auch in den Knotenpunkten des Fernhandels (vgl. 1976b: 339) erzwingen bei den Individuen eine *stabilere* und insbesondere *gleichmäßigere* Disziplinierung ihrer Affektäußerungen — eine *kalkulierbare* Selbstkontrolle im Unterschied zu den *großen Schwankungen* zwischen Askese und den Eruptionen der Affekte, die frühere Gesellschaften kennzeichnen (1976b: 322-330). Die Machtkämpfe, die Intrigenspiele der Höflinge, die höhere gegenseitige Abhängigkeit zwischen Herrscher und Untergebenen und dieser untereinander, die Häufung, Überschneidung und Verlängerung der Handlungsketten, von denen die soziale Existenz der Individuen — nicht nur am Hofe, aber hier besonders — abhängt, fordern eine *genauere* Differenzierung des psychischen Apparates in ein "Triebzentrum" und ein "Ichzentrum" und einen "allmähliche(n) Übergang von weniger rationalen zu rationaleren Denk- und Verhaltensweisen" (1976b: 378, 386).

---

5 Elias zielt damit auf einen Aspekt der gesellschaftlichen Entwicklung, den schon Durkheim für den Übergang von der "mechanischen" zur "organischen Solidarität" verantwortlich gemacht hat: nämlich das, was er die "moralische oder dynamische Dichte der Gesellschaft" nennt (Durkheim 1977: 297). Zum Erbe Durkheims, aber auch Marx' in Elias' Werk siehe Arnason (1987). Dieser Aufsatz rückt unter anderem auch das irreführende Bild zurecht, das durch eine Überbetonung des Durkheimschen Einflusses (etwa bei Flap & Kuiper 1981: 293) entstehen kann.

Mit der zunehmenden Verbannung der Gewalttat und verschiedener Äußerungen der Affekte und Körpertriebe aus der Öffentlichkeit des Alltagslebens verstärken sich die psychischen Barrieren zwischen den Individuen ebenso wie zwischen jenem psychischen Zentrum der Selbstbeherrschung einerseits und dem Körper desselben Individuums andererseits. Diese Barrieren resultieren in einer Form der Selbsterfahrung, die

> "(...) ihren Ausdruck in der Vorstellung von dem einzelnen 'Ich' im verschlossenen Gehäuse findet, von dem 'Selbst', das durch eine unsichtbare Mauer von dem, was 'draußen' vor sich geht, abgetrennt ist. Es sind die zum Teil automatisch funktionierenden zivilisatorischen Selbstkontrollen, die in der individuellen Selbsterfahrung nun als Mauer, sei es zwischen 'Subjekt' und 'Objekt', sei es zwischen dem eigenen 'Selbst' und den anderen Menschen, der 'Gesellschaft', erfahren werden." (Elias 1976a: LXI-LXII).

Zur gleichen Zeit, etwa von der Renaissance an, ermöglicht die zunehmende Distanzierung des "Ego" — der zentralen Instanz der Wahrnehmung und Verhaltenssteuerung — von den Affekten den Übergang zur Vorherrschaft einer mechanischen oder kausalen Auffassung des Naturgeschehens (1976a: LIX-LX). Elias spricht im Zusammenhang dieser Entwicklung der sozialen Persönlichkeitsstruktur gelegentlich auch — allerdings eher ironisch — von der "Vernunft", die sich im psychischen Apparat des einzelnen etabliert (1976a: LX-LXI; 1976b: 329, 444). Durch den mit der Dichte der sozialen Verflechtungen wachsenden Druck auf den Einzelnen, seine Triebäußerungen und Affekte zu regulieren und der bewußten Rück- und Voraussicht auf das Handeln anderer über viele Glieder hinweg zu unterstellen, erhalten das Leben und das Handeln der Menschen zunehmend den Charakter von Geregeltheit und Berechenbarkeit (1976a: 332, Anm. 119; 1976b: 325, 326).

Die Begriffe "Vernunft", "Ratio" und "Verstand" sind für Elias verdinglichende Ausdrücke für die von ihm untersuchte Modellierung des Triebhaushalts, für die Entstehung einer "umfassende(n), stabile(n) und höchst differenzierte(n) Selbstzwangapparatur (...). Es gibt nicht eigentlich eine 'Ratio', es gibt bestenfalls eine 'Rationalisierung'." (1976b: 378)

> "Was rationaler wird, das sind nicht nur einzelne Produkte des Menschen; das sind vor allem nicht nur die in Büchern niedergelegten Gedankensysteme. Was sich rationalisiert, das sind zunächst einmal und in erster Linie die Verhaltensweisen bestimmter Menschengruppen. 'Rationalisierung', das ist nichts anderes (...) als ein Ausdruck für die Richtung, in der sich das Gepräge der Menschen in bestimmten, gesellschaftlichen Formationen selbst während dieser Epoche ändert." (Elias 1976b: 394)

Elias beschreibt diesen Prozeß bewußt — "um des Kontrastes willen" (Elias 1976b: 394) — vorwiegend an der Verhöflichung der Krieger, er betont allerdings, daß diese und andere Veränderungen der zivilisatorischen Standards zwar zunächst in den höheren, am stärksten von der zunehmenden Differenzierung und Verlängerung der Handlungsketten betroffenen sozialen Klassen und Gruppen ausgebildet werden, jedoch nicht ihnen als Gruppen zugeschrieben werden können. Zivilisation und Rationalisierung "entstehen im Zusammenhang mit den Spannungen *zwischen* verschiedenen Funktionsgruppen eines sozialen Feldes und *zwischen* den konkurrierenden Menschen innerhalb ihrer" (Elias 1976b: 394; Hervorhebungen im Original). Die gerichtete Transformation der Menschen und ihrer Verhaltensweisen ist in dieser Perspektive eine Funktion der Machtbalancen zwischen verschiedenen sozialen Gruppen und zwischen verschiedenen Individuen derselben Gruppe. Die zentrale Bedeutung der sich verschiebenden sozialen Machtbalancen zeigt sich besonders deutlich in Elias' Theorie der Staatsbildung, die den Hauptstrang seines Erklärungsversuchs bildet.

Erst die Errichtung eines effektiven und stabilen staatlichen Gewaltmonopols schafft nämlich die Voraussetzungen für den Prozeß der zunehmenden sozialen Verflechtung der Individuen, und der Apparat der staatlichen Herrschaft führt selbst eine Ballung von weitreichenden und dichtgeknüpften Interdependenzketten mit sich – in den städtischen Zentren der Verwaltung und insbesondere an den Höfen. Im Mittelpunkt von Elias' Erklärungsmodell steht dabei zunächst das spannungsreiche Verhältnis von "politischer" und "ökonomischer" Macht – der Machtchancen, die auf der Verfügung über Gewaltmittel beruhen, in Relation zu jenen, die auf der Kontrolle von Produktions- und Konsumtionsmitteln gründen. Während die militärische Stärke eines Herrschers von seinem Reichtum und dem seiner Untertanen abhängig ist, bildet die interne Pazifizierung innerhalb eines sozialen Verbandes die wichtigste Vorbedingung für den Aufbau von langen, räumlich *und* zeitlich ausgedehnten Ketten von ökonomischen Transaktionen, ohne die komplexe Märkte mit einer differenzierten Arbeitsteilung nicht funktionieren können.

> "(...) Andererseits ist auch das Gedeihen der Arbeitsteilung selbst, die Sicherung von Wegen und Märkten über größere Gebiete hin, die Regelung der Münzprägung und des gesamten Geldverkehrs, der Schutz der friedlichen Produktion vor dem Einbruch körperlicher Gewalt und eine Fülle von anderen Koordinations- und Regulierungsmaßnahmen in hohem Maße von der Ausbildung größerer Monopol- und Zentralinstitute abhängig." (Elias 1976b: 225)

Max Weber und im Anschluß daran Lukács haben nachdrücklich darauf hingewiesen, daß der moderne Kapitalismus die "formale Rationalität" – d.h. die *Berechenbarkeit* – der staatlichen Verwaltung und der Rechtsprechung verlangt (vgl. GARS I: 11; WuG: 643, 562-563, 129; GPS: 322-323; Lukács 1970: 187-189). Eine Vorstufe und Vorbedingung für die Entstehung einer berechenbaren Verwaltung mit einem berechenbaren Recht aber ist zuallererst die Entstehung einer relativ *einheitlichen* Herrschaftsorganisation und die Monopolisierung des Rechtszwangs bei den Angehörigen dieses Apparats – d.h. aber des "legitimen" Gebrauchs physischer Gewalt. Erst mit der Herstellung von sozialen Räumen, in denen ökonomische Transaktionen relativ unabhängig und ungestört von physischem Zwang ablaufen können, kann sich die Ökonomie als eigengesetzliche Funktionssphäre mit einer spezifischen "Rationalität" ausdifferenzieren (Elias 1976b: 204–208, 158–159, 320–321; 1982c: 76–77). Erst damit können ökonomische Machtressourcen jene präeminente Wirksamkeit als Determinanten sozialer Ungleichheit entfalten, die für die Klassenstruktur der späteren bürgerlichen Gesellschaft ausschlaggebend ist.

Elias entwickelt sein Modell der Staatsbildung vor allem am Beispiel Frankreichs — allerdings nicht ohne immer wieder den *Kontrast* zwischen der französischen, der englischen und insbesondere der deutschen Entwicklung[6] zu thematisieren und zu erklären (siehe z.B. 1976a: 1–50; 1976b: 14–31, 129–142). Das Modell eines ungeplanten Prozesses, das er zur Erklärung des Zivilisationsprozesses benutzt, beginnt mit der Konkurrenz vieler kleinerer Herrscher und politischer Verbände, die je für sich die Hegemonie in einem größeren Territorium anstreben. Erst allmählich bildet sich aus dem Zyklus von Expansion und Zerfall der Herrschaftseinheiten, der die feudale Ordnung kennzeichnet (1976b: 18–22, 31–32, 35–37, 78–81, 131–132), eine stabilere und dauerhaftere Hegemonie eines Fürstenhauses in einem größeren Gebiet heraus. Diese allmähliche Entwicklung beruht auf dem Zusammentreffen und Zusammenwirken von verschiedenen Prozeßreihen, die man sehr grob als die Bürokratisierung des staatlichen Apparats einschließlich des Militärs, als Monetarisierung und Differenzierung der Wirtschaft und als Herausbildung einer "Reservearmee" von verarmten Adeligen und anderen Bevölkerungsgruppen charakterisieren kann (Elias 1976b: 8–14, 40–61, 90, 132–135, 255–256, 265–267). Auf dieser Stufe der Entwicklung wird das "Verflechtungsinstrument" des Geldes selbst zu einem Katalysator der staatlichen Monopolbildung — nicht nur als ein bei fortschreitender Arbeitsteilung zunehmend unentbehrliches Mittel der Koordination und Kettenbildung von wirtschaftlichen Handlungen, sondern auch als Mittel des Herrschers, seine einmal errungene Macht zu *konservieren* und es damit selbst in ein entscheidendes Kampfmittel in der politischen Konkurrenz mit anderen Herrschern zu verwandeln. Dies leistet der Geldmechanismus, indem er die anonyme ökonomische Abhängigkeit arbeitsteilig produzierender Akteure in ein Mittel der bewußten Durchsetzung konkreter Absichten verwandelt — von Zielen, die durchaus nicht ökonomisch motiviert oder ökonomischer

---

6   Als Grund für den von seinem Modell abweichenden Entwicklungsgang im Gebiet des ehemaligen deutsch-römischen Kaiserreichs führt Elias vor allem das folgenreiche Scheitern dieses *verfrühten* Anlaufs zur Integration jenes für die damaligen Verkehrs- und Transportverhältnisse ganz außergewöhnlich großen Territoriums an (1976b: 129–131, 137–138). Außerdem als einen weiteren entscheidenden Faktor: die Belehnung von Bischöfen mit weltlichen Herrschaftsgebieten — eine Maßnahme, die den Dezentralisierungstendenzen Einhalt gebieten sollte, sie aber tatsächlich verstärkte, indem sie die Interessen kirchlicher und weltlicher "Fürsten" *gegen* die Zentralmacht gleichschaltete (1976b: 24–25). Wie man weiß, hat es bis ins 19. Jahrhundert gedauert, bis sich die Nachfolgestaaten des karolingischen Imperiums von den Folgen dieses mißlungenen Monopolbildungsversuchs "erholten".

Art zu sein brauchen. So wenn der Fürst seine Geldmittel benutzt, um damit seine Gefolgsleute zu unterhalten und sie schließlich als Beamte mit festen Gehältern an sich zu binden (1976b: 306-309, 9-10, 32, 60-62, 177-178). "(...) erst die Monetisierung der Gesellschaft (macht) stabile Zentralorgane möglich (...): Die Geldzahlung hält alle darauf Angewiesenen in dauernder Abhängigkeit von der Zentrale. Nun erst können die zentrifugalen Tendenzen gebrochen werden." (1976b: 308). Die relative, sozial definierte Überbevölke-rung' liefert das Menschenmaterial, das für den Aufbau einer bürokratischen Militär- und Verwaltungsorganisation ganz ebenso unentbehrlich ist[7] wie für die Entstehung von kapitalistischen Betrieben mit formal freier Lohnarbeit (1976b: 10, 52):

Die *Erklärungskraft* des Eliasschen Modells beruht auf der Annahme einer nicht-intendierten Dynamik der Konkurrenzsituation zwischen verschiedenen Herrschern, die in dem Moment in die Entstehung stabiler Zentralmächte um-schlägt, in dem es zu einer wechselseitigen Verstärkung der Akkumulation militärischer Macht und der Vermehrung der ökonomischen Ressourcen unter der Kontrolle der hegemonialen Autorität kommt. Mit der Bürokratisierung der Militärmaschinerie und der Monetarisierung der Wirtschaft ist dieser Wende-punkt erreicht, an dem der feudale Zyklus in einen autokatalytischen Prozeß der Monopolisierung staatlicher Machtressourcen hinübergleitet.[8]

"Immer wieder ist es die in der Hand der Zentrale konzentrierte Kriegsmacht, die die Verfügungsgewalt der Zentralfunktion über die Abgaben sichert, und es ist die konzen-trierte Verfügung über die Steuern, die eine immer stärkere Monopolisierung der physischen Gewaltausübung, der Kriegsmacht, ermöglicht. Schritt für Schritt schrauben sich beide Machtmittel hoch (...)" (Elias 1976b: 298-299).

---

7   Die entscheidende Rolle einer Disproportionalität zwischen einer sozial definierten "Überbevölkerung" und einem durch geographische oder andere Faktoren begrenzten Territorium ist auch in neueren Theorien der Staatsbildung unterstrichen worden (z.B. Carneiro 1973). Die Analogie zu Marx' Analyse der *ursprünglichen Akkumulation* ebenso wie die Kongruenz mit Webers Bürokratiemodell ist hier offensichtlich. Elias schreibt dazu unter anderem:
    "An den Höfen der großen Grundherren sammelt sich kraft ihrer direkten oder indirekten Verflechtung in das Handelsnetz, sei es in Naturalien, sei es in geprägtem oder ungepräg-tem Edelmetall, ein Reichtum, der dem Gros der kleineren Grundherren fehlt. Und diese Chancen *begegnen sich* mit einer wachsenden Nachfrage nach Chancen, einem wachsen-den Angebot an Diensten durch zu kurz gekommene Krieger oder andere vom Boden abgedrängte Existenzen." (Elias 1976b: 90; meine Hervorhebungen, A.B.)

8   Lind (1983) hat diesen sich selbst reproduzierenden Prozeßzusammenhang als "tribute system" bezeichnet und zur Grundlage ihrer Theorie der sozialen Evolution gemacht — ohne Notiz davon zu nehmen, daß genau dies vor mehreren Jahrzehnten von Elias antizipiert worden ist.

Die Ausbreitung geldwirtschaftlicher Beziehungen schwächt allmählich den Adel und führt zum Aufstieg des Bürgertums. Diese Entwicklung gibt der staatlichen Zentrale zusätzliche Chancen an die Hand, beide Gruppen gegeneinander auszuspielen und so ihre — allerdings immer relative — Autonomie gegenüber den Regierten zu steigern (1976b: 12–13, 233–235, 308–311). Wo ihr dies — wie in Frankreich — in einem sehr hohen Maße gelingt, bildet das Kräftepatt zwischen Adel und Bourgeoisie in dieser Periode die gesellschaftliche Basis der absolutistischen Monarchie. Hier wie überall ist es die "Frage nach der *gesellschaftlichen Produktion und Reproduktion der Machtverteilung*" (Elias 1979: 239), die den analytischen Brennpunkt von Elias' Soziologie bildet.

Mit der Entfaltung von ausgedehnten und zunehmend komplexeren und dichteren Interdependenzketten, die schließlich — wie die Drähte eines modernen Energieversorgungsnetzes — Tausende und selbst Millionen von Haushalten und Menschen miteinander verbinden und voneinander abhängig machen, verändert sich die Struktur der sozialen Machtbalancen. Und mit diesen wandelt sich die Struktur der Zwänge und Gefahren, denen die Einzelnen in ihrem sozialen Leben begegnen. Am Hofe Ludwigs XIV. war es

> "(...) gefährlich, sich gegenüber einem Menschen, dessen Kurs am Hofe im Steigen war, unfreundlich zu verhalten. Es war nicht weniger gefährlich, einem Menschen, der innerhalb dieser Rangordnung im Sinken, der etwa gar der Ungnade nahe war, allzu freundlich zu begegnen, oder, wenn man es tat, dann hatte es nur einen Sinn, wenn man damit eine bestimmte Absicht verfolgte. So war *dauernd* eine *genau überlegte Nuancierung* des Benehmens gegenüber jedermann am Hofe unerläßlich." (Elias 1979: 139; meine Hervorhebungen, A.B.)

Elias identifiziert Ähnlichkeiten *und* Unterschiede in der Transformation der Verhaltensstandards zwischen dem höfischen Adel und der Bourgeoisie (für die Differenzen beider siehe Kuzmics 1984: 93–94; 1987: 384–387). Die beiden Klassen gemeinsame Tendenz in der Evolution der sozialen Charakterstruktur ist vor allem durch die *Verschiebung in der Balance* von sozialen Zwängen und Selbstzwängen charakterisiert. Der Gehorsam gegenüber einer vor allem durch ihre persönliche (und körperliche) Präsenz wirksamen Strafgewalt weicht allmählich einer automatisierten Selbst-Disziplin. Die Kontrolle des Verhaltens durch aktuellen Fremdzwang wird zunehmend ergänzt und zum Teil ersetzt durch die Kontrolle, die das Individuum selbst über seinen Körper und seine Affekte ausübt. Anders, als ihm manche Kritiker unterstellen (z.B. Wehowsky 1977: 10; Honneth & Joas 1980: 119; Sampson 1984: 26), stellt sich Elias die Verwandlung von sozialen Zwängen in Selbstzwänge keineswegs *allein* nach dem Muster des Aversionstrainings vor:

> "Die Monopolorganisation der körperlichen Gewalt zwingt den Einzelnen gewöhnlich nicht durch eine unmittelbare Bedrohung. Es ist ein auf *mannigfache* Weise vermittelter und ein weitgehend *voraussehbarer* Zwang oder Druck, den sie beständig auf den Einzelnen ausübt. Sie wirkt *zum guten Teil durch das Medium seiner eigenen Überlegung* hindurch. Sie selbst ist gewöhnlich nur als Potenz, als Kontrollinstanz in der

Gesellschaft gegenwärtig; und der aktuelle Zwang ist ein Zwang, den der Einzelne nun *auf Grund seines Wissens* um die Folgen seiner Handlungen über eine ganze Reihe von Handlungsverflechtungen hinweg *oder* auf Grund der entsprechenden Erwachsenengesten, die seinen psychischen Apparat als Kind modelliert haben, auf sich selbst ausübt. Die Monopolisierung der körperlichen Gewalt (...) macht die Gewaltausübung mehr oder weniger *berechenbar* und zwingt die waffenlosen Menschen in den befriedeten Räumen zu einer Zurückhaltung durch die eigene *Voraussicht oder Überlegung*; sie zwingt diese Menschen mit einem Wort in geringerem oder höherem Maße zur Selbstbeherrschung." (Elias 1976b: 326; meine Hervorhebungen, A.B.)

Wenn man schon nach einem lerntheoretischen Konzept sucht, mit dem sich Elias' Argumente zu dieser Problematik parallelisieren lassen, so wäre ein Vergleich mit der sozial-kognitiven Lerntheorie Banduras wohl angemessener — gerade angesichts der Rolle, die die Übernahme von "höher" *bewerteten* sozialen Modellen des Verhaltens in seinen Theoremen zur Ausbreitung zivilisatorischer Standards spielt (vgl. Bandura 1979).

Die Verdrängung der physischen Gewaltanwendung aus dem Alltagsleben verändert die Machtbalancen im Zusammenleben der Individuen in einschneidender Weise: so zum Beispiel im Verhältnis von Mann und Frau. Genau aus diesem Grunde werden die

"(...) großen absolutistischen Höfe (...) in der europäischen Geschichte die Stätten, in denen sich bisher am vollkommensten eine Gleichheit der zentralen Lebenssphäre und damit auch der Verhaltensformen für Mann und Frau herstellt. (...) Wie überall dort, wo die Männer zum Verzicht auf körperliche Gewalt gezwungen sind, stieg das soziale Gewicht der Frauen." (1976b: 108–109)

Nur aus dieser gesamtgesellschaftlichen Konstellation mit ihrer besonderen Situation an den Höfen der großen und mittleren Fürsten lassen sich die höfischen Umgangsformen, der Minnesang und selbst das in dieser Umgebung entstehende Phänomen der "romantischen" Liebe begreifen:

"Es ist kein Zufall, daß sich in dieser menschlichen Situation *als gesellschaftliches*, nicht nur als individuelles Phänomen das herausbildet, was wir 'Lyrik' nennen und — ebenfalls als gesellschaftliches Phänomen — jene Umformung der Lust, jene Tönung des Gefühls, jene Sublimierung und Verfeinerung der Affekte, die wir 'Liebe' nennen. Hier entstehen, nicht nur ausnahmsweise, sondern gesellschaftlich-institutionell verfestigt, Kontakte zwischen Mann und Frau, die es auch dem stärkeren Mann unmöglich machen, sich die Frau einfach zu nehmen, wenn er Lust hat, die dem Mann die Frau unerreichbar oder schwer erreichbar machen, und zugleich, weil sie höher steht, weil sie schwer erreichbar ist, vielleicht besonders begehrenswert." (1976b: 111; meine Hervorhebung, A.B.)

Elias hat wie kein anderer vor ihm die mit dem Zivilisationsprozeß verbundenen Wandlungen in den Verhaltensformen und Charakterstrukturen am historischen Material empirisch belegt und deren Linien nachgezeichnet. Als Triebkraft dieses Prozesses identifiziert er immer wieder die Konkurrenz der sozialen Gruppen und der einzelnen um Macht und Prestige ("Status") — als einen "der

stärksten Motoren zur Umwandlung von Fremdzwängen in Selbstzwänge"
(1976b: 366).

Das zivilisierte Verhalten wird bestimmt durch die Zwänge, die die Konkurrenz und die durch sie vorangetriebene Verflechtung der Handlungsketten auf
den Einzelnen ausüben, und "jeder Zwang setzt sich bei dem Gezwungenen in
Angst der einen oder anderen Art um" (1976b: 446) — eine These, die für
jeden Kenner leicht als *orthodox freudianisch* identifizierbar ist.

Die Grundrichtung des Zivilisationsprozesses wird von Elias als "Verinnerlichung" von Zwängen beschrieben, die durch die Verstetigung und Differenzierung der sozialen Zwänge ausgelöst wird — oder unter einem etwas anderen
Blickwinkel als Verwandlung von soziogenen in psychogene Ängste (die allerdings in letzter Instanz immer "soziogen" bleiben) (Elias 1976b: 445–447).
Durch das Zusammenwirken von Konkurrenz *und* Interdependenz stellt sich
schließlich "eine Gesellschaftsapparatur her, in der sich dauernd die Zwänge
der Menschen aufeinander in Selbstzwänge umsetzen" (1976b: 331). So erhält
bei Elias das Freudsche Theorem vom ewigen Konflikt zwischen dem Todes-
trieb und dem Eros, der zur Bildung immer umfassenderer sozialer Verbände
hintreibt, eine soziologisch und nicht primär triebtheoretisch fundierte Fassung.
"Das metaphysische Forschungsprogramm", das bei Freud zu finden war, "in
wissenschaftlich erklärte Sozialgeschichte umzusetzen ist in vieler Hinsicht die
Botschaft von *Über den Prozeß der Zivilisation*" (Aya 1978: 226, Anm. 19;
meine Übersetzung, A.B.).

In gewissem Sinne kann Elias' Theorie als ein einziger, großangelegter
Versuch interpretiert werden, jene merkwürdige Inkonsistenz im Verhalten
"zivilisierter" Menschen zu erklären, von der auch Freuds Überlegungen über
den Krieg ihren Ausgangspunkt nahmen. Während Freud jedoch noch stark
dazu neigte, darin eine Art von psychischer Regression zu sehen, diagnostiziert
Elias die Spaltung des Gewissens zwischen dem Verhalten in Friedenszeiten
gegenüber Mitgliedern des eigenen politischen Verbandes und dem Verhalten
gegenüber den Angehörigen anderer Staaten im Kriege als einen *integralen*
Bestandteil der sozialen Überichstruktur im Zeitalter konkurrierender Nationalstaaten (Elias 1981: 102–103; siehe auch Elias 1987a: 306–307, 277–278).
Begründet ist diese Spaltung in der *Differenz* von intra- und internationaler
Pazifizierung — d.h. aber eben: in der Gestalt und Struktur der sozialen Zwänge, die für die Bildung des Überich verantwortlich sind.

Manche Kritiker haben moniert, daß Elias diese Situation und ihre Genesis
nur diagnostiziert, nicht aber im Anhang zu seiner Analyse ein politisches
Programm zur Abschaffung des Staates oder eine bioenergetische Therapie
angeboten hat (z.B. Wehowsky 1977: 16–17). So schließt Susan Buck-Morss
ihre Rezension mit dem auftrumpfenden Hinweis darauf ab, in einer endlich
emanzipierten Gesellschaft "there would be no need for a state at all" — so als
würde diese wohlmeinende Hoffnung selbst irgendein Argument gegen Elias'

Theorie der Staatsbildung konstituieren (Buck–Morss 1978: 198). Dasselbe Argument wird ohne weitere Qualifikation von Axel Honneth und Hans Joas wiederholt (1980: 123). Tatsächlich ist Elias weniger fest als seine Kritiker von der Realisierbarkeit dieses Wunsches überzeugt.

Daß seine Theorie dessen Verwirklichung a priori ausschließen würde, ist jedoch nur ein weiteres Mißverständnis unter anderen. Es ist keineswegs zufällig, wenn er in einem seiner letzten Essays genau diese Möglichkeit ganz ernsthaft diskutiert hat, die Möglichkeit einer Gesellschaft, in der die individuelle Selbstkontrolle ausreichend wäre, um jeden zentralisierten sozialen Zwang überflüssig zu machen.

> "Das wäre eine sehr fortgeschrittene Form menschlicher Zivilisation. Sie würde, wie man sehen kann, ein Ausmaß, eine Breite und eine Struktur individuellen Selbstzwangs erfordern, wie sie auf der gegenwärtigen Stufe des sozialen und innerhalb seiner des Zivilisierungsprozesses noch nicht erreichbar sind. Auch ist ungewiß, ob sie je erreichbar sein werden, wenngleich sich der Versuch lohnen würde." (Elias 1983b: 124–125)

Diese für die Intentionen ihres Autors aufschlußreiche Passage mag hier den Überblick über die Theorie des Zivilisationsprozesses abrunden, den dieses Kapitel liefern sollte. Eine weitere Diskussion der Schlußfolgerungen, die sich aus dieser Theorie ergeben, und der Vergleichspunkte, die sie gegenüber den anderen hier behandelten Theorien der geschichtlichen Entwicklung sozialer Persönlichkeitsstrukturen und gesellschaftlicher Verflechtungen bietet, erfordert eine sorgfältigere, genauere Klärung ihrer begrifflichen und theoretischen Prämissen und Implikationen. Das zu leisten ist die Aufgabe des folgenden Kapitels. Zugleich entwickelt es dabei die Grundidee dieser Arbeit, die den folgenden Teilen zwar nicht als "roter Faden", aber doch als zentraler Bezugspunkt der Argumentation zugrunde liegt.

3. Die Struktur sozialer Prozesse

3.1 Einleitung

Die Überschrift dieses Kapitels, um es vorwegzunehmen, kann leicht mißverstanden werden. Das hängt damit zusammen, daß der Begriff "Struktur" aufgrund einer langen Tradition wissenschaftlichen Denkens leicht mit "Ordnung" im Sinne der Logik, also mit logischer Konsistenz oder den Regeln des Schließens assoziiert wird. Diese Tendenz findet Unterstützung dadurch, daß "Ordnung" und "Struktur" Symbole sind, die, mindestens im wissenschaftlichen Gebrauch, *als solche* eine immanente Beziehung zu logischer Ordnung aufweisen — wie alle Symbole überhaupt, die von Wissenschaftlern verwendet werden. Das Problem wird für Sozialwissenschaftler noch weiter verschärft dadurch, daß es bei "sozialen Strukturen" immer um Menschen geht, die Symbole formen und gebrauchen und dabei jene Regeln benutzen können, die wir als logische Ordnung bezeichnen. Außerdem schaffen Menschen — dank ihrer Fähigkeit zur bewußten Umgestaltung ihrer "Umwelt" — *geplante* Strukturen, Formen der Zusammenhänge natürlicher oder sozialer Ereignisse, die zwar nicht identisch mit der "Ordnung" der sinnhaften Beziehungen zwischen Symbolen sind, diesen aber weitgehend korrespondieren können. Aus alledem ergibt sich eine beinah überwältigende Tendenz, "Struktur" oder "Regelmäßigkeit" überhaupt mit logischer Ordnung zu identifizieren.

Da den logischen Regeln, die die menschliche Kommunikation und Selbstkommunikation regieren, gewöhnlich ein unveränderlicher, apriorischer Charakter beigemessen wird, erhält der Begriff "Struktur" eine ausgesprochen statische Färbung, wenn er in dieser Weise gebraucht wird. Aus der Neigung, den Begriff der "Struktur" an logische Ordnung zu assimilieren, stammt auch die Gewohnheit, diesen Begriff vorzugsweise *im Singular* zu verwenden. Er kann dann nämlich leichter und unauffälliger mit der Vorstellung *einer* ewigen, unwandelbaren Ordnung "hinter" oder "vor" dem Chaos der Erscheinungen verknüpft werden. Es hat sich im soziologischen Sprachgebrauch eingeschliffen, Struktur und Ordnung vor allem relativ stabilen und statischen Gebilden zuzuschreiben, während "Wandel" und "Prozesse" meist stillschweigend mit der Neubildung oder Zerstörung von "Strukturen" identifiziert werden. Deshalb klingt es so, als würde man von zwei fundamental verschiedenen Dingen reden, wenn man von Strukturen des Wandels oder vom Wandel von Strukturen spricht. Wenn wir von Strukturen reden und damit nicht logische Strukturen meinen, implizieren wir aber in Wirklichkeit *immer*, daß es sich um Strukturen der Veränderung handelt, um die Regelhaftigkeit von Prozessen. Sogar der Prototyp des modernen Systembegriffs, das Modell negativer Rückkopplung, beschreibt die Ordnung eines prozeßhaften Geschehens, die Struktur eines

Prozesses, der innerhalb gewisser Grenzen immer wieder zur Herstellung eines bestimmten "Zustands" tendiert.

Aus den genannten Gründen gehen uns Formulierungen wie "Die Logik des gesellschaftlichen Handelns" so leicht über die Lippen[9], deshalb klingen sie vertraut und unproblematisch auch für jene, die die zentrale Relevanz von nicht-intentionalen, "paradoxen" Zusammenhängen von Ereignissen für den Gegenstandsbereich der Soziologie erkannt haben (vgl. Boudon 1980). Eine der Grundvoraussetzungen des soziologischen Ansatzes von Norbert Elias ist diese: Die Strukturiertheit sozialer Prozesse ist von einer anderen Art als die logischen Zusammenhänge menschlicher Symbole und Intentionen. Die Bedeutung und forschungspraktische Fruchtbarkeit dieser Annahme geprüft und belegt zu haben, ist einer seiner Beiträge zu einer Theorie langfristiger sozialer Prozesse. Die wichtigsten dieser Beiträge von jenem Gesichtspunkt aus darzulegen und zu deuten, ist die Aufgabe dieses Kapitels.

3.2 "Spontane" Ordnung als Problem der Soziologie

Elias hat schon sein 1939 erstmals veröffentlichtes Hauptwerk *Über den Prozeß der Zivilisation* als Grundstein für eine allgemeine Theorie sozialer Prozesse und der gesellschaftlichen Entwicklung verstanden. Seitdem hat er an dieses frühe Kernstück seines Werks immer wieder angeknüpft und versucht, die Ziele und Implikationen seines umfassenderen Projekts zu verdeutlichen und zu präzisieren (siehe insbesondere: Elias 1970; 1974; 1977a; 1983a; 1984b und das "Vorwort" in 1984c). Unter anderem hat er in den letzten Jahren seiner Theorie der Staatsbildung und der Entwicklung der sozialen Persönlichkeitsstrukturen eine Theorie der Wissensevolution zur Seite gestellt − in seinen Büchern über *Engagement und Distanzierung* und über den Begriff der Zeit (1983b; 1984c; vgl. aber auch schon 1956). Außergewöhnlich und auffällig an seiner Theorie ist, daß es sich dabei um eine Synthese von "Sozialgeschichte" und Entwicklungstheorie handelt − gleichsam um eine "grounded theory" der sozialen Evolution.

Für Elias' Konzeptualisierung und Diagnose gesellschaftlicher Prozesse ist eine Neudefinition des soziologischen Gegenstandsbereichs von grundlegender Bedeutung, in deren Zentrum die Begriffe "Interdependenz", "Figuration", "Verflechtung" und "Macht" stehen (vgl. van Benthem van den Bergh 1971; Goudsblom 1977 & 1979; Bauman 1979; Eve 1982; Arnason 1984). Alle diese Begriffe und ihre Varianten sind so konstruiert, daß sie geeignet sind, eine

---

9   Ein anderes bekanntes Beispiel ist die "Logik der Forschung". Siehe dazu die kritischen Anmerkungen in Elias (1985b: insbesondere 269-270, 277-279).

spezifische Grunderfahrung zu reflektieren. Elias selbst hat diese Erfahrung, die zugleich den Hauptbefund seines Buches über den Zivilisationsprozeß bildet, in folgender Weise zusammengefaßt:

> "(...) Pläne und Handlungen, emotionale und rationale Regungen der einzelnen Menschen greifen beständig freundlich oder feindlich ineinander. Diese fundamentale Verflechtung der einzelnen, menschlichen Pläne und Handlungen kann Wandlungen und Gestaltungen herbeiführen, die kein einzelner Mensch geplant oder geschaffen hat. Aus ihr, aus der Interdependenz der Menschen, ergibt sich *eine Ordnung von ganz spezifischer Art*, eine Ordnung, die zwingender und stärker ist, als Wille und Vernunft der einzelnen Menschen, die sie bilden. Es ist eine Verflechtungsordnung, die den Gang des geschichtlichen Wandels bestimmt; sie ist es, die dem Prozeß der Zivilisation zugrunde liegt." (Elias 1976b: 314; meine Hervorhebung, A.B.)

und er fügt hinzu:

> "Diese *Verflechtung* von Handlungen und *Plänen* vieler Menschen aber, die überdies kontinuierlich von Generation zu Generation weitergeht, *sie selbst ist nichts Geplantes*. Sie ist nicht aus den Plänen und Zwecksetzungen einzelner Menschen und auch nicht nach deren Muster zu verstehen. Hier hat man es mit Erscheinungen, mit Zwängen und Gesetzmäßigkeiten *eigner Art* zu tun. So kommt etwa dadurch, daß mehrere Menschen sich den gleichen Zweck setzen, daß sie das gleiche Stück Land, den gleichen Absatzmarkt oder die gleiche soziale Position wollen, etwas zustande, das keiner von ihnen bezweckt oder geplant hat, ein spezifisch gesellschaftliches Phänomen: ein Konkurrenzverhältnis mit seiner eigentümlichen Gesetzmäßigkeit (...). Und erst die Einsicht in die Eigengesetzlichkeit der Verflechtung von individuellen Plänen und Handlungen, in die Bindung des Einzelnen durch sein Zusammenleben mit Anderen, erst sie ermöglicht schließlich auch ein besseres Verständnis für das Phänomen der Individualität. Das Miteinanderleben der Menschen, das Geflecht ihrer Absichten und Pläne, die Bindungen der Menschen durcheinander, *sie bilden, weit entfernt die Individualität des Einzelnen zu vernichten, vielmehr das Medium, in dem sie sich entfaltet.* Sie setzen dem Individuum Grenzen, aber sie geben ihm zugleich einen mehr oder weniger großen Spielraum. *Das gesellschaftliche Gewebe der Menschen bildet das Substrat, aus dem heraus, in das hinein der Einzelne ständig seine individuellen Zwecke spinnt und webt. Aber dieses Gewebe* und sein geschichtlicher Wandel selbst ist als Ganzes in seinem wirklichen Verlauf *von niemandem bezweckt und von niemandem geplant.*" (Elias 1976b: 476–477, Anm. 129; meine Hervorhebungen, A.B.)

Diese beiden Zitate enthalten den Schlüssel für die Definition des "Sozialen" bei Elias und für seinen spezifischen Zugriff auf das Verhältnis von Individuum und gesellschaftlichen "Strukturen". Elias' Charakterisierung der sozialen Wirklichkeit — das sollte nicht übersehen werden — vereinigt zwei Ebenen des Universums, die oft scharf voneinander getrennt werden: Intentionen und *nicht-intentionale* Strukturen.

Elias stellt die These auf, daß es erstens nicht-intentionale Zusammenhänge *zwischen* intentionalen Handlungen gibt, und zweitens, daß in der bisherigen Geschichte diese nicht-intentionalen Zusammenhänge die Oberhand über die intentionalen, von Menschen bewußt hergestellten Zusammenhänge behalten haben.[10] Solange dies aber der Fall ist, geht der Versuch, soziale Prozesse *primär* von den Intentionen der Handelnden her zu rekonstruieren, von gleichsam utopischen Voraussetzungen aus.

Intentionen und Individuen sind selbst durch nicht-intentionale Zusammenhänge konstituiert; diese gewagte Behauptung hat für Elias nicht den Status eines "methodologischen" Dogmas: Sie wird als empirische Aussage durch seine Untersuchungen über den Prozeß der Zivilisation bestätigt. Wie Eve feststellt: "Wenn er von der 'Verlängerung der Interdependenzketten' spricht, redet er nicht einfach von sich verändernden Mustern der 'Beziehungen zwischen', sondern von sich wandelnden Beschaffenheiten *von* Menschen — und nicht zuletzt, von Veränderungen in den Grenzen von 'ich', 'wir' und 'sie'" (Eve 1982: 27; meine Übersetzung, A.B.). Elias trennt dabei nicht absolut eine intentionale von einer nicht-intentionalen Schicht des menschlichen Daseins (oder: eine "kulturelle" von einer "ökologischen" Ebene der Wirklichkeit, eine "normative" von einer "instrumentellen" Ordnung). Seine Untersuchung der Soziogenese der Symbole "Kultur" und "Zivilisation" im ersten Kapitel seiner Studie zeigt plastisch, wie intentionale Gebilde, Symbole, aus nicht-intentionalen, ungeplanten Zusammenhängen hervorgehen (vgl. Elias 1976a: 1–64). Die Originalität seiner Perspektive besteht in dieser konsistenten Ablehnung künstlicher Trennungen der intentionalen von den nicht-intentionalen Elementen der sozialen Realität. Trennungen, die gewöhnlich in der Behauptung der überragenden Signifikanz der einen oder der anderen resultieren.

Nicht weil Intentionen und Individualität fiktiv wären, sondern weil sie Produkte ungeplanter Prozesse sind, läßt sich soziale Realität nicht an intentionale Strukturen, an sinnhafte Zusammenhänge assimilieren:

> "Die immanente Eigengesetzlichkeit der gesellschaftlichen Verflechtungserscheinungen ist weder identisch mit der Gesetzlichkeit des 'Geistes', des individuellen Denkens und Planens, noch mit der Gesetzlichkeit dessen, was wir die 'Natur' nennen, wenn auch alle diese verschiedenen Dimensionen der Wirklichkeit funktionell unablösbar miteinander verbunden sind." (Elias 1976b: 314–315)

Während Elias (z.B. 1984c: insbesondere das "Vorwort") die grundsätzliche Einheit menschlicher Lebewesen mit der "Natur" anerkennt, betont er zugleich, daß die *Komplexität* sozialer Prozesse nach seiner Auffassung einen Typ der Erklärung und Theoriebildung verlangt, der nicht wie die klassische Physik an einem gesetzeswissenschaftlichen Theoriemodell orientiert ist, sondern an der Konstruktion von Prozeßmodellen als Mittel wissenschaftlicher Erklärung (vgl. Elias 1985b: 271–273; 1983a: 40, Anm. 2). Dies gründet nicht auf der An-

---

10 Besonders deutlich wird dieser Gesichtspunkt auch in dem 1939 geschriebenen, aber erst jetzt veröffentlichten Text *Die Gesellschaft der Individuen*, der ursprünglich als eine Art 'Methodenkapitel' zum Zivilisationsbuch gedacht war (Elias 1987a: 15–98).

nahme eines absoluten ("ontologischen") Bruchs zwischen nicht-menschlicher Natur und sozialer Wirklichkeit. Prozeßmodelle erfüllen eine gleichartige Funktion beispielsweise in der modernen Sternphysik und Kosmologie (vgl. ebd.). Daher lehnt Elias, ganz ähnlich wie Max Weber, ein gesetzeswissenschaftliches Methodenideal für die Sozialwissenschaften ab, während er zugleich an der *prinzipiellen* Möglichkeit festhält, auch für die Geschehenszusammenhänge der geschichtlich-sozialen Welt gesetzesartige Regeln zu finden und zu formulieren.[11] Wiederum ähnlich wie Weber weist er simplifizierende Trennungen zwischen der menschlichen und den "natürlichen" Integrationsebenen des Universums zurück, die die *relative* Autonomie des Sozialen verabsolutieren. So etwa, wenn immer wieder seit Dilthey und Lukács die Besonderheit der Humanwissenschaften darin behauptet wird, daß hier "Subjekt" und "Objekt" "identisch" seien, während für die Naturwissenschaften ihre Trennung postuliert wird:

> "The problem of 'facing oneself' (...) plays its part in explorations of nature as well as in those of society. For man forms part of both." (Elias 1956: 234, n. 1).

Die Art und Weise hat viel Aufmerksamkeit gefunden, in der Elias' Buch *Über den Prozeß der Zivilisation* die körperlichen Funktionen und Ausdrucksformen von Menschen, die eher animalischen Aspekte des menschlichen Lebens zurück in den Horizont moderner Soziologen gerückt hat. Aber dies ist nur ein, obwohl höchst wichtiger, Aspekt seiner allgemeineren Perspektive. Sein Ansatz zielt darauf, wahrzunehmen und anzuerkennen, daß es eine Art "dritter" Ordnung zwischen den Strukturen der nicht-menschlichen "Natur" einerseits und den Ordnungsformen des "Geistes" andererseits gibt, die viele Eigentümlichkeiten der ersteren teilt.[12] Dieser dritte Bereich, die nicht-intentionale Geordnetheit der Interdependenzen zwischen menschlichen Intentionen und Handlungen, ist von zeitgenössischen Soziologen gewöhnlich unter der Überschrift der "nicht-antizipierten Folgen" zielgerichteten Handelns behandelt worden (vgl. die klassische Formulierung bei Merton 1936). Weil die meisten Leser darunter

---

11 Vgl. explizit für die Kombination beider Standpunkte: Elias (1985b: 270, 272–273) und Weber: GAWL: 12–13 (Anm. 1), 180. Vgl. dazu Burger (1976: insbesondere 59–60, 53). Siehe auch die Ausführungen und Belege in Abschnitt 5.1 dieser Arbeit.

12 Die Ähnlichkeit meiner Formulierung mit der bekannten Dreiweltentheorie Karl Poppers (1973: 123ff.) ist im wesentlichen eine ganz formale, auf der bloßen Dreiteilung beruhende. Charakteristisch ist vielmehr, daß eine *soziale* Integrationsebene in dem hier erörterten Sinne unter den drei von Popper ausgezeichneten "Welten" fehlt. Vielmehr stellt er der physikalischen Welt die Welt der "subjektiven" Bewußtseinszustände von Individuen und die dritte Welt eines gleichsam "objektiven" Geistes gegenüber. Es sind also im Grunde die Gegenstandsbereiche der Physik, der Psychologie und der Philosophie (oder "Logik"), so wie Popper sie versteht. Im übrigen ist auch hier die Tendenz sichtbar, die menschliche Wirklichkeit an die Sphäre der Sinnzusammenhänge von Symbolen anzunähern.

relativ außergewöhnliche Phänomene nach Art der sich selbst erfüllenden Pro-
phezeiung verstanden haben, hat diese Formulierung wohl die Tatsache eher
verdeckt, daß die meisten, wenn nicht alle grundlegenden sozialen "Institutionen" auf dem Wege ungeplanter Prozesse entstanden sind und ihre heutige
Gestalt und Struktur angenommen haben. Das heißt: sie sind selbst als Ganze
gesehen "nicht-antizipierte Folgen" menschlicher Anstrengungen, sie zu planen
und absichtsvoll zu gestalten.[13] Für Elias ist daher Nichtintentionalität keine
Ausnahme, keine Abweichung vom "normalen" Gang der Ereignisse, sondern
vielmehr das Gegenteil: "*jeder* beabsichtigten Interaktion (liegen) unbeabsichtigte
menschliche Interdependenzen zugrunde" (Elias 1970: 99; meine Hervorhebung,
A.B.; vgl. auch Elias 1969: 143). Oder anders herum, wie Goudsblom es
elegant formuliert:

> "(...) in the development of human societies, yesterday's unintended social consequences
> are today's unintended social conditions of 'intentional human actions'." (Goudsblom
> 1977: 149)

Mehrere Denker, von Bernard Mandeville und Adam Ferguson[14] über
Hegel, Marx und Engels bis zu heutigen Autoren wie Friedrich A. von Hayek
und Popper, haben die Bedeutung von nicht-intentionalen Folgen für den
Gegenstandsbereich der Soziologie hervorgehoben. Doch bis in die jüngere Zeit
sind die Konsequenzen kaum durchdacht worden, die sich aus der universellen
Präsenz dieses Sachverhalts ergeben. Eine der Ausnahmen ist Hayek, der die
Ebene der Strukturierung, die auch im Mittelpunkt von Elias' Ansatz steht, als
die Existenz "spontaner Ordnung" bezeichnet hat (z.B. Hayek 1967: 74, 77,
97ff.; 1969: 35ff., 131ff.). Andere haben den Terminus "Autopoiesis" oder
"Selbstorganisation" benutzt, um auf die Tatsache einer "spontanen", ungeplanten Genesis von Ordnung in sozialen und natürlichen Prozessen hinzuweisen
(einen Überblick über diese Arbeiten geben Jantsch 1982 und die Beiträge in
Zeleny 1981). Fürsprecher des ökonomischen Liberalismus neigten immer dazu,
die Idee nicht-intentionaler, ungeplanter Ordnung mit Vorstellungen von Harmonie, eines wünschenswerten Zustands, einer guten und naturgemäßen Ordnung zu verbinden — zum Beispiel in Adam Smith' berühmter Formel von der
"unsichtbaren Hand", die die Regelmäßigkeiten des Marktes regiert (vgl. Smith
1974: 371). Wie Bauman hervorhebt, ist es eines der Hauptziele des Eliasschen

---

13 Dieses Argument bei Elias (1970: 99), Goudsblom (1977: 146-149) und Mennell (1977:
    99-100).

14 Die klassische Formulierung Fergusons lautet: "(...) nations stumble upon establish-
    ments, which are indeed the result of human action, but not the execution of any human
    design" (Ferguson 1767: 187). Zu Ferguson und Mandeville vgl. Hayek (1967: 96-105;
    1969: 126-143). Einen knappen ideengeschichtlichen Überblick enthält der Aufsatz von
    Wippler (1978).

Ansatzes, die Erkenntnis *faktischer* Ordnung von solchen wunschvollen Konnotationen im Sinne von "Ordentlichkeit" zu befreien (Bauman 1979: 119). Während das im Gedächtnis bleiben sollte, ist hier vielleicht die folgende Beobachtung wichtiger: Elias hat (meines Wissens) als einziger moderner Autor das Potential eines um den Sachverhalt "spontaner" Ordnung zentrierten Zugriffs für die Erforschung der "Geschichte" ausgelotet — das heißt: der langfristigen Strukturen sozialer Prozesse. In den Gebieten der sogenannten "Makrosoziologie" oder "historischen Soziologie" hat niemand sonst die Konsequenzen eines solchen Ansatzes gezogen und sie im Wege empirischer Forschung umgesetzt (vgl. das wesentlich übereinstimmende Urteil von Renate Mayntz[15] in ihrer aufschlußreichen Diskussion des heutigen Forschungsstandes: Mayntz 1985: besonders 34–36, 43, Anm. 38).

Obwohl er sie manchmal mit gesetzesartigen Aussagen wie dem "Monopolmechanismus" verknüpft hat, lassen die Prozeßmodelle, die Elias zur Erklärung langfristiger gesamtgesellschaftlicher Strukturveränderungen entwickelt hat, die gesetzeswissenschaftliche Konzeption der Kausalerklärung hinter sich.[16]

Seine Modelle der "Feudalisierung" (vgl. besonders Elias 1976b: 31–39) oder der Monopolisierung physischer Gewalt repräsentieren Beispiele einer besonderen Art von Erklärung — Erklärungen durch die Rekonstruktion eines nicht-intentionalen Prozesses —, die neuerdings als "invisible hand"-Erklärungen charakterisiert worden ist (vgl. Nozick 1974: 18–22; Ullmann-Margalit 1978). Erklärungen dieses Typs verlangen nicht mehr notwendig die Bezugnahme auf wissenschaftliche Gesetze. Statt dessen setzen sie lediglich "Normali-

---

15 Den Inhalt von Mayntz' Vortrag, der mit den hier vertretenen Auffassungen an mehreren Punkten zusammentrifft, habe ich leider erst kennengelernt, nachdem ich die ursprüngliche Version dieses Kapitels verfaßt und im Januar 1985 vor der British Sociological Association in Brighton vorgetragen habe.

16 Das deduktiv-nomologische Ideal der wissenschaftlichen Erklärung ist heute am besten unter dem Namen "Hempel-Oppenheim-Schema" bekannt (vgl. Hempel 1965: 245–290). Es fordert als wesentlichsten Bestandteil einer Kausalerklärung die Formulierung eines generellen Gesetzes, das die postulierten Randbedingungen mit dem zu erklärenden Phänomen verknüpft. Meine Feststellung hier schließt — wie kaum anders zu erwarten — nicht aus, daß es im Einzelfall möglich wäre, Elias' Erklärungsmodelle formal so umzuinterpretieren, daß sie sich einer *revidierten* Version des Hempel-Oppenheim-Schemas fügen — etwa durch eine wahrscheinlichkeitstheoretische Neufassung des "Gesetzes"-Begriffs als "statistisches Gesetz". Solange die entsprechenden Wahrscheinlichkeiten nicht quantitativ präzisiert werden können, ist das nichts anderes als ein gedanklicher Trick, mit dem sich jede Aussage ohne Gesetzescharakter in eine "generelle" Regelaussage verwandeln läßt. Entscheidend ist in unserem Zusammenhang nur, daß die wissenschaftsphilosophische Idealvorstellung von Theorie als eines Systems *genereller*, untereinander *deduktiv* verknüpfter Aussagen mit Elias' Forschungspraxis implizit und explizit unvereinbar ist. Dies unter anderem hat Lasch in seiner Kritik übersehen (vgl. Lasch 1985: insbesondere 709, 712).

tätsannahmen" über die Absichten und Handlungsorientierungen der beteiligten Individuen voraus.[17] Das meint "Normalität" in einem *faktischen*, nicht in einem normativen Sinne. Sie impliziert weder irgendein universales Gesetz menschlichen Sichverhaltens noch die Unterstellung von "Rationalität" auf seiten der Akteure.

Tatsächlich ist es für viele Leser eines der überraschendsten Resultate von Elias' Untersuchungen, daß 'Normalitätsstandards' sich im Verlauf des von ihm erforschten langfristigen Prozesses gewandelt haben. Und es ist ironischerweise eine der interessantesten offenen Fragen seiner Analyse, *ob und in welcher Weise* sich spezifische "Normalitätsannahmen", die seinem Prozeßmodell sowohl in dessen früheren als auch in dessen späteren Phasen zugrunde liegen, möglicherweise für den künftigen Kurs des "Zivilisationsprozesses" als inadäquat erweisen mögen − eine Frage, von deren Beantwortung das Schicksal unseres Planeten abhängt. Insofern Elias die Genese und den Wandel von 'Normalitätsmaßstäben' selbst zu thematisieren und zu erklären sucht, stellt seine Arbeit eine *Umkehrung* der konventionellen Herangehensweise an die nicht-intendierten Folgen intentionaler Handlungen dar − sie zielt vielmehr auf die 'intentionalen' Konsequenzen nicht-intendierter sozialer Prozesse.

Der Akzent auf nicht-intentionalen Strukturen ist wahrscheinlich die bedeutendste Differenz von Elias' Theorie zu anderen Theorien langfristiger gesellschaftlicher Entwicklung. Wie Mayntz bemerkt hat, neigen die Theorien auf diesem Gebiet (insbesondere in der westdeutschen Soziologie) dazu, die sinnhaften Zusammenhänge zwischen menschlichen Handlungen in den Brennpunkt ihrer Grundbegriffe und -annahmen zu rücken − das heißt: die Ebene der Intentionen und menschengeschaffenen Symbole. Deshalb haben solche Theorien erhebliche Schwierigkeiten mit dem Problem der unbeabsichtigten Abhängigkeiten zwischen Menschen und unterschätzen die Dynamik, die aus der ungewollten Verflechtung der Handlungen vieler resultiert (vgl. Mayntz 1985: 33). Theorien sozio-*kultureller* Evolution wie die von Luhmann und Habermas reproduzieren auf diese Weise den *kulturellen Determinismus*, der schon den früheren Versuch von Parsons auszeichnete, eine evolutionäre Perspektive in sein "analytisches" Theoriegebäude zu integrieren (vgl. Parsons 1966 und den kritischen Kommentar von Giddens 1977: 342-343). Der grundlegende Zug ihrer Theorien, der für diesen bias verantwortlich ist, ist jedoch keineswegs auf die Schüler und Bewunderer des Strukturfunktionalismus beschränkt.

---

17 Das ist meiner Auffassung nach die *Schlußfolgerung*, die aus Ullmann-Margalits (1978: 271, 288, Anm. 10) scharfsinnigen Beobachtungen über "normalcy assumptions", die in "invisible hand"-Erklärungen eingebaut sind, zu ziehen ist.

3.3 Macht als Schlüsselbegriff der Figurationstheorie

Gemäß seiner Konzeptualisierung der Zusammenhangsformen der Wirklichkeit auf der sozialen Integrationsebene des Universums erfährt der Begriff der "Macht" bei Elias eine folgenreiche Neuinterpretation (vgl. Bogner 1981; Arnason 1984). Er ist im Rahmen seines Ansatzes auf die nicht-intentionalen Zusammenhänge zwischen Intentionen bezogen, genauer: auf die ungeplanten Abhängigkeiten zwischen planenden Individuen. Darüber hinaus zielt er auf das Problem, wie nicht-intentionale Interdependenzen Menschen als Ansatzpunkt und Grundlage für ihre absichtsvollen Interventionen in den Lauf sozialer Prozesse dienen können. In diesem Sinne bezeichnet der Begriff Macht eine Art "Scharnier" zwischen den Ebenen der "Struktur" und des "Handelns", zwischen den ungeplanten *Potentialen* sozialer Situationen und deren *Realisierung* im Wege absichtsvollen (d.h. "sinnhaften") Handelns.[18] Der Grad, in dem Menschen soziale Prozesse zur Konformität mit ihren Wünschen bringen können, und der Grad, in dem diese Prozesse *inklusive* der Folgen ihrer Handlungen von ihren Absichten abweichen, hängt von ihren Machtchancen ab.

Frühere Kommentare haben zu Recht die zentrale Rolle des Begriffs "Figuration" in Elias' theoretischem Bezugsrahmen unterstrichen und seinen Zusammenhang mit der Konzeption *ungeplanter* Prozesse hervorgehoben (vgl. z.B. van Benthem van den Bergh 1971; Goudsblom 1977: 126–149). Die Beziehung beider Termini zueinander läßt sich aus der bewundernswert konzisen Definition des Figurationsbegriffs bei van Benthem van den Bergh erschließen (1971: 19; meine Hervorhebung, A.B.):

> "Configurations are networks of interdependent human beings, with *shifting* asymmetrical power balances."

Der Begriff der Macht ist insofern spezifischer als der der "Interdependenz", als er einen Maßstab bezeichnet, an dem sich verschiedene Interdependenzen vergleichen und gegeneinander differenzieren lassen. "Macht" ist für Elias eine strukturelle Eigenschaft aller möglichen Interdependenzen, gleichgültig, ob sie intentional hergestellt wurden oder unbeabsichtigt entstanden sind (vgl. Elias 1970: 87–97). Machtdifferentiale bestehen auch dort, wo sie *nicht* dazu benutzt werden, um den eigenen Willen gegen Widerstand durchzusetzen.

---

18 Daher muß scharf zwischen einem "Kompetenz"- und einem "Performanz"-Aspekt von sozialer Macht unterschieden werden. Der spezifische Machtbegriff von Elias bezieht sich *zunächst einmal* ausschließlich auf den "Kompetenz"-Aspekt: also auf die bloße *Möglichkeit* von Machtausübung, unabhängig davon, ob die Akteure diese gegebene Möglichkeit tatsächlich ausnutzen oder ausnutzen wollen. Über die Konfusion, die entstehen kann, wenn beide Aspekte miteinander verwechselt werden, siehe die Einleitung Claus Offes in Bachrach & Baratz (1977).

Das ist nur scheinbar ein Unterschied zu Webers bekannter Definition: Auch Webers Begriff bezeichnet keinen *Handlungstypus*, sondern *eine Eigenschaft von Beziehungen* — die *"Chance"*, die sie für eine bestimmte Art des Handelns bieten (vgl. WuG: 28). Elias' Konzeption weist in die gleiche Richtung, aber führt Webers explizite Definition einen Schritt weiter.

Bei beiden Autoren ist der Machtbegriff in der Dimension des *Potentials* angesiedelt, nicht (primär) in der der Realisierung. "Macht", so könnte man sagen, bezieht sich auf eine Fähigkeit oder "Kompetenz" — aber diese Fähigkeit ist nicht primär eine Qualität eines Akteurs, sondern eine strukturelle Eigenschaft einer sozialen Beziehung, eine Relation von Relationen. "Macht" oder präziser "Machtbalancen" sind für Elias definiert durch den *Quotienten* der reziproken Abhängigkeiten, die jede menschliche Beziehung impliziert. Genau dann, wenn die Balance zwischen den wechselseitigen Abhängigkeiten zwischen zwei Akteuren zugunsten des einen geneigt ist, dann hat er oder sie eine größere Chance, den Handlungskurs des anderen zu kontrollieren und zu steuern (Elias 1970: 98).

Elias' Begriffsfassung rückt den gleichen Sachverhalt in den Mittelpunkt der Aufmerksamkeit, auf den einer seiner ehemaligen Kollegen in Leicester, Anthony Giddens, mit seinem Terminus der "dialectic of control" hingewiesen hat (Giddens 1981: 63; 1984: 16). Es sind praktisch immer gegenläufige Abhängigkeiten, die eine Machtbalance konstituieren:

> "(...) *Insofern* als wir *mehr* von anderen abhängen als sie von uns, mehr auf andere angewiesen sind als sie auf uns, haben sie Macht über uns, ob wir nun durch nackte Gewalt von ihnen abhängig geworden sind oder durch unsere Liebe oder durch unser Bedürfnis, geliebt zu werden, durch unser Bedürfnis nach Geld, Gesundung, Status, Karriere und Abwechslung." (Elias 1970: 97; meine Hervorhebung, A.B.)

In diesem Zusammenhang gewinnt das Phänomen der Monopolisierung größte Bedeutung.[19] Eine Situation, die wir als "Monopol" symbolisieren,

---

19 Ganz ähnliche Versionen des Machtbegriffs haben Emerson (1962), Blau (1964: besonders 117–125) und Crozier & Friedberg (1979: 39–55) formuliert. Vor allem der Forschungsansatz der beiden letzteren Autoren teilt offenbar eine Reihe von Gemeinsamkeiten mit dem figurationssoziologischen Forschungsprogramm, unter anderem auch die Betonung der nicht-intendierten Folgen menschlichen Handelns und der ungeplanten Eigendynamik sozialer Prozesse. Nicht zufällig übernimmt bei Crozier & Friedberg der Begriff des 'Spiels' ungefähr die Rolle, die in der Eliasschen Soziologie der Terminus 'Figuration' ausfüllt. Es ist vielleicht nützlich, in diesem Zusammenhang darauf hinzuweisen, daß Elias anders, nämlich abstrakter als Crozier & Friedberg sein Konzept der Machtbalance nicht als eine Tauschbeziehung konstruiert, sondern als ein Maß für die — bei jeder Tauschhandlung und jeder Tauschbeziehung vorausgesetzte — *Verteilung* von Ressourcen (einschließlich und insbesondere von Sanktionsmitteln und einschließlich von Gewaltmitteln). Wie oben erwähnt, bezeichnet der Begriff bei Elias keine Beziehung zwischen Menschen, sondern eine *Qualität* solcher Beziehungen.

bedeutet nichts anderes als eine Situation, in der die Abhängigkeit der einen Seite von der anderen ein Maximum erreicht, während die entgegengesetzte Abhängigkeit auf ein Minimum reduziert ist (in der strukturellen Dimension, in der eine Monopolbildung stattgefunden hat). Elias hat versucht, eine systematische Klassifikation der wichtigsten Machtressourcen nach Maßgabe ihres jeweiligen Potentials zur Monopolisierung zu liefern (vgl. Elias 1983a: 32–35, 38–39).

An diesem Punkt meiner Darstellung ist es wichtiger festzuhalten, daß sein Begriff nicht eine einzelne Komponente des sozialen Lebens bezeichnet, daß es sich dabei um einen strikt relationalen Begriff handelt und daß er keine Nullsummenkonzeption der "Macht" beinhaltet, da sich die Abhängigkeiten auf beiden Seiten einer sozialen Beziehung vermehren lassen. Er bezeichnet nicht bloß "politische Macht" oder Macht im Sinne einer institutionalisierten, *legitimierten* Beziehung zwischen Befehl und Gehorsam. Das letztere gilt beispielsweise für Parsons' Begriffsfassung, der auf diesem Wege "Macht" auf "legitime Herrschaft" im Weberschen Sinne reduziert und so das Problem aus seiner Theorie verbannt (vgl. Parsons 1967: 308, und die Kritik bei Giddens 1977: 333–349). Während Parsons' Begriff auf der Ebene symbolisch regulierter — nämlich durch Normen und Werte geordneter — Zusammenhänge situiert ist, bezieht sich "Macht" bei Elias auf die nicht–intentionalen Qualitäten sozialer Beziehungen. Ausdrücklich stellt er anläßlich der terminologischen Einführung des Ausdrucks fest, daß er sich *auch* auf solche Interdependenzen unter Menschen anwenden läßt, die jeder Regelung durch von den Beteiligten akzeptierte Normen entbehren (vgl. Elias 1970: 76–83, insbesondere 78, 82). "Es ist eines der fundamentalen Mißverständnisse menschlicher Beziehungen, daß ihre Strukturiertheit, ihr Charakter als eine Ordnung spezifischer Art, ihrer Normiertheit entspränge." (Elias 1970: 78).

In der ursprünglichen deutschen Fassung des Buches über den Zivilisationsprozeß verwendet Elias gewöhnlich die Termini "gesellschaftliche Stärke" oder "gesellschaftliches Schwergewicht", die in der englischen Ausgabe — sachlich angemessen — meist mit "power" übersetzt worden sind (vgl. Elias 1976a: 291; 1976b: 6, 54, 59, 72, 82, 83, 84, 89, 109, 144, 147, 209, 227, 234, 283, 346). Diese Synonyme zeigen recht deutlich: Was mit Macht in diesem Sinne gemeint ist, ist eine Art von Gewichtsverteilung oder von Kräfteverhältnissen in den sozialen Interdependenzen von Menschen, eine Form der Strukturierung, die die gesamte soziale Integrationsebene des Universums[20] durchdringt. Die durch den Machtbegriff bezeichneten Zusammenhänge des Gesche-

---

20 Ich gebrauche hier mit voller Absicht den vielleicht etwas merkwürdigen Ausdruck "Universum" und nicht etwa den Begriff "Materie", der selbst gerade eine andere Integrationsebene symbolisiert.

hens gehören zum Typ der nicht-intentionalen, nur empirischen Ordnung.[21]
Als solche können sie allerdings erkannt und symbolisiert werden. Jedoch schon
bei der Machtbalance zwischen zwei Menschen pflegen die Beteiligten jeweils
nur die "Macht" der stärkeren Partei oder nur die der jeweils anderen Seite
einigermaßen klar und deutlich wahrzunehmen. Gewiß gibt es Fälle, in denen
Menschen sehr klar die *Wechselseitigkeit*, die reziproke Bedingtheit der die
Machtbalance konstituierenden Abhängigkeiten einzuschätzen in der Lage sind.
Die Erfahrung lehrt aber, daß dies nur selten der Fall ist und daß sich im
Regelfall die jeweils nicht wahrgenommen oder "vergessenen" Abhängigkeiten
erst später in der Form "nicht-antizipierter Nebenfolgen" bemerkbar machen.

Das Besondere der durch den Begriff Macht symbolisierten empirischen
Regelmäßigkeiten besteht unter anderem natürlich darin, daß die durch diese
Regelmäßigkeiten charakterisierten Prozesse aus Menschen und aus ihren Absichten, Plänen und Handlungen bestehen. Aus dieser Tatsache ist gelegentlich
der Schluß gezogen worden, daß solche Regelmäßigkeiten nur so lange "in
Kraft" seien, solange sie nicht von Menschen erkannt würden. Wie das Beispiel
des Preisbildungsmechanismus zeigt, ist das eine etwas voreilige Vermutung. Es
gehört sehr viel mehr dazu, diesen Mechanismus außer Kraft zu setzen, als nur,
daß er von einigen oder auch von vielen Menschen als eine empirische Regelmäßigkeit erkannt wird.

Davon streng zu trennen ist eine andere Frage, nämlich die, in welchem
Maße Menschen jeweils einen oder mehrere Preisbildungsvorgänge steuern
können, indem sie sich den Mechanismus von Angebot und Nachfrage zunutze
machen oder mit ihm rechnen — zum Beispiel wenn monopolistische Anbieter
das Angebot planmäßig verknappen, um so den Preis für die von ihnen ver-
kauften Waren in die Höhe zu treiben. Dabei verfahren sie nicht anders als ein
Flugzeugkonstrukteur oder Brückenbauer, der mit bestimmten empirischen
Regelmäßigkeiten des physikalischen Geschehens "rechnet", sein Handeln also
an sie anpaßt und gerade dadurch die einzelnen physikalischen Geschehensab-
folgen planvoll steuern kann.[22] Wenn es Bunker Hunt oder Exxon gelingt, die
Silber- und Rohölpreise auf dem Weltmarkt zu manipulieren, also die individuellen Merkmale jedes einzelnen Preisbildungsprozesses zu verändern, so ändern
sie damit noch nicht unbedingt jene Regelhaftigkeit dieser Prozesse, die als
Angebot-Nachfrage-Mechanismus bekannt ist.

---

21   Max Weber spricht in diesem Zusammenhang von "tatsächlichen", "faktischen" oder
      "empirischen Regelmäßigkeiten" des Handelns — unter anderem auch von der "empiri-
      schen Rechtsordnung" im Unterschied zum *Symbolsystem* "Recht" (GAWL: 355; WuG:
      14-15, 190, 191, 192, 195).

22   Vgl. die gleiche Argumentation bei Weber: GAWL: 64, 325-326, 356.

Ähnlich wie mit der faktischen Geltung solcher Regelmäßigkeiten steht es mit ihrem Charakter als nicht-intentionale Struktur oder Ordnung. Wenn der Angebot-Nachfrage-Mechanismus durch staatliche Preiskontrolle und Planung auch "außer Operation" gesetzt werden kann, so bleibt er doch nichtsdestoweniger eine blinde Regelmäßigkeit des Geschehens, die sich, solange dieser Mechanismus überhaupt funktioniert, aus der intentionslosen Verflechtung von individuellen Handlungen und Absichten ergibt. Dies trifft selbst dann zu, wenn er bewußt in Gang gesetzt und zum Beispiel im Rahmen einer Planwirtschaft als Steuerungsinstrument benutzt wird. Die Möglichkeit, diese Art von "Spielregeln" des Geschehens zu erkennen und sogar zu verändern, entkleidet diese Regelmäßigkeiten keineswegs ihres nicht-intentionalen Charakters.[23]

Die Abhängigkeitsbalance von Anbietern und Nachfragern auf dem Markt ist ein besonderer Anwendungsfall des Begriffs der Machtbalance.[24] Ohne dieses Beispiel hier überstrapazieren zu wollen, glaube ich, daß es uns vor voreiligen Schlußfolgerungen zum Problem der Macht bewahren kann. Man kann nicht deshalb schon davon ausgehen, daß die Regelmäßigkeiten der Macht geändert werden können, weil Menschen jede einzelne Machtbalance durch ihre Handlungen, Pläne und Interpretationen beeinflussen. Wir können auch nicht voraussetzen, daß die Strukturen der Macht intentionale Strukturen sind oder etwas mit intentionaler oder logischer Ordnung zu tun haben, weil jedes Machtverhältnis von Menschen konstituiert wird, die mit Intentionen und eventuell auch mit der Fähigkeit logischen Denkens ausgestattet sind. Die Absichten und Situationsdeutungen der Betroffenen gehören zweifellos zu den Bedingungen, auf die jede Erklärung jeder *individuellen* Machtungleichheit Bezug nehmen muß — genauso wie sie einen Teil der Bedingungen bilden, aus denen jeder *singuläre* Preisbildungsvorgang erklärt werden muß. Aber die Frage der theoretischen Definition des Machtbegriffs und der Konzeptualisierung der damit symbolisierten Zusammenhänge des Geschehens als mehr oder minder allgemeine Regelmäßigkeiten ist sorgfältig zu unterscheiden von der Problematik der Erklärung individueller, "historischer" Vorgänge. Eine Fragestellung der letzteren Art ist es, ob und in welchem Maß der Kurs eines bestimmten historischen Prozesses

---

23 Ein unzureichendes Verständnis der Tatsache, daß die Relationen *zwischen* den Intentionen mehrerer Akteure eine *relative Autonomie* gegenüber den jeweiligen Intentionen und Situationsinterpretationen der Handelnden selbst besitzen, liegt unter anderem an der Wurzel von Steven Lukes' Behauptung, "jede *Auffassung* von Macht beruhe auf irgendeiner normativ spezifischen Konzeption von Interessen" und jede Machtanalyse habe daher von einer normativen, "wertgeladenen" Art zu sein (vgl. Lukes 1978: 34–35, 57; meine Übersetzung, A.B.).

24 Siehe dazu etwa auch die Diskussion eines Fallbeispiels bei Crozier & Friedberg (1979: 43–46).

mehr durch blinde Zusammenhänge des Geschehens oder mehr durch menschliche Pläne und Handlungen bestimmt worden ist.

Das genau ist ein Problem, das die Untersuchungen über den Zivilisationsprozeß zu klären suchen. Um diese Frage aber überhaupt präzise stellen zu
können, bedarf es einer Terminologie – einer Begrifflichkeit von einem relativ
generalisierten Status –, die nicht schon im vorhinein die Antwort präjudiziert,
indem sie blinde Zusammenhänge des Geschehens an intentionale Strukturen
assimiliert. Wenn die durch "Macht" symbolisierten Zusammenhänge schon per
Definition mit Interpretationen, also mit intentionalen Strukturen, identifiziert
werden, wird die Möglichkeit, diese empirische Frage zugunsten nicht–intentionaler Strukturen zu entscheiden, schon auf der begrifflichen Ebene ausgeschlos-
sen.[25]

3.4 Richtungen und Strukturen des Zivilisationsprozesses

Im folgenden versuche ich, Elias' Modell des Zivilisationsprozesses im Licht
der vorangehenden Interpretation seines begrifflichen und theoretischen Bezugs-
rahmens zu analysieren und die Schlußfolgerungen zu entwickeln, die sich aus
seinen theoretisch–empirischen Untersuchungen für die soziologische Erforschung langfristiger sozialer Prozesse ergeben. Dabei bemühe ich mich zunächst
darum zu klären, in welcher Weise der Machtbegriff und verwandte Termini,
so wie Elias sie verwendet, spezifisch darauf abgestimmt sind, die *Dynamik*,
den prozeßhaften Charakter sozialer Verflechtungszusammenhänge zu symbolisieren.

---

25 Das wäre die Implikation von Arnasons Vorschlag (1984), so wie ich ihn verstehe, den
Machtbegriff für "Interpretationen" zu öffnen, weil *jede* soziale Beziehung einen pluri-
perspektivischen Charakter habe ("to talk about perspectives is to talk about interpre-
tations"). Ein Argument dieses Typs beruht auf dem gleichen Mißverständnis, das ich
schon in Anmerkung 23 charakterisiert habe. Außerdem verwechselt es Allgemeinheit im
logischen Sinn (die allgemeine Regel im Gegensatz zum Einzelfall) mit der "Universalität" eines historischen Zusammenhangs (das Ganze im Gegensatz zu seinen Teilen). Nur
die letztere beinhaltet naturgemäß auch die Situationsdeutungen der Beteiligten. Daß
Symbole und Interpretationen eine universale Dimension der sozialen Wirklichkeit darstellen, bedeutet nicht, daß *alle* allgemeinen Begriffe für diesen Wirklichkeitsbereich sie
einschließen müßten. Dafür ist es gleichgültig, ob unter "Interpretationen" individuelle
oder "transsubjektive" Sinnzusammenhänge verstanden werden. Die Annahme von
transsubjektiven Sinnstrukturen kollidiert mit Arnasons Argumentation *insoweit*, als man
nicht zugleich auf der einen Seite die Relativität von Perspektiven in ein Argument gegen
einen transsubjektiven Machtbegriff verwandeln kann, wenn man auf der anderen Seite
zugleich die Existenz transsubjektiver Sinnstrukturen behauptet. Die Relativität von
Perspektiven ist natürlich zuallererst und vor allem eine Relativität von Interpretationen.

Im ersten Band seiner zweibändigen Studie[26] dokumentiert Elias anhand empirischer Quellen, daß die Entwicklung der sozialen Persönlichkeitsstrukturen in Westeuropa schon vor der Ausbreitung des Protestantismus Calvinscher Prägung und vor allem auch innerhalb anderer sozialer Gruppen und Schichten jene Richtung eingeschlagen hatte, für die die "innerweltliche Askese" des protestantischen Bürgertums tatsächlich ein ausgezeichnetes, obgleich sicher extremes und spezifisch gefärbtes Beispiel bietet. Dies ist die Richtung hin zu einer Persönlichkeitsstruktur, die durch ein hohes Maß an *Selbst*-Disziplin, durch eine zur Gewohnheit gewordene langfristige Planung der eigenen Handlungen und ihrer Konsequenzen ("Langsicht") und durch eine gleichzeitig *umfassende*, differenzierte und *maßvolle* Selbstregulierung der Trieb- und Affektimpulse ausgezeichnet ist. Diese Richtung läßt sich mit einer etwas problematischen räumlichen Metapher als die "Verinnerlichung" von externen Zwängen beschreiben. Elias hat dieses Symbol verwendet, aber zugleich den Gebrauch einer solchen räumlichen oder physikalischen Unterscheidung zwischen den Zwängen, die Individuen auf sich selbst, und jenen, die andere auf sie ausüben, nachdrücklich kritisiert. Dabei hat er klargestellt, daß es sich hier nicht um eine physikalische[27], sondern um eine soziale Differenz handelt (Elias 1976a: LX-LXV; 1970: 128-229; für eine Diskussion dieses Problems der begrifflichen Symbolisierung vgl. Eve 1982: besonders 24-34).

Da Selbstzwänge *niemals ganz fehlen*, sondern schon in den frühesten Phasen des Zivilisationsprozesses vorhanden sind (Elias 1976a: 74, 218, 298; 1976b: 326-327, 378-379, 390; 1984c: XXXIV, XXXVII, 128; Elias & Dunning 1986: 45), ist es angemessener, die Richtung zivilisatorischer Prozesse als eine Verschiebung der *Balance* von Fremdzwängen und Selbstzwängen und als eine Veränderung in den sozialen *Mustern* der Selbstkontrolle zu beschreiben (vgl. Elias 1976b: 326-329; 1977a: 144; 1984c: XXXIV, XLIV, 128-129). Es ist nicht einfach eine "Zunahme" der Selbstkontrolle in einem quantitativen Sinne — eine häufige Fehlinterpretation von Elias' Theorie, die allerdings durch manche seiner frühen Formulierungen nahegelegt wurde (vgl. beispielsweise

---

26 Für eine scharfsinnige und differenzierte Diskussion von Elias' Befunden im einzelnen siehe Sica (1984).

27 Es gehört zum eigentümlichen Erbe unserer intellektuellen Tradition, daß allem, was nicht als physikalischer Sachverhalt "substantiiert" und beobachtet werden kann, die Qualität des bloß Geistigen (und damit potentiell der Geruch des Irrealen, der bloßen Gedankenerfindung) anhaftet. Dementsprechend erscheint die Aussage, etwas sei keine physikalische, sondern eine soziale *Tatsache*, beinahe wie ein Selbstwiderspruch. Hingegen klingen Aussagen wie z.B.: das "Individuum" sei eine "Konstruktion" des Denkens, etwa das Artefakt einer bestimmten "kulturellen" Tradition, oder — eine andere Variante derselben Vorstellung — im Grunde identisch mit einem "Bewußtsein", einer immateriellen Wesenheit in einer immateriellen Welt des Geistes, sehr viel vertrauter und — vertrauenerweckender (vgl. dazu: Elias 1983b: 46-55).

Sampson 1984: 24). Im Laufe der von Elias empirisch belegten Entwicklung gewinnen *solche* Selbstzwänge die *Oberhand*, die weitgehend unabhängig von der Unterstützung durch soziale Fremdzwänge funktionieren, die insbesondere nicht länger auf die *aktuelle* Präsenz einer sanktionierenden oder Sanktionen androhenden Instanz angewiesen sind. Es sind automatisierte und gegenüber Fremdzwängen relativ autonomisierte Selbstkontrollen, die den "modernen" westeuropäisch-amerikanischen Sozialcharakter auszeichnen. Das vielleicht anschaulichste Beispiel für diese ganz in die individuelle Persönlichkeit integrierten, höchst differenzierten, *alle* Lebensbereiche umschließenden und zugleich relativ gleichmäßigen und temperierten Selbstzwänge ist vielleicht die individuelle Selbst-Regulierung im Sinne der "Zeit", die für die Angehörigen der industrialisierten Nationalgesellschaften zur "zweiten Natur" geworden ist. Dabei geht es wohlgemerkt nicht vorrangig um den "zuverlässigen" und "pünktlichen" "Ordnungsmenschen", sondern um das grundsätzliche Mindestniveau effektiver Zeitplanung, das von jedem Menschen dieser Gesellschaften gefordert ist, will er sein Dasein nicht in einem Slum, in einem Obdachlosenheim oder in einer psychiatrischen Klinik verbringen. Vertragliche und behördliche Fristen, etwa für Ratenkäufe, Wohnmiete und Wassergeld oder für die Beantragung entsprechender Unterstützungsleistungen beim Sozialamt, Hausordnungen, Dienstpläne des Personals, Fahrpläne öffentlicher Verkehrsmittel, Programme für Fernsehen, Radio und andere Unterhaltungsangebote, Büro- und Ladenschlußzeiten, Sprechstunden von Ärzten, Psychologen und Sozialhelfern etc. werden ihn allerdings selbst und möglicherweise gerade dort nicht "in Ruhe lassen". Die täuschend unauffällige Regulierung des täglichen Lebens durch eine tief in der "normalen" Erwachsenenpersönlichkeit verankerte Zeitdisziplin ist prototypisch für den "gesellschaftlichen Zwang zum Selbstzwang", den ungeplanten — allenfalls eingeplanten — Zwang zur individuellen Planung der eigenen Aktivitäten, der sich aus der Verflechtung der Pläne und Aktivitäten vieler ergibt. Zugleich gibt dieses Beispiel einen Eindruck davon, daß solche Zwänge *zugleich* "mäßig" und "gewaltlos" und doch "allgegenwärtig und unentrinnbar" sein können (Elias 1984c: XXXII, XLIV, 129; vgl. auch 1976b: 337-338).

Welche Symbole, welche Begriffe man zur Beschreibung der Richtung und immanenten Ordnung des Zivilisationsprozesses auch wird finden müssen und welche der von Elias entwickelten Erklärungszusammenhänge man auch für falsch oder für unvollständig halten mag — das Hauptargument, das aus seinen empirischen Entdeckungen erwächst, wird man nur unter Schwierigkeiten in Zweifel ziehen können: daß es sich bei dieser gerichteten Sequenz von Wandlungen der Verhaltensmuster (mindestens bestimmter Schichten) in Westeuropa vom elften bis zum neunzehnten Jahrhundert um einen ungeplanten Prozeß handelt und daß dieser Prozeß eine spezifische Struktur und Richtung aufweist[28], von der nicht angenommen werden kann, daß sie von irgendeinem Menschen beabsichtigt und bewußt herbeigeführt worden ist. Man steht also, wenn man die empirischen Belege des ersten Bandes auch nur im großen und ganzen akzeptiert, unausweichlich vor zwei Fragen: Wie können wir die Genese einer nicht-intentionalen Strukturiertheit sozialer Prozesse erklären, die wir prima facie nicht aus den Absichten und intentionalen Handlungen von Menschen herleiten können? Und: Welche Konsequenzen haben wir daraus für die Definition des Sozialen, für die Konzeptualisierung des Gegenstandsbereichs der Soziologie zu ziehen?

Die Frage nach der Genese der spontanen Strukturen ungeplanter sozialer Prozesse erörtert Elias paradigmatisch an der Dynamik von Konkurrenz- und Monopolisierungsprozessen: Sowohl bei der gewaltfreien ökonomischen Konkurrenz in gegenwärtigen Gesellschaften wie bei der gewaltsamen Konkurrenz der mittelalterlichen Feudalherren um die Hegemonie in ihren Territorien

> "(...) steht bei diesen Kämpfen für alle Beteiligten ihre aktuelle, soziale Existenz voll auf dem Spiel; und *das ist das Zwingende an diesen Kämpfen; das ist es, was solche Kämpfe und ihren Ablauf, wo immer sich die Grundsituation der freien Konkurrenz herstellt, so unvermeidlich und unentrinnbar macht.* Ist eine Gesellschaft einmal in eine Bewegung dieser Art geraten, dann steht in der noch monopolfreien Sphäre jede soziale Einheit, ob es sich um Ritterfamilien, um wirtschaftliche Unternehmen, um Territorien oder um Staaten handelt, immer vor der gleichen Alternative:
>
> Sie können besiegt werden — ob sie nun mitkämpfen oder nicht — und das bedeutet für die zugehörigen Menschen im äußersten Falle Gefangenschaft, gewaltsamen Tod oder auch materielle Not, vielleicht Verhungern; das bedeutet für sie im gelindesten Falle soziales Absinken, Verlust der relativen gesellschaftlichen Selbständigkeit, Übergang in eine unmittelbar abhängige Position, Aufgehen in einem größeren, gesellschaftlichen Komplex und damit Zerstörung dessen, was zunächst einmal für ihr Bewußtsein ihrem Leben Sinn, Wert und Dauer gibt, (...).
>
> Oder sie können sich ihrer nächsten Rivalen erwehren und siegen; dann erhält ihr Leben, ihre soziale Existenz, ihr Streben seine Erfüllung: sie ziehen die umkämpften Chancen an sich; (...)" (Elias 1976b: 208–209; meine Hervorhebungen, A.B.).

Und, so kann man in Gedanken hinzufügen, die Entscheidung für eine dieser beiden Optionen wird mit großer Regelmäßigkeit vollzogen. In Konkurrenzsituationen, in denen die soziale Existenz der Einzelnen oder der sozialen Einheit, die sie repräsentieren, gefährdet ist, werden die Intentionen den

---

28 Es liegt auf der Hand, daß Christopher Laschs konträre Diagnose der "Zivilisationskurve" — "Moderne Gesellschaften suchen die Ich-Kontrollen zu stärken, nicht das Überich" (Lasch 1985: 716; meine Übersetzung, A.B.) — nur eine "einfache Formel" durch eine andere ersetzt und Elias' These der Strukturiertheit oder Gerichtetheit des historischen Prozesses gar nicht berührt. Aber präzise die letztere Annahme war das erklärte Hauptangriffsziel seiner Skepsis. Nach wie vor dürfte daher das Urteil eines nicht weniger skeptischen Rezensenten über die bisherigen Kritiker von Elias' Untersuchung zutreffen: "None has overturned his fundamental argument." (Sampson 1984: 23)

Individuen von der blinden Konstellation verschiedener handelnder Individuen aufgedrängt, von dem nicht-intentionalen Zusammenhang ihrer Intentionen.

Man mag hier einwenden, daß Konkurrenzsituationen weder ein universales Phänomen sozialer Wirklichkeit sind, noch die alleinigen Komponenten darstellen, aus denen soziale Prozesse bestehen (so zum Beispiel Sampson 1984: 26). Es sei daher gar nicht ausgemacht, daß sich Individuen immer vor die obengenannte Wahlsituation gestellt finden und daß sie sich immer in ihren Absichten und Handlungen an Konkurrenzgesichtspunkten orientieren. Das ist offenbar ganz richtig − nur berührt es das Eliassche Argument gar nicht. Wie ich die Substanz der hier zitierten Passage verstehen würde, liefert dieses scheinbare Gegenargument tatsächlich gerade die entscheidende Begründung für die außerordentliche Relevanz von Konkurrenzsituationen und ihrer Dynamik für die Struktur und Entwicklungsrichtung langfristiger sozialer Prozesse. Gerade weil Menschen in unterschiedlichen Situationen ein unterschiedliches Maß an Autonomie verwirklichen können, genau deswegen bilden gerade die Situationen und Bestandteile ihres Lebens die erste Quelle sozialer Regelhaftigkeiten, die, wie eben die Situation der Konkurrenz mit anderen, einen erheblichen Druck auf sie ausüben, sich in spezifischer Weise zu verhalten.[29]

Präzise dies begründet auch, warum in Elias' Rekonstruktion der Struktur und Richtung des 'Zivilisationsprozesses' die politischen und ökonomischen Interdependenzen eine so herausragende Rolle spielen. In ihnen ist nämlich der Druck von Wahlsituationen, in denen die soziale Existenz der betreffenden sozialen Einheit auf dem Spiel steht, überall spürbar − zunächst in der Form einer undifferenzierten, *zugleich* 'politischen' *und* 'ökonomischen' Konkurrenz, und dann später, wenn durch die Monopolisierung der physischen Gewalt die Konkurrenzkämpfe *innerhalb* eines derart pazifizierten Territoriums im wesentlichen auf gewaltlose Formen gelenkt werden, in verschiedenen, voneinander getrennten 'Kanälen' des sozialen Auf- und Abstiegs. Der gewaltlose ökonomische Konkurrenzkampf wird als Quelle von sozialen Regelmäßigkeiten besonders relevant, wenn seine spezifische Eigendynamik gegen die Intervention von physischer Gewalt abgeschottet wird, wenn politische und ökonomische Konkurrenz gegeneinander differenziert werden (Elias 1976b: 204-208, 158-159; 1982c: 76-77).

"(...) Ungeordnete oder geordnete Monopole der physischen Gewaltanwendung und der wirtschaftlichen Konsumtions- und Produktionsmittel sind unaufhebbar miteinander verbunden, ohne daß eines je die eigentliche Basis und das andere lediglich einen

---

29 Einer der wenigen lebenden Welthistoriker hat diesen Sachverhalt folgendermaßen ausgedrückt: "Civilization expanded because most people most of the time preferred the enhanced wealth and power that civilized patterns of society conferred (...)" (McNeill 1984: 15). Diese These ist allerdings auf die Diffusion von einzelnen Innovationen bezogen und nur indirekt auf die hier gemeinte Art von Entscheidungsalternativen.

46

'Überbau' darstellt. Beide zusammen produzieren in dem gesellschaftlichen Gewebe, je nach ihrem Stand, spezifische Spannungen, die zu Veränderungen dieses Gewebes hindrängen. *Beide zusammen bilden das Schloß der Ketten, durch die sich die Menschen gegenseitig binden.* Und in beiden Verflechtungssphären, in der politischen, wie in der wirtschaftlichen, sind, in steter Interdependenz, die gleichen Verflechtungszwänge am Werke." (Elias 1976b: 436–437; Hervorhebung im Original)

Es sind die relative *Ähnlichkeit* der in Konkurrenzkonstellationen wirksamen Figurationszwänge und ihre *Verschiedenheit*, das heißt: die gerichtete, 'kumulative' Verschiebung der Konkurrenzbedingungen, die relativ gleichartige, *wiederkehrende Muster* und *sequentielle Ordnung* in die Strukturen[30] langfristiger sozialer Prozesse hineinbringen. Die gerichtete Variation der Konkurrenzbedingungen aber wird naturgemäß vor allem definiert durch die zunehmende oder abnehmende Monopolisierung und Zentralisierung der jeweils relevanten Machtquellen und Machtchancen − durch die Veränderung der Machtbalancen.

In diesem Sinne sind die Begriffe 'Konkurrenz' und 'Macht' theoretisch aufeinander bezogen. Die Termini der 'Machtbalance' oder der 'gesellschaftlichen Stärke' dienen dazu, die Binnenstruktur der in Konkurrenzfigurationen immanenten Spannungen und Kräfteverhältnisse differenziert zu beschreiben − nämlich im Hinblick auf die *Transformations*tendenzen der Konkurrenzbedingungen. Die Verteilung der Machtchancen in einer Figuration bedeutet immer auch eine bestimmte Verteilung der Chancen, den Konkurrenzprozeß unbeschadet oder siegreich zu überstehen. Und sie bedeutet, daß für die Änderung der Konkurrenzbedingungen bestimmte Wahrscheinlichkeiten gegeben sind. Auf der anderen Seite sind 'politische' oder 'ökonomische' Konkurrenzkämpfe immer Kämpfe um die Erhaltung oder Akkumulation von Machtchancen. Es ist daher keineswegs willkürlich, wenn Elias die strukturierte Dynamik langfristiger sozialer Prozesse in dieser Begrifflichkeit und nicht in einer anderen rekonstruiert.

Ein kurzer Seitenblick auf Max Webers bekannte Definitionen von "Macht" und "Kampf" enthüllt, daß diese beiden Weberschen Begriffe in ganz ähnlicher Weise wechselseitig aufeinander bezogen sind. "Macht" ist nämlich gar nichts anderes als die Chance, im "Kampf" erfolgreich zu sein. Und "Kampf" ist eine soziale Beziehung, in der das Handeln der Beteiligten bewußt auf Machtausübung zielt, nämlich "an der Absicht der Durchsetzung des eigenen Willens

---

30 Ich benutze den Terminus 'Struktur' als allgemeinen Oberbegriff für die Begriffe 'Muster', 'Gerichtetheit' oder 'sequentielle Ordnung'. Es sollte beachtet werden, daß 'Richtung' und 'Struktur' nur verschiedene Symbole für den gleichen Sachverhalt sind, wenn diese Begriffe für die Strukturiertheit faktischer Prozesse gebraucht werden. Es macht keinen Unterschied für die empirischen Daten, ob zum Beispiel exponentielles Wachstum durch eine graphische Kurve oder durch eine algebraische Formel symbolisiert wird, die ein wiederkehrendes Muster desselben Prozesses bezeichnet, wie beispielsweise $x = y^2$.

gegen Widerstand des oder der Partner orientiert ist" (WuG: 20, 28). Im Prinzip sind Machtchancen identisch mit Kampfchancen, und Machtmittel sind nichts anderes als potentielle Kampfmittel[31] (wenn man nämlich den letzteren Ausdruck für *alle* Ressourcen verwendet, die für einen erfolgreichen Kampf benötigt werden).

Der Stellenwert des Machtbegriffs in Elias' Arbeiten gründet in seiner eigentümlichen Funktion für die Beschreibung und Analyse der Strukturiertheit langfristiger sozialer Prozesse. Es ist nicht der metaphysische Glaube an eine besondere ontologische Dignität der Komponenten und Eigenschaften sozialer Wirklichkeit, die mit den Begriffen der Konkurrenz, Monopolisierung und Macht angezeigt werden, der ihnen einen zentralen Platz in der Theorie zuweist, sondern die Relevanz der damit bezeichneten Zusammenhänge für die Genese von relativ allgemeinen Mustern und einer sequentiellen Geordnetheit sozialer Prozesse. Das gilt insbesondere für die Verflechtungssphären, in denen Machtchancen *kumulativ* und möglicherweise kontinuierlich vermehrt und monopolisiert werden können – in denen zum Beispiel 'technischer' Fortschritt bei den Mitteln, Methoden und Organisationsformen der Konkurrenz stattfinden kann. Daraus resultiert beispielsweise und vor allem im Bereich der 'politischen' und 'ökonomischen' Interdependenzen die *Möglichkeit* von langen Entwicklungsreihen, in denen sich die Verteilung der Machtchancen – das heißt: der Konkurrenzbedingungen – sukzessive in einer bestimmten Richtung ändert oder doch in einer bestimmten Weise, die in einem eigentümlichen Muster des Prozeßverlaufs zum Ausdruck kommt. Aus der Gegenstandsperspektive – so würde ich Elias hier interpretieren – bildet die mehr oder minder große Unausweichlichkeit der Handlungsimperative, die sich aus den immanenten Zwängen von Konkurrenzfigurationen ergeben, die Substanz dessen, was sich aus der Perspektive der erkennenden 'Subjekte' als die Strukturiertheit langfristiger sozialer Prozesse erweist.

Es erübrigt sich eigentlich, darauf hinzuweisen, daß diese relative 'Unausweichlichkeit' nicht mit logischer oder naturgesetzlicher Notwendigkeit verwechselt werden darf. Die weitverbreitete Tendenz, die Anerkennung von faktischen Zwängen mit der Leugnung menschlicher 'Freiheit' zu verwechseln, macht diesen Hinweis erforderlich. In der gleichen Linie hat schon Weber darauf aufmerksam gemacht, daß die Existenz von empirischen Regelmäßigkeiten des Handelns vieler Menschen völlig kompatibel ist mit der Unterstellung der größtmöglichen bewußten Autonomie auf seiten der Handelnden. Nicht zufällig

---

31 Anders als Elias bezeichnet Weber nur den *gewaltfreien* Kampf als 'Konkurrenz'. Daran, wie Parsons' Definition den Zusammenhang von 'Macht' und 'Kampf' ignoriert, läßt sich in charakteristischer Weise der Unterschied ablesen, der seine Gesellschaftstheorie prinzipiell von der Weberschen trennt.

hat er dabei gerade das Handeln in Situationen der ökonomischen Konkurrenz als Beispiel angeführt (vgl. GAWL: 133, 226–227; WuG: 15–16).

3.5 Die Strukturwandlungen der Konkurrenz und die Transformation der Handlungsorientierungen

Nach Elias' Analyse führte die westeuropäische Entwicklung unter dem Druck dessen, was wir heute mit einem gewissen Recht in 'politische' und 'ökonomische' Konkurrenz begrifflich zerlegen, von der Überschreitung eines bestimmten Punktes des Prozesses an zu einer relativ kontinuierlichen Steigerung der funktionalen Differenzierung und Integration von sozialen Interdependenzen. In beiden Teilsequenzen dieses Prozesses, der Herausbildung von Monopolinstitutionen der physischen Gewalt und der Entwicklung von Monopolorganisationen der Produktionsmittel, von wirtschaftlichen Unternehmen, ist das spezifische Ineinandergreifen dieser beiden Entwicklungsreihen entscheidend für die besondere Kontinuität und den kumulativen Charakter der westeuropäischen Entwicklung. Hier – und, wie Elias impliziert, hier zum ersten Mal – konnten diese beiden Stränge der gesellschaftlichen Entwicklung so koordiniert werden, daß sie sich gegenseitig und sukzessiv hochschraubten. Erst mit der Expansion der Geldverflechtung und mit dem korrespondierenden Stand der gesellschaftlichen Arbeitsteilung erhielten die Herrscher die Chance, die dezentralisierenden Tendenzen einer auf Naturalabgaben und auf der Verleihung von Land und Herrschaftsrechten beruhenden Verwaltungsorganisation anders als nur temporär zu überwinden. Mit der Hilfe von Geldeinnahmen und Geldgehältern waren sie in der Lage, die Bürokratisierung von Militär und Verwaltung voranzutreiben und damit eine dauerhaftere Abhängigkeit des 'Verwaltungsstabs' vom Herrscher zu etablieren. Umgekehrt ebnete die politische Zentralisierung, die Entstehung eines stabilen Zwillingsmonopols der Gewalt und der Steuern den Weg für die Ausbreitung der Marktökonomie und die entsprechende Differenzierung der ökonomischen Funktionen (Elias 1976b: 224–225, 306–308).

Die Besonderheit der westlichen Entwicklung erklärt Elias mit Bezug auf spezifische historische Bedingungen: die Landknappheit im Verhältnis zu einer *relativen* aristokratischen 'Überbevölkerung'; die Herausbildung einer relativen Autonomie der städtischen und insbesondere der arbeitenden Schichten; und die zunehmende ökonomische Binnenlandintegration infolge der Abschneidung des feudalen Europa vom Mittelmeer. Diese Charakteristika der europäischen Geschichte im späten Mittelalter sind verantwortlich dafür, daß der Prozeß der Monopolisierung physischer Gewalt zunächst beschleunigt und dann mit der Entwicklung des Marktes so koordiniert werden konnte, daß sich beide Entwicklungsreihen gegenseitig in einem Maße unterstützten, wie dies noch nie zuvor geschehen war (1976b: 42–47, 51–53, 68–75; 1977a: 144). Auf diese

Weise schreibt Elias die Pionierrolle Westeuropas nicht einer immanenten Überlegenheit des Westens zu, die seinen besonderen kulturellen oder religiösen Traditionen entspringt, sondern einer zufälligen Koinzidenz von Faktoren und Tendenzen, die als solche auch in anderen Teilen des Globus und zu anderen Zeiten präsent und wirksam gewesen sein mögen.

Seit Wittfogels Studie über *Die orientalische Despotie* (Wittfogel 1957) haben eine Reihe von Soziologen eine funktionale Interdependenz zwischen 'politischer' Pazifizierung einerseits und dem ökonomischen System andererseits akzeptiert. Aber sowohl vor wie nach der Erstveröffentlichung von *Über den Prozeß der Zivilisation* im Jahre 1939 haben nur wenige Autoren die zentrale Bedeutung dieser Interdependenz als eines Grundmechanismus gesellschaftlicher *Entwicklungsprozesse* begriffen.[32] Auch hier ist die Parallele zu Weber offensichtlich (vgl. z.B. WuG: 198, 385, 518–519, 641–642), aber wie im Falle der Definition des Staates als Monopol legitimer Gewaltsamkeit liegt auch hier "Elias' Originalität (...) in einer systematischeren Exploration von Ideen, die seine Vorgänger im Vorbeigehen zurückließen" (Lasch 1985: 710; meine Übersetzung, A.B.).

Hier sollte angemerkt werden, in welcher Weise sich die historischen Bedingungen, die Elias anführt, ergänzen ließen, ohne von seinem Grundmodell der Erklärung abzuweichen. Der Annahme einer besonderen relativen Eigenständigkeit der städtischen Klassen und Schichten entspricht eine weitere Hypothese, die von anderen 'Makrohistorikern' in den Vordergrund gestellt worden ist: daß nämlich das *besonders* symbiotische Verhältnis zwischen Gewaltmonopolisierung und ökonomischer Entwicklung, das auch für die Entstehung des industriellen Kapitalismus in Westeuropa ausschlaggebend war, als Vorbedingung eine spezifische Diskrepanz zwischen Marktintegration und politischer Integration hatte. Die Konkurrenz *mehrerer* ziemlich gleichstarker Fürstenstaaten um die Steuereinnahmequellen, die durch das mobile Kapital städtischer Schichten repräsentiert wurden, verschaffte den letzteren, den Kapitalisten, ein einzigartiges Maß an gesellschaftlicher Stärke, d.h. an sozialer Autonomie gegenüber den politischen Gewalten (vgl. Weber in WuG: 211, 649, 804; Wallerstein 1974: 127, 348; McNeill 1980: 60–61). Nichtsdestoweniger bleibt auch für diese Erklärung die Grundannahme einer Interdependenz von 'interner' Pazifizierung und Marktintegration gültig: Es ist eine *spezifische* Diskrepanz beider, die hier in Frage steht.

---

32 Angesichts dessen kann man sich nur wundern, wenn Flap & Kuiper (1981: 293) schließlich den einzigen wichtigen Unterschied zwischen Durkheims und Elias' Erklärungsmodell für den Übergang zur Moderne nur noch in einer Umkehrung der behaupteten "Ursache-Folge-Kette" sehen wollen. Dabei vergessen sie die machttheoretischen Aspekte der Eliasschen Erklärung ebenso wie den eigendynamischen Charakter, also den Rückkoppelungs- oder Wechselwirkungsaspekt im Modell des Staatsbildungsprozesses.

Mit der wachsenden Dichte und Komplexität der sozialen Handlungsketten verändern sich die Lebensbedingungen der Menschen und mit ihnen die Kräfte, die ihre Persönlichkeitsstrukturen prägen:

"Je dichter das Interdependenzgeflecht wird, in das der Einzelne mit der fortschreitenden Funktionsteilung versponnen ist, je größer die Menschenräume sind, über die sich dieses Geflecht erstreckt, und die sich mit dieser Verflechtung, sei es funktionell, sei es institutionell, zu einer Einheit zusammenschließen, *desto mehr ist der Einzelne in seiner sozialen Existenz bedroht,* der spontanen Wallungen und Leidenschaften nachgibt; *desto mehr ist derjenige gesellschaftlich im Vorteil,* der seine Affekte zu dämpfen vermag, und desto stärker wird jeder Einzelne auch von klein auf dazu gedrängt, die Wirkungen seiner Handlungen oder die Wirkung der Handlungen von Anderen über eine ganze Reihe von Kettengliedern hinweg zu bedenken. Dämpfung der spontanen Wallungen, Zurückhaltung der Affekte, Weiterung des Gedankenraums über den Augenblick hinaus in die vergangenen Ursach-, die zukünftigen Folgeketten, es sind verschiedene Aspekte der gleichen Verhaltensänderung, eben jener Verhaltensänderung, die sich mit der Monopolisierung der körperlichen Gewalt, mit der Ausweitung der Handlungsketten und Interdependenzen im gesellschaftlichen Raume notwendigerweise zugleich vollzieht." (Elias 1976b: 321-322; meine Hervorhebungen, A.B.)

Es sollte nicht vergessen werden, daß diese Erklärung nicht auf *spezifische* psychologische Hypothesen über Mechanismen der 'Verinnerlichung' oder Konditionierung angewiesen ist. Sie setzt lediglich voraus, daß es mindestens einigen von vielen Menschen gelingt, sich so zu verhalten, daß sie ihre soziale Existenz und damit das, was ihrem Leben Sinn und Attraktivität verleiht, behaupten können. Die Anpassung von Handlungsweisen an eine sich verändernde soziale (oder natürliche) 'Umwelt' darf dabei nicht mit der bewußten Wahl der adäquaten Mittel durch einen 'rationalen' Akteur verwechselt werden.[33] Es ist gerade eine der Pointen von Elias' Analyse, daß die Verhaltenstransformationen, die er als 'Zivilisationsprozeß' oder als die Verhöflichung der Krieger beschreibt, nicht das Resultat eines absichtlich herbeigeführten Wandels darstellen, der aus einem 'besseren' Verständnis der Handlungsbedingungen entspringt. Vielmehr handelt es sich dabei um die Folge eines blinden Prozesses, in dessen Verlauf jene Akteure mit Wahrscheinlichkeit ihre soziale Position und ihr Prestige bewahren oder steigern können, deren Handlungsstrategien — aus welchen Gründen auch immer — den sich verändernden Konkurrenzbedingungen ihrer Figurationen angemessener sind. Intentionales Lernen spielt in

---

33 Das heißt: 'Objektive' und 'subjektive' Rationalität im Weberschen Sinne müssen sorgfältig auseinandergehalten werden (vgl. GAWL: 432-435, 525-526 und insbesondere 435). Die 'objektive Rationalität' oder Zweckmäßigkeit beispielsweise 'traditional' orientierten, nur gewohnheitsmäßigen Verhaltens ist oft geradezu erstaunlich, während dessen 'subjektive Rationalität' ganz fehlen oder sehr begrenzt sein mag. Die Verwechslung beider ist einer von vielen Mängeln in Hartmut Essers Aufsatz (Esser 1984: hier 692-693). Zu anderen Schwächen seiner Darstellung vgl. meine Kritik (Bogner 1985).

diesem Zusammenhang eine Rolle — aber es ist keine *unverzichtbare* Komponente des Prozeßmodells, das von Elias als Erklärung benutzt wird.[34]

Elias' Analyse kombiniert verschiedene Zusammenhänge miteinander: den Zwang zur Gewaltlosigkeit, den das staatliche Gewaltmonopol erzeugt, die immanenten funktionalen Erfordernisse von dichten und überaus langen Handlungsketten, die den Einzelnen zu einer langfristigen Planung seiner Aktivitäten nötigen, das Distinktionsbedürfnis der adeligen Oberschichten gegenüber den 'nachrückenden' bürgerlichen Spitzengruppen. Aber all diese Zwänge sind letztlich untereinander verknüpft und insbesondere: werden akut und drängend im Kontext von Konkurrenzsituationen.

"In jeder Gesellschaftsschicht wird der Bezirk des Verhaltens, der gemäß ihrer Funktion für die Menschen dieser Schicht am lebenswichtigsten ist, auch am sorgfältigsten und intensivsten durchmodelliert. Die Genauigkeit, mit der man in der höfischen Gesellschaft jeden Handgriff beim Essen, jede Etiketteaktion oder etwa auch die Art des Sprechens durchbildet, entspricht der Bedeutung, die alle diese Verrichtungen sowohl als Distinktionsmittel nach unten, wie als Instrument im Konkurrenzkampf um die Gunst des Königs für den höfischen Menschen haben. (...)

Im 19. Jahrhundert, mit dem Aufstieg berufsbürgerlicher Schichten zur Funktion der Oberschicht, hört alles das auf, im Zentrum der gesellschaftlichen Formungstendenzen zu stehen. Nun bilden Gelderwerb und Beruf die *primären* Angriffsflächen der gesellschaftlichen Zwänge, die den einzelnen modellieren; (...) Und jedenfalls werden (...) schließlich an den Menschen immer stärker und unmittelbarer diejenigen Verhaltensweisen und diejenige Affektgestaltung entwickelt, die zur Bewältigung von Erwerbsfunktionen, zur Durchführung einer mehr oder weniger genau geregelten Arbeit notwendig sind. Das ist der Grund, aus dem die berufsbürgerliche Gesellschaft in allem, was das gesellschaftlich-gesellige Verhalten angeht, das Ritual der höfischen Gesellschaft zunächst übernimmt, ohne es selbst gleich intensiv weiterzubilden; (...)" (Elias 1976b: 416-418; meine Hervorhebungen, A.B.).

Die Entwicklung der sozial induzierten Selbstzwänge folgt in verschiedenen sozialen Klassen *unterschiedlichen, wenngleich ähnlichen* Mustern — entspre-

---

34 Wie Ullmann-Margalit mit Bezug auf 'invisible hand'-Erklärungen vermerkt hat: "Den Umstand, daß jemand tatsächlich smart und flink genug war, um das zu erklärende Muster absichtsvoll herbeizuführen (...) empfindet man als fast zufällig" (Ullmann-Margalit 1978: 277; meine Übersetzung, A.B.). Das ist nur ein anderer Ausdruck dafür, daß die Nichtintentionalität einer Prozeßstruktur oder -richtung es keineswegs ausschließt, daß die letztere von Menschen begriffen und bewußt realisiert wird. Oder: daß die *Struktur* (oder das Muster) eines Prozesses ihren nicht-intentionalen Charakter manchmal auch dann nicht verliert, wenn der fragliche *Prozeß* geplant und absichtsvoll herbeigeführt worden ist. Das heißt: Die Struktur des Prozesses ist nicht-intentional, obwohl der Prozeß selbst intendiert ist.

In einem gewissen Sinne ist die menschliche Lernfähigkeit natürlich eine generelle Voraussetzung für die große Wandlungsfähigkeit von menschlichen Gesellschaften. Daraus folgt aber eben nicht, daß den Strukturveränderungen menschlicher Interdependenzen immer Lernvorgänge *vorausgehen* würden.

chend den für sie jeweils relevanten Interdependenzen und Konkurrenzbezie-
hungen.[35] Die Zivilisation oder Rationalisierung des Verhaltens konzentriert
sich deshalb beim Adel auf ganz andere Aktivitäten und Ressourcen als bei den
Bürgern, bei denen die Rationalisierung ihrer Erwerbstätigkeit und die Entwicklung der dafür erforderlichen Persönlichkeitsmerkmale im Vordergrund steht.
Elias hat diesen Unterschied unmißverständlich und präzise in seinem Buch über
Die höfische Gesellschaft formuliert:

> "(...) in dem berufsbürgerlichen Typ der Verhaltenssteuerung spielt bei der typeige-
> nen 'Rationalität' die Kalkulation von Gewinn und Verlust finanzieller Machtchancen
> eine primäre Rolle, in dem höfisch-aristokratischen Typ die Kalkulation von Gewinn
> und Verlust an Prestige- und Status-Chancen der Macht. Wie man sah, wurde in
> höfischen Kreisen zuweilen ein Gewinn an Prestige- und Status-Chancen mit einem
> Verlust an finanziellen Chancen erkauft. Was im höfischen Sinne als 'rational' und
> 'realistisch' erschien, war dementsprechend im berufsbürgerlichen 'irrational' und
> 'unrealistisch'. (...) Die höfische 'Rationalität', wenn man es nun einmal so nennen darf,
> erhielt ihren spezifischen Charakter weder, wie die wissenschaftliche Rationalität, primär
> auf Grund des Bemühens um Kenntnis und Kontrolle von außermenschlichen Natur-
> zusammenhängen, noch, wie die berufsbürgerliche, primär auf Grund der kalkulierenden
> Planung der eigenen Verhaltensstrategie im Konkurrenzkampf um wirtschaftliche
> Machtchancen, sondern, wie man sah, in erster Linie auf Grund der kalkulierenden
> Planung der eigenen Strategie im Hinblick auf den möglichen Gewinn oder Verlust von
> Status- und Prestigechancen unter dem Druck einer unablässigen Konkurrenz um
> Machtchancen dieser Art." (Elias 1979: 141-142)

und:

> "Die berufsbürgerlich-industrielle Rationalität bildet sich aus dem Zwang der wirt-
> schaftlichen Verflechtung; mit ihr werden primär auf privates oder öffentliches Kapital
> begründete Machtchancen berechenbar. Die höfische Rationalität bildet sich aus dem
> Zwang der elitären gesellschaftlich-geselligen Verflechtung; mit ihr werden primär
> Menschen und Prestigechancen als Machtinstrumente berechenbar." (1979: 170)

Nicht nur die *Ziele* der Angehörigen beider Klassen waren verschieden: die
Lebensweisen und -modelle, die ihnen als erstrebenswert vorschwebten. Nicht
selten teilten sie das gleiche Lebensideal. Noch im frühen zwanzigsten Jahrhundert haben deutsche Bürgerfamilien die Konventionen und den Lebensstil des
Adels zu imitieren versucht (vgl. z.B. Born 1980: 45; Wehler 1980: 54,

---

35 Eine sehr sorgfältige und umfangreiche Aufstellung der von Elias identifizierten
   Differenzen der typischen Persönlichkeitsstrukturen von Adel und Bürgertum und der
   entsprechenden Zivilisierungsprozesse liefert Kuzmics (1984: 93-94; 1987: 384-387).
   Buck-Morss' Behauptung, Elias ignoriere die klassenspezifische Verschiedenartigkeit und
   die Diskontinuitäten der Entwicklung zwischen höfischer und bürgerlicher Gesellschaft,
   ist angesichts zahlreicher, höchst sensibler Beobachtungen Elias' gerade über diese Unterschiede unhaltbar (vgl. Buck-Morss 1978: 190-196). Das ist auch die Implikation meiner
   Rekonstruktion von Elias' Erklärungsstrategie. Gerade unter 'systematischen' Gesichtspunkten trifft diese Kritik weit daneben.

129-130). Verschieden waren vor allem auch die *Mittel*, die ihnen bei der Verfolgung ihrer Ziele im Rahmen verschiedener sozialer Figurationen zur Verfügung standen. Verschieden waren deshalb die typischen Kombinationen von Mitteln und Zwecken, die sie in ihren Handlungen realisierten, eben die Art ihrer "materialen Rationalität". Sowohl Weber als auch Elias haben den Trend zu einer größeren "formalen Rationalität" des Handelns[36] in der neuzeitlichen europäischen Geschichte erkannt — das heißt: den Trend zu einer *langfristigen* Planung oder "Kalkulation" der Folgen des eigenen Handelns, die die formale Rationalität der Interdependenzgeflechte voraussetzt, innerhalb derer das Handeln der Einzelnen stattfindet. Beide haben ebenfalls die immanente Beziehung zwischen der Intensität der Konkurrenz in einer Figuration und dem Grad der "formalen Rationalität" beobachtet, die interdependente Akteure in ihren Handlungen verwirklichen (vgl. als *explizite* Belegstelle bei Weber: GARS I: 348-349). Aber nur, weil er sich dieses Zusammenhangs konsequenter bewußt war als Weber, der zu sehr auf ökonomische Rationalität und auf die 'freie' Konkurrenz der Unternehmer fixiert blieb, konnte Elias klar zwischen der *materialen* Rationalität des aristokratischen Höflings und der des Kapitalisten unterscheiden. Gerade mit dieser Unterscheidung aber wird die fundamentale Gemeinsamkeit sichtbar, die die Verhöflichung der Krieger mit der Rationalisierung des ökonomischen Handelns und der "Wirtschaftsethik" verbindet — der gemeinsame Trend der *formalen* Rationalisierung von sozialen Handlungszusammenhängen und Persönlichkeitsstrukturen: der Trend zu einer zunehmenden "Berechenbarkeit" und "Rechenhaftigkeit" der Menschen und ihrer Handlungen.

---

36 Gewöhnlich ist "formale Rationalität" im Weberschen Sinne verstanden worden als eine Eigenschaft von Handlungssystemen oder von Handlungsketten — im Gegensatz zu "Zweckrationalität", die auf der Ebene der Einzelhandlung definiert ist. Vgl. Parsons (1949: 739-740) und Mannheim (1958: 62-67), die "ökonomische Rationalität" bzw. "funktionelle Rationalität" als Äquivalente für Webers Terminus benutzen. Zu Webers eigener Begriffsfassung siehe WuG: 44-45 und Brubaker (1984: 34-48) sowie die Ausführungen im Kapitel 5 dieser Arbeit.
    "Formale Rationalität" meint vor allem die Berechenbarkeit oder Vorhersagbarkeit von Handlungsketten oder 'Institutionen' wie z.B. dem Markt. Aber wie auch Mannheim bemerkt hat (1958: 65-67), erfordert die formale Rationalität von Organisationsstrukturen zugleich eine bestimmte Art der Handlungsorientierung auf seiten der Akteure, die nicht einfach mit "Zweckrationalität" gleichzusetzen ist. Sie verlangt insbesondere *langfristige* 'Kalkulation' und Planung von den Beteiligten. Sie erfordert daher nicht nur die Berechenbarkeit der Handlungsketten, die aus Handlungen *verschiedener* Akteure zusammengesetzt sind, sondern auch die Berechenbarkeit der *Sequenzen* von Handlungen *ein und desselben* Akteurs. In diesem Sinne ist der Begriff nicht nur auf 'Institutionen' und soziale Netzwerke anwendbar, sondern auch auf die Persönlichkeit selbst. Es ist diese Art der Persönlichkeitsstruktur, mit der Webers Studien über die protestantische Ethik befaßt sind.

3.6   Exkurs: Über einige charakteristische Mißverständnisse der Kritiker

Das ist einer der Gründe, warum Elias' Analysen die Idee einer *radikalen* Diskontinuität zwischen dem modernen Kapitalismus und der Ära vor seinem Siegeszug in Frage stellen — eine Vorstellung, die lange Zeit ein gemeinsamer Nenner sowohl der marxistischen als auch der 'weberianischen' Soziologie gewesen ist (vgl. Hirschman 1984: 12). Viele Kommentatoren haben Elias' Akzent auf der höfischen Aristokratie als eine *"Vernachlässigung"* des Bürgertums (und des Protestantismus) als eines Trägers der Rationalisierung mißverstanden (vgl. beispielsweise Wehowsky 1977: 12-15; Sampson 1984: 24-25). Diese Deutung stellt den historischen und systematischen Zusammenhang seines Diskurses auf den Kopf. Es ist hauptsächlich polemische Absicht, wenn Elias' Analyse die Aristokratie in den Brennpunkt der Aufmerksamkeit rückt — als Korrektiv nämlich gegen die *Hauptströmung* soziologischen Denkens, die zu ausschließlich die Bourgeoisie als den Schöpfer der modernen Welt angesehen hat. Der Untertitel des ersten Bandes von Elias' Buch erkennt diese Akzentsetzung und die daraus folgende Beschränkung an: "Wandlungen des Verhaltens in den *weltlichen* Oberschichten des Abendlandes" (meine Hervorhebung, A.B.). Und im zweiten Band hat Elias auch explizit die Frage thematisiert, ob der Zivilisationsprozeß "exklusiv" das "Nebenprodukt des Hofes im absolutistischen Staat" gewesen sei — wie beispielsweise Sampson und Luhmann Elias' Erklärungsmodell interpretieren (Sampson 1984: 24; ähnlich Luhmann 1980: 122 — Anm. 133):

> "Man findet in den Köpfen der Mitlebenden oft die Vorstellung verfestigt, das Bürgertum sei der 'Urheber' oder der 'Erfinder' des rationaleren Denkens. Hier sind, *um des Kontrastes willen,* bestimmte Rationalisierungsvorgänge im Lager des Adels geschildert worden. Aber man darf daraus *nicht* etwa schließen, die höfische Aristokratie sei der soziale 'Urheber' dieses Rationalisierungsschubes. (...) Wandlungen dieser Art aber haben nicht in der einen *oder* der anderen Schicht ihren 'Ursprung', sondern sie entstehen *im Zusammenhang mit den Spannungen zwischen verschiedenen Funktionsgruppen eines sozialen Feldes und zwischen den konkurrierenden Menschen innerhalb ihrer.*" (Elias 1976b: 394; meine Hervorhebungen, A.B.)

Mit anderen Worten: sie entstehen aus den Machtdifferentialen und Konkurrenzspannungen zwischen interdependenten Gruppen und Individuen. Allerdings: 'Konkurrenz' sollte hier nicht mit der 'freien' Konkurrenz verwechselt werden, so wie sie von Wirtschaftswissenschaftlern verstanden wird. Im Hintergrund sowohl der 'freien' Konkurrenz der Unternehmer um Geldchancen als auch der Konkurrenz der Höflinge um Prestige steht das Monopol der physischen Gewaltsamkeit, es bildet die Voraussetzung ihrer Kämpfe ebenso wie die ihrer je spezifischen Rationalitäten.

An einer anderen Stelle weist Elias die erwähnte Fehldeutung mit einer Analogie zurück, die nicht zufällig an die Gedankenwelt der neueren Systemtheorie erinnert:

"Man sieht klarer, wie relativ kleine Kreise zunächst das Zentrum der Bewegung bilden, und wie dann allmählich der Prozeß auf andere, weitere Schichten übergeht. (...) Der Prozeß, der sich abzeichnet, ähnelt seiner Form nach — nicht etwa seiner Substanz nach — jenen chemischen Prozessen, bei denen sich in einer Flüssigkeit (...) zunächst ein kleinerer Kern umlagert und Kristallform annimmt (...). *Nichts wäre falscher als den Kristallisationskern selbst für die Ursache der Umlagerung zu halten.*" (Elias 1976a: 156; meine Hervorhebung, A.B.)

Auf Elias' Opposition gegen eine andere — mit der zuvor genannten häufig verknüpfte — Grundvorstellung des Denkens über sozialen Wandel gründet eine weitere wiederkehrende Kritik: der Vorwurf der Nichtberücksichtigung dessen, was man das "zentrale Wertsystem" genannt hat, nämlich der in irgendeinem Sinne religiösen Vorstellungen, mit Bezug auf die gewöhnlich gesellschaftliche Ordnungen und Lebensformen als Ganze legitimiert werden. Im Hintergrund dieser Kritik steht allerdings mehr als die bloße Feststellung dieses empirischen Sachverhalts. Ganz offenkundig ist dessen Anerkennung bei vielen Autoren verkettet mit der Auffassung, daß grundlegende Veränderungen der normativen Regulierungen des sozialen Lebens nicht nur von Veränderungen dieses zentralen "Wertsystems" begleitet werden — eine Annahme, die Elias durchaus *teilt* (vgl. 1976a: 277; 1976b: 402) —, sondern daß die ersteren auch in den letzteren ihren Ursprung haben.[37] Diese Perspektive ist dabei geprägt von der Vorstellung sozialen Wandels als einer bewußten Übernahme und Akzeptierung von neuen sozialen Verhaltensregeln durch die Individuen, die dem einzelnen in der Form eines mehr oder minder "rationalen Diskurses" gegenübertreten — zum Beispiel in der Form einer theologischen oder moralphilosophischen Doktrin.

Statt dessen lenkt Elias' Studie die Aufmerksamkeit des Lesers auf den Wandel jener gleichsam 'dezentralen' Normen, die dem Einzelmenschen gewöhnlich und zunächst nicht in dieser rationalisierten Form eines Bedeutungszusammenhangs von Symbolen begegnen, sondern *zuallererst und vor allem* in der Gestalt von Verhaltensforderungen, deren Realisierung andere Menschen von ihm fordern, unabhängig davon, ob er sie 'versteht' oder selbst innerlich akzeptiert — wie zum Beispiel die hergebrachten Regeln des Sprachgebrauchs.[38]

---

37 Ein Beispiel für die Art der Analyse sozialen Wandels, die auf dieser Grundvorstellung begründet ist, liefert die interessante Studie Bellahs (1957: hier insbesondere 179) über die Modernisierung Japans. Vgl. dazu die Kritik bei Berger (1973: besonders 252–254).

38 Das ist natürlich nur ein gradueller Unterschied zu religiösen Normen, aber ein wichtiger nichtsdestoweniger. Das Beispiel der Regeln der Grammatik und des Wortgebrauchs deutet darauf hin, daß die herkömmliche Terminologie, die im wesentlichen nur zwischen ethisch-moralischen Normen und bloß faktischen Regelmäßigkeiten ohne normativen Anspruch differenziert, bei weitem zu ungenau ist und entweder differenziert oder durch eine andere ersetzt werden sollte.

Elias' Analysen zielen damit vorrangig auf jene Tiefenschicht von eher "stummen" Regeln, die das alltägliche Leben der Individuen von ihrer Geburt an reglementieren, ohne von den einzelnen gewöhnlich reflektiert und begründet zu werden — und oft ohne daß sie überhaupt als "Normen" *wahrgenommen* werden. Deshalb unter anderem schenkt er in der Auswertung seiner Quellen, der Courtoisieschriften, "Hof-" und "Tischzuchten" und mittelalterlichen Epen, besondere Aufmerksamkeit dem, was man mit einem etwas ungenauen Ausdruck die "schweigende Dimension" (Michael Polanyi) solcher symbolischen Zeugnisse nennen könnte: die Regeln und Vorstellungen, die einer Gruppe von Menschen so selbstverständlich sind, daß sie kaum je vollständig, oft gar nicht ausgesprochen werden und vielleicht auch niemals *gedacht* werden. Oft ist in diesem Kontext aufschlußreicher, was die Autoren *nicht* schreiben als das, was den intendierten Inhalt ihrer Texte bildet. So, wenn bestimmte Verhaltensvorschriften in späteren Manierenschriften offenkundig deshalb nicht mehr zur Sprache kommen, weil ihre Beachtung inzwischen zu einer gleichsam 'natürlichen', unbefragten Voraussetzung des gesellschaftlichen Lebens ihrer Schicht geworden ist.[39]

Indem er sich absichtsvoll auf jene Aspekte des alltäglichen Zusammenlebens von Menschen und ihrer Persönlichkeitsstruktur konzentriert, deren historische Wandlungen sich nicht leicht aus der endogenen Veränderung von Ideensystemen erklären lassen, unterläuft Elias schon in der Auswahl und in der Art der Auswertung seiner Quellen die Fallstricke der dominanten Auffassung des Verhältnisses von 'Individuum' und gesellschaftlichen Normen. Unter anderem zielt er dabei auf die soziale Formung jener *vorreflexiven* Prozesse, in denen sich in jeder individuellen Lebensgeschichte jene Instanz von Reflexion, Selbstreflexion und Selbststeuerung erst herausbildet, die das "Subjekt" von rationaler Einsicht, von Wahrnehmung eines Anderen als ein anderes, von ihm selbst unterschiedenes "Subjekt" und von "Interpretation" sein kann. Die Fähigkeit, Symbole und "Normen" im Sinne symbolisierter Regeln zu verstehen und sein Handeln ihnen entsprechend zu kontrollieren und zu steuern, setzt jenes "Ich" voraus, das sich erst unter dem Druck der 'äußeren' Realität von den angeborenen Selbststeuerungsmechanismen differenziert und diese seiner Hegemonie unterwirft. Der Erwerb dieser Fähigkeit, zuallererst die Aneignung einer Symbolsprache, beruht immer schon auf der Entwicklung einer bestimmten Selbstkontrolle und *Distanzierung* gegenüber den Affekten,[40] und diese frühkindliche Entwicklung des psychischen Apparats läßt sich daher nicht selbst

---

39 Buck-Morss' Kritik, Elias habe nur den Wandel der erklärten Normen, nicht aber den des tatsächlichen Verhaltens belegt, erweist sich an diesem Punkt als allzu grobschlächtig (vgl. Buck-Morss 1977: 190). Nähere Überlegungen zur Auswertung der "verschwiegenen" Dimension historischer Quellen finden sich bei Schröter (1985: 14–15).

schon in einer Begrifflichkeit rekonstruieren, die auf die Funktionsprinzipien einer späteren kindlichen oder erwachsenen Entwicklungsstufe rekurriert.

Daß Elias in diesem Zusammenhang neben Freuds Theoremen auch Modelle des frühen Behaviorismus benutzt, hat für manche Aufregung unter seinen Kritikern gesorgt (vgl. beispielsweise Wehowsky 1977: 9-10; Honneth & Joas 1980: 119-120; Sampson 1984: 26). Angesichts von Elias' Beobachtungen über den historischen Wandel in der sozialen Konditionierung der Ausscheidungsvorgänge, der Tabuierung von verschiedenen Formen nicht-genitaler libidinöser Befriedigung, der sozialen Kontrolle und Selbstkontrolle des Furzens und des Riechens glauben sie, ihm eine Unterschätzung der 'höheren' Fähigkeiten des Ich nachweisen zu können. So stellt Wehowsky mit deutlichem Unterton der Entrüstung fest:

> "Die Triebunterdrückung wird nicht über die Verinnerlichung *bewußtseinszugäng-licher* Normen erlernt, sondern über die Anzüchtung bedingter Reflexe, die blind, also ohne eine mögliche Dazwischenkunft des Bewußtseins funktionieren. Der Inhalt des Überich besteht folglich nicht aus bestreitbaren Moralvorschriften, sondern aus dem *stummen* 'Code' des praktisch erforderlichen Verhaltens." (Wehowsky 1977: 10; meine Hervorhebungen, A.B.)

Wie so oft, wird hier der Bote geschlagen, weil die Botschaft nicht gefällt.[41] Dieselbe Stoßrichtung der Kritik ist bei Honneth und Joas deutlich, die darin Wehowsky folgen. Sie behaupten, Elias könne

> "(...) sich unter Verinnerlichung *nur* den blinden Automatismus angstbesetzter Ver-haltenszwänge vorstellen, nicht die *aus Einsicht stammende, flexible und ich-zugäng-liche* Verinnerlichung von Normen." (Honneth & Joas 1980: 119; meine Hervorhe-bungen, A.B.)

Daß er sich die Verwandlung sozialer Zwänge in Regeln der Selbstkontrolle *ausschließlich* nach dem Vorbild eines bewußtlosen Konditionierungsvorgangs vorstellt, hat der Kritisierte natürlich nirgendwo selbst zugegeben — und wie

---

40 Diese Überlegungen beruhen teilweise auf einem unveröffentlichten Manuskript Elias' über die "Symbolemanzipation", d.h. über den gattungsgeschichtlichen Übergang von einer Kommunikation mit Hilfe von angeborenen Signalen zu einer Kommunikation mit Hilfe erlernter, gruppenspezifischer Symbole. In verkürzter und veränderter Form wird diese Transformation von jedem gesunden Kleinkind nachvollzogen.

41 Es ist nicht wenig bezeichnend, wenn Wehowsky dem gleichen behavioristischen Sozialisationsmodell, das er für die Menschen der spätmittelalterlichen und frühneuzeit-lichen Epoche vehement abgelehnt hat, allerdings für die Menschen des 20. Jahrhunderts, nämlich für den sogenannten "neuen Sozialisationstyp", offenbar einige Aufschlußkraft zutraut (1977: 15, 17 — Anm. 4). Und im übrigen spricht er an anderer Stelle desselben Aufsatzes ganz ungeniert von "*körperlich strukturierten* Abwehrhaltungen" (S. 17; meine Hervorhebungen, A.B.). Man dürfte gespannt sein, ob damit wiederum die "Verinner-lichung bewußtseinszugänglicher Normen" oder "bestreitbarer Moralvorschriften" gemeint ist.

sich zeigen läßt, gibt es durchaus Passagen in seiner Untersuchung über den Zivilisationsprozeß, die diese Behauptung Lügen strafen (vgl. die Belegstelle und Argumentation auf S. 24/25 dieser Arbeit). Dagegen ist die petitio principii seiner Kritiker schwer zu übersehen. Offenbar sind sie es, die sich — umgekehrt — soziale und psychische Realität gar nicht anders vorstellen können als einen in *all* seinen Schichten und Komponenten immer schon durch Symbole und symbolische Normen strukturierten Zusammenhang. Eine "aus Einsicht stammende" und "ich–zugängliche Verinnerlichung" würde dem Freudschen Begriff gerade jenen kritischen Stachel nehmen, der genau darin besteht, daß die verinnerlichten Bestandteile dem Bewußtsein nicht oder nur höchst unvollständig zugänglich sind — *jedenfalls nicht in ihrer Qualität als soziogene Komponenten der eigenen Psyche.*

Und natürlich meinen die Kritiker mit "Einsicht" etwas anderes, nämlich mehr, als die bloße Erfahrung einer Machtüberlegenheit durch das Bewußtsein, die erst *nachträglich* in eine Anerkennung ihrer ethischen Legitimität umgewandelt wird. Sie verstehen nicht, daß es Elias, ebenso wie in anderer Weise Freud, darauf ankommt, die Emergenz von Subjektivität (inklusive "Einsicht") aus den nicht–intentionalen Zusammenhängen sozialer Prozesse zu rekonstruieren. Wenn er dabei nicht, wie sie ihm empfehlen, in einem intellektuellen Zirkel *Subjektivität* aus *Inter–Subjektivität* erklären will, muß er dabei notwendigerweise auf eine Art "Subjekt–Objekt–Modell" zurückgreifen — genauer: auf einen *präsubjektiven* Prozeß zwischen dem noch nicht konstituierten Ich des frühen Kleinkinds und seiner noch nicht in subjektivistischen Kategorien wahrgenommenen sozialen Umwelt. Auf welche "rationalen" Normen hätte er denn bei der Zivilisation der Verdauungsvorgänge Bezug nehmen sollen? Wie Elias belegt, waren "rationale" Rechtfertigungen — wie zum Beispiel hygienische Überlegungen — nicht das primäre Movens solcher Veränderungen der sozialen Verbote und Gebote, sondern wurden diesen erst viel später übergestülpt — analog zu "Rationalisierungen" im Sinne der Freudschen Terminologie (vgl. Elias 1976a: 152-155).

"Nichts weist darauf hin, daß sich die Affektlage, der Empfindlichkeitsgrad aus Gründen ändert, die wir als 'klare, rationale Gründe' bezeichnen (...)" (1976a: 155). Und über seine älteren Quellen schreibt Elias: "Die Art z.B., in der die Menschen begründen, warum dieses Benehmen oder dieser Gebrauch bei Tisch besser ist als jener, unterscheidet sich kaum von der Art, in der sie begründen, warum dieser sprachliche Ausdruck besser sei als jener." (1976a: 152-153).

Rehberg (1979) hat darauf hingewiesen, daß Elias' zweibändige Studie nur im Kontext der deutschen Soziologie der Weimarer Zeit verstanden werden kann. Aus dieser Perspektive erweist sich sein Werk nicht nur in vielen Hinsichten als "eine massive Rechtfertigung der weberianischen Soziologie" — wie

Turner (1985: 160) mit Recht[42] betont hat −, sondern ebenso als eine radikale Herausforderung der Protestantismus−These Webers, die analoge Veränderungen des Verhaltens und Empfindens innerhalb der protestantischen Bourgeoisie aus theologischen Innovationen zu erklären sucht (vgl. zum Verhältnis Elias/Weber auch Goudsblom 1984: 133−137). Aus dieser polemischen Frontstellung gegen Weber und gegen die Hauptströmung soziologischen Denkens, in deren Mittelpunkt stets das Bürgertum gestanden hat, erklären sich jene Akzentsetzungen, die von Elias' Kritikern immer wieder als "Vernachlässigung" dessen gedeutet wurden, was ihnen doch als selbstevident erscheint. Daß die innerweltliche Askese der protestantischen Bourgeoisie − allerdings als ein potentielles *Erklärungsthema*, nicht als Erklärung − die selbstverständliche Voraussetzung seiner Analysen bildet (vgl. Elias 1976b: 402), wird von Wehowsky übersehen, wenn er dessen Modell des Zivilisationsprozesses durch den Hinweis auf die Rationalisierung des Bürgertums aus den Angeln zu heben versucht. Die spezifische Entwicklung der Verhaltensformen und der Mentalität im Kreise der protestantisch−bürgerlichen Schichten erscheint auf der Grundlage von Elias' Forschungsergebnissen eben 'nur' als eine spezifische Phase und Teilentwicklung *innerhalb* eines umfassenderen und langfristigeren Prozesses, der selbst nicht mit der gleichen Plausibilität auf Veränderungen der Religion und Ethik zurückgeführt werden kann. Daß Elias die Kirche und die Priester nicht behandelt, mag dem auf Vollständigkeit der Darstellung bedachten Historiker als Mangel erscheinen. Daß es auch ein Mangel seines soziologischen Erklärungsmodells wäre, diese Behauptung bedarf erst noch der empirischen Fundierung. Die Konzentration seiner Untersuchungen *auf den Adel* und *auf solche Sphären des Verhaltens,* die von theologischen Traktaten kaum je berührt werden, genauso wie die "Kluft zwischen dem herrschenden Prinzip der christlichen Lehre und dem Alltagsleben" (Tuchman 1982: 15), die für die Aristokratie bis in die Neuzeit charakteristisch geblieben ist − all das verschiebt die Beweislast auf jene, die *auch in diesen Fällen* in der religiösen Ethik die *primäre* Quelle von Veränderungen des Verhaltens und Empfindens identifizieren wollen.

---

42 Turner bezieht sich darin u.a. auf die Betonung der nicht−intendierten Folgen menschlichen Handelns und auf die Unterscheidung von Klassen und Ständen, die auf dem Gegensatz von ökonomischer Marktmacht und Prestige als Quellen sozialer Differenzierung beruht.

3.7 Funktionale Demokratisierung und 'Fortschritt' in interdependenz- theoretischer Perspektive

In den Abschnitten 3.4 und 3.5 dieses Kapitels habe ich untersucht, warum und in welcher Weise Elias die ungeplanten Strukturen langfristiger gesellschaft- licher Entwicklungsprozesse in einer macht- und konflikttheoretischen[43] Begrifflichkeit rekonstruiert. Aus dieser Perspektive ist es nicht einfach nur die Verlängerung und wachsende Komplexität der sozialen Handlungsketten und Interdependenzen, die zunehmende 'politische' und 'ökonomische' Integration von Menschen, die einen gerichteten Wandel der sozialen Persönlichkeitsstruk- turen herbeiführt, sondern es sind die Veränderungen in den Formen, Mitteln und Spielregeln der sozialen Konkurrenzfigurationen und insbesondere die Differenzierung von verschiedenen Formen der Konkurrenz. Das ist die theore- tisch zentrale Erklärung, die Elias für den Verlauf der 'Zivilisationskurve' entwickelt hat (vgl. als Hinweise für diese Interpretation auch: Elias 1977a: 148, Anm. 7; Elias 1971: 160). Die Richtungen zivilisatorischer Prozesse können dechiffriert werden als die Transformationen der Machtinstrumente oder Waffen, die Menschen in den verschiedenen sozialen Formen der Konkurrenz verwenden. Wie Eve es formuliert: "In einem späteren Stadium verwandelt sich die Maske in einen Teil des eigenen Gesichts; die Rüstung wird sowohl beweg- licher als auch weniger beschwerlich und hemmend und zur gleichen Zeit mehr zum Teil des eigenen Körpers und daher weniger leicht abstreifbar." (Eve 1983; meine Übersetzung, A.B.)

Der Wandel der Konkurrenzbedingungen entsprechend der wachsenden wechselseitigen Abhängigkeit aller Akteure betrifft die am höchsten rangieren- den Individuen nicht minder als alle anderen. In den späteren Phasen des Zivili- sationsprozesses, den Elias beschreibt, dehnt sich der gerichtete Wandel der sozialen Codes auf die Unterschichten aus, und seine Wirkungen werden an der Spitze der gesellschaftlichen Hierarchie intensiviert. Die zunehmende Inter- dependenz bedeutet selbst für absolutistische Herrscher und Diktatoren, daß Erfolg und Effizienz ihrer Handlungen abhängig werden von der ungestörten Operation ausgedehnter Netzwerke von langen und komplexen Handlungsketten. Sie bedrohen ihre Stellung gegenüber Rivalen aus den eigenen wie aus fremden Reihen, wenn sie ihre reziproke Abhängigkeit von den Regierten nicht beachten. Die "Dialektik der Kontrolle" verschiebt sich daher ein Stück zugunsten der letzteren. Jene dezentralisierenden Kräfte, die in früheren Phasen immer wieder

---

43 Die Verwendung dieses Ausdrucks soll hier nicht implizieren, daß Elias' Bezugsrahmen identisch mit anderen Versionen eines konflikttheoretischen Ansatzes wäre. Er weist allerdings eine offenkundige Verwandtschaft zu dem auf, was zum Beispiel Dahrendorf (1969) als konflikttheoretische Perspektive dem Gesellschaftsbild eines normativistischen Funktionalismus gegenübergestellt hat.

eine Desintegration des Herrschaftsmonopols herbeiführten, resultieren unter den
Bedingungen einer stabilisierten Monopolorganisation in einer Tendenz zur
"funktionalen Demokratisierung" (Elias 1970: 69–73; 1976b: 147–158). Der
strukturelle Zusammenhang, der dieser Entwicklung zugrunde liegt, ist
dieser[44]:

> "For in the long run the subordination of the quest for the optimal functioning of the
> overall network of interdependencies to the optimation of the sectional interests invari-
> ably defeats its own end." (Elias 1982b: 115)

Im Hintergrund dieser These steht die zwischenstaatliche Machtkonkurrenz
und die Rivalität innerhalb der regierenden Gruppen und Menschenkreise. Es ist
die Konkurrenz zwischen verschiedenen Herrschern und Herrschaftsanwärtern,
die auf lange Sicht denen unter ihnen einen Vorsprung verschafft, die bei ihrem
Handeln die Wünsche und Interessen der Mitglieder ihres Verwaltungsstabes
und – mit zunehmender Interdependenz – die Loyalität der Regierten in
Rechnung stellen. Während Elias diese Entwicklungstendenz in manchen seiner
Formulierungen überbetont zu haben scheint, muß unterstrichen werden, daß
damit nicht 'Demokratisierung' im emphatischsten Sinne gemeint ist, etwa das
Verschwinden aller Machtunterschiede zwischen menschlichen Lebewesen. In
einer übertriebenen Deutung einer unvorsichtigen Formulierung hat Christopher
Lasch ihm diese Auffassung zugeschrieben – als ob Elias in jenem schicksal-
haften Jahre 1939 die Verwirklichung direkter Demokratie innerhalb von fünfzig
Jahren prophezeit hätte – die Verwirklichung einer "Regierungsform, in der
wichtige Entscheidungen von der Bürgerschaft als Ganzer getroffen werden"
(Lasch 1985: 718; meine Übersetzung, A.B.). Die letzten Seiten von *Über den
Prozeß der Zivilisation* machen allerdings klar, daß nichts Derartiges von Elias
gemeint ist:

> "(...) hier kündigen sich bereits unter der Decke der *gegenwärtigen* die Spannungen der
> *nächsten* Stufe an, die Spannungen zwischen den höheren und mittleren Funktionären
> der Monopolverwaltung, zwischen der 'Bürokratie' auf der einen Seite und der übrigen
> Gesellschaft auf der anderen." (Elias 1976b: 453; meine Hervorhebungen, A.B.).

Die Veränderung, die Elias im Auge hat – Weber nannte sie "passive
Demokratisierung" – trifft ebenso für Mehrparteienstaaten zu wie für Ein-
parteistaaten (Elias 1970: 72). Die zentrale Rolle der 'öffentlichen Meinung' im
politischen Diskurs der Gegenwart und der Aufstieg von Parteiherrschaften und
Parteien als 'Vermittlern' zwischen Staatsvölkern und regierenden Gruppen im
Lauf der vergangenen zwei Jahrhunderte ist selbst ein Symptom dieser strukturellen Transformation, die heute die große Mehrheit der Staatsgesellschaften
erfaßt hat (vgl. Elias 1970: 69–72; 1983a: 35, 39–40; 1984a).

---

44 Dieser Satz fehlt in der deutschen Originalfassung, er ist in der englischen Ausgabe
    hinzugefügt.

Elias verfolgt diese Entwicklungstendenz bis zu den "absoluten" Königen Frankreichs zurück. Vor allen Dingen aber stellt er zwischen funktionaler Demokratisierung und der sogenannten "Verinnerlichung" sozialer Fremdzwänge einen bezeichnenden Zusammenhang her. Eve faßt Elias' Beobachtungen (vgl. Elias 1976a: 186–189) folgendermaßen zusammen. Sie betreffen die Korrelation zwischen der temporalen und *sozialen* Ubiquität sozialer Zwänge mit ihrer Neigung, zum Bestandteil der Persönlichkeitsstruktur des Einzelnen zu werden:

> "Erst allmählich, mit dem langsamen Wandel der Machtbalance, wird es selbst für Könige peinlich, unbekleidet gesehen zu werden, und, allgemeiner, wird es zur Verpflichtung, zum Beispiel körperliche Vorgänge selbst vor Niedrigerstehenden zu kontrollieren und zu verbergen — so daß diese Kontrollen allmählich die 'universale', asoziale Erscheinungsform eines 'psychologischen', eines 'Überich'-Phänomens annehmen." (Eve 1983; meine Übersetzung, A.B.)

Oder wie Elias selbst es formuliert:

> Gerade weil das gesellschaftliche Gebot, sich nicht entblößt oder bei natürlichen Verrichtungen zu zeigen, *nun* gegenüber *allen* Menschen gilt und in dieser Form dem Kinde eingeprägt wird, erscheint es dem Erwachsenen als Gebot seines eigenen Innern und erhält die Form eines mehr oder weniger totalen und automatisch wirkenden Selbstzwanges." (Elias 1976a: 189; meine Hervorhebungen, A.B.)

Elias' Konzeption der Prozesse gesellschaftlicher Integration und Differenzierung, das sollte bis hierhin deutlich geworden sein, ist das genaue Gegenbild eines harmonischen, konfliktfreien "Wachstums". Jeder weitere Schub in Richtung einer höheren Stufe von Interdependenz und Funktionsteilung ist geprägt von mehr oder minder offenen Konflikten (vgl. auch Elias 1977: 130, 148, besonders Anm. 7). Die Ausbildung eines neuen, mächtigeren Integrationszentrums innerhalb eines neuen, umfassenderen Netzwerks von Interdependenzen bedeutet immer zugleich die Entmachtung oder Zerstörung der früheren Integrationszentren. Mit der Integration in Nationalstaaten und in überregionale, ökonomisch differenziertere Märkte geht regelmäßig eine Desintegration und "Entdifferenzierung" der älteren politischen und ökonomischen Einheiten einher (vgl. Elias 1974). Die Entfunktionalisierung und Entdifferenzierung von "Dorfstaaten", die politische Degradierung ihrer früheren Repräsentanten und die Verringerung der Interdependenzen *zwischen* den Mitgliedern *ein und desselben* Dorfes läßt sich auch in der Gegenwart beispielsweise in Westafrika beobachten (vgl. Elwert 1980; 1983). Es ist nichts anderes als die Rückseite der Medaille ihrer 'Eingemeindung' in nationale Herrschaftsorganisationen und in den Weltmarkt. "Communities become *less* differentiated as societies become *more* differentiated." (Elias 1974: xxxii; meine Hervorhebungen, A.B.; vgl. auch Elias 1987a: 282–300). Das ist ein anderer Aspekt dessen, was Hans-Dieter Evers die "Dialektik von Zivilisation und Dezivilisierung" genannt hat (Evers 1984).

Elias weiß sehr genau, was die Verlierer erleiden — und gerade deswegen schätzt er den Druck jener Alternative hoch ein, vor die Konkurrenzkämpfe um die Errichtung eines neuen Integrationszentrums die betroffenen Individuen und Gruppen immer wieder stellen: "Sie können besiegt werden — ob sie nun mitkämpfen oder nicht — und das bedeutet für die zugehörigen Menschen im äußersten Falle Gefangenschaft, gewaltsamen Tod oder auch materielle Not, vielleicht Verhungern; das bedeutet für sie im gelindesten Falle soziales Absinken, Verlust der relativen gesellschaftlichen Selbständigkeit, Übergang in eine unmittelbarer abhängige Position, Aufgehen in einem größeren, gesellschaftlichen Komplex und damit Zerstörung dessen, was zunächst einmal für ihr Bewußtsein ihrem Leben Sinn, Wert und Dauer gibt (...)" (Elias 1976a: 209).

Elias' Diagnose der Strukturen langfristiger sozialer Prozesse erinnert nicht zufällig an jene Formulierung Max Webers, mit der er auf die *moralische Ambivalenz* jedes denkbaren Fortschrittsbegriffs hingewiesen hat[45]:

> "Denn nicht auszuscheiden ist aus allem Kulturleben der *Kampf*. Man kann seine Mittel, seinen Gegenstand, sogar seine Grundrichtung und seine Träger ändern, aber nicht ihn selbst beseitigen. (...) stets ist er da, und oft umso folgenreicher, je weniger er bemerkt wird, je mehr sein Verlauf die Form stumpfen oder bequemen Geschehenlassens oder illusionistischen Selbstbetrugs annimmt oder sich in der Form der 'Auslese' vollzieht. 'Friede' bedeutet Verschiebung der Kampfformen oder der Kampfgegner oder der Kampfgegenstände oder endlich der Auslesechancen und nichts anderes. (...)" (GAWL: 517; Hervorhebung im Original)

Obwohl andere — wie Weber — einige weitreichende Einsichten in diesem Zusammenhang entwickelt haben, ist Elias der einzige moderne Theoretiker, der genügend *systematische* Aufmerksamkeit (d.h. in seinen zentralen Begriffen und Hypothesen) auf die Tatsache gelenkt hat, daß physische Gewalt und ihre Kontrolle nicht nur in Situationen des offenen Konflikts, des Verbrechens, des Krieges oder der Unterdrückung für den Gegenstandsbereich der Soziologie von grundlegender Bedeutung sind. Eine der unangenehmen Enttäuschungen für Menschen, die seine Theorie impliziert, ist diese: Das moderne "Alltagsleben" und das Funktionieren seiner fundamentalsten Institutionen, ihre Genese und ihre Strukturen, sind geprägt und abhängig von einer spezifischen Organisation und Verwaltung der physischen Gewaltsamkeit — einem Typ der Kontrolle und des Managements dieser besonderen Art von Machtmittel, der dessen Gefahren zugleich bezähmt *und* vervielfacht.

Eine andere Enttäuschung, die seine Analyse des Zivilisationsprozesses beinhaltet: sie widerspricht dem menschlichen Traum der Omnipotenz — der

---

45   Diese Passage stammt aus dem 1917 veröffentlichten 'Wertfreiheits'-Aufsatz. Sie findet sich fast identisch schon in dessen älterer Fassung, dem Gutachten von 1913 (vgl. den abgedruckten Text in Baumgarten 1964: 127).

Omnipotenz menschlicher Ideen und Intentionen, ihrer Symbole und ihrer Logik, der sinnhaften Zusammenhänge, die sie in der Welt herstellen.

Es ist offensichtlich, daß der Übergang von einem 'egozentrischen' zu einem soziozentrischen Typ der Erklärung eine ähnliche Desillusionierung bedeutet wie der Übergang vom geozentrischen zum heliozentrischen Weltbild. Es ist die Enttäuschung, daß die soziale Ebene der Wirklichkeit ein anderes Universum darstellt, das von blinden, nicht-intentionalen Kräften dominiert wird[46] − von Kräften, die zwar nicht unbeeinflußbar, aber völlig gleichgültig gegenüber menschlichen Zielen, Wünschen und Plänen sind und in sich selbst keinen Sinn für menschliche Lebewesen besitzen (vgl. Elias 1985c: 10−14; Elias 1983b: 164−168).

Auf der sozialen Ebene der Wirklichkeit erfahren Menschen sich selbst nicht nur in dem Sinne, daß "Geist" auf "Geist" trifft und dabei sich selbst wiedererkennt, sondern auch in dem Sinn, daß sie mit sich selbst als Bestandteil nicht-intentionaler, blinder Zusammenhänge konfrontiert sind − als Wesen, deren Leben und deren Identität aufs tiefste von natürlichen oder "naturwüchsigen" Prozessen berührt werden (Elias 1956: 234; Anm. 1; 1984c: XXXIII). Wie im Falle der kopernikanischen Revolution gilt, daß Menschen bei der Begegnung mit der Welt immer auch sich selbst begegnen − aber in einer Weise, die mit ihren Wunschvorstellungen und ihrem Idealbild von sich selbst schwer in Einklang zu bringen ist. Die Idee einer bruchlosen "Identität von Subjekt und Objekt" im Falle der Humanwissenschaften ist wohl einer dieser Wunschträume − jedenfalls soweit es die Vergangenheit und die absehbare Zukunft betrifft.

Daß sich im Verlauf der neuzeitlichen Geschichte die Erfahrung von der Sinnlosigkeit des innerweltlichen Geschehens verbreitete, gehört zu den Gründen dafür, daß im späten 19. und vollends im 20. Jahrhundert die Idee des "Fortschritts" in Verruf geriet. Der wissenschaftliche Fortschritt selbst bedeutet eine vermehrte und intensivierte Erfahrung der Distanz zwischen den inhärenten Qualitäten der von Menschen erforschten Wirklichkeit und dem Postulat, "daß der Weltverlauf, wenigstens soweit er die Interessen der Menschen berührt, ein irgendwie *sinnvoller* Vorgang sei". So beschreibt es Weber (GARS I: 564−571, hier: 567), und er nennt dies "die Entzauberung der Welt". Seit seinen Tagen hat dieses Thema die Philosophen und Sozialwissenschaftler des 20. Jahrhunderts nicht losgelassen. Die Entzauberung des Lebens durch Wissen steht im Mittelpunkt jener Theorie der Zivilisationsgeschichte, die Max Horkheimer und

---

46 Es ist wert, festgehalten zu werden: Weber erwähnt in dem hier zitierten Passus, Konkurrenz oder Kampf seien "oft umso folgenreicher", je mehr sie sich dem unbeabsichtigten, blinden Prozeß der "Auslese" annähern. Das würde ja wohl auch heißen, daß man sich von den Intentionen der Beteiligten nicht viel für die Aufklärung und Erklärung solcher Prozesse versprechen darf.

Theodor W. Adorno während des Zweiten Weltkriegs im amerikanischen Exil formulierten. Sie ist ein höchst charakteristisches und vielleicht auch das (indirekt) einflußreichste Beispiel jener wissenschaftlichen und philosophischen Theorien des 20. Jahrhunderts, die den gesellschaftlichen "Fortschritt als Schicksal und Verhängnis"[47] verstanden haben. Aus der in diesem Kapitel entwickelten Perspektive ist es zugleich erstaunlich und erklärbar, wenn diese Theorie − entgegen dem oberflächlichen Augenschein − einige fundamentale Prämissen und Hypothesen mit Elias' Theorie des Zivilisationsprozesses teilt.

---

47 So der Titel des kleinen, für diese Problematik aufschlußreichen Buches von Albert Salomon (1957).

4. Die Zivilisationstheorie der Frankfurter Schule[48]

4.1 Einleitung

Als 1977 die Stadt Frankfurt den ersten Theodor W. Adorno–Preis an Norbert Elias verlieh, wies Wolf Lepenies in seiner Laudatio darauf hin, daß sich zwischen den Schriften dieser beiden auf den ersten Blick sehr verschiedenen Autoren einige bemerkenswerte Parallelen feststellen lassen. Er zitierte jene Passage aus der "Dialektik der Aufklärung", in der von der "unterirdischen" Geschichte des Körpers die Rede ist, und zog die Schlußfolgerung:

> "Diese Stelle allein läßt, jenseits aller Differenzen der Sprache und des Argumentationsstils, die Behauptung zu, daß das Werk von Elias unter all jenen, die die deutsche Nachkriegszeit prägten, dem von Theodor W. Adorno noch am nächsten kommt."

(Lepenies 1977: 32-33)

Diesen Hinweis hat die Sekundärliteratur nicht weiterverfolgt, von vereinzelten Bemerkungen über thematische Gemeinsamkeiten abgesehen.[49] Elias hat in seiner Rede zur Verleihung des Adorno–Preises die Unterschiede zwischen seinem eigenen und Adornos Ansatz betont (Elias 1977b). Das gleiche ist in einer Rezension seiner Schriften von Susan Buck-Morss geschehen, der Verfasserin einer wichtigen Studie über Adornos Werk und Mitherausgeberin eines Bandes seiner *Gesammelten Schriften*. Buck-Morss charakterisiert in einem Satz die Gemeinsamkeit, die darin besteht, daß beide Autoren die Richtung der Zivilisationsgeschichte als zunehmende Beherrschung des Körpers und der Affekte definieren (Buck-Morss 1978: 188), aber im übrigen porträtiert sie Elias' Theorie als eine naive Variante eines "evolutionären Gradualismus", als Behauptung eines garantierten, kontinuierlichen Fortschritts in der Geschichte, in dessen Verlauf "Kriege und andere Formen sozialer Gewaltsamkeit als bloß temporäre Unterbrechungen erscheinen" (ebd.; meine Übersetzung, A.B.). Konsequenterweise könne eine solche Theorie nur wenig mit der *Dialektik der Aufklärung* zu tun haben, war deren Anlaß und Hauptthema doch gerade die Regression der zivilisierten Staaten zur organisierten Barbarei – eine Regression, die immer schon als Potential in der Grundstruktur menschlicher Zivilisation angelegt gewesen sei. Jede mehr als oberflächliche Kenntnis des zweiten Bandes von *Über den Prozeß der Zivilisation* läßt Buck-Morss' Deutung als eine Karikatur erkennen, die nur durch einen Mangel an Verständnisbereitschaft

---

48 Eine kurze Zusammenfassung der Hauptargumente, die den beiden ersten Abschnitten dieses Kapitels zugrunde liegen, habe ich auf dem 21. Deutschen Soziologentag 1982 vorgetragen (Bogner 1983).

49 Eine entsprechende kursorische Bemerkung findet sich schon bei Rittner (1975: 158). Vgl. als weitere Beispiele: Kröpp (1980: 123, Anm. 25), Kuzmics (1984: 88).

zu erklären ist. Wie im dritten Kapitel dieser Arbeit belegt, stehen die permanente Drohung und sogar die andauernde Präsenz von Kriegen und anderen Formen der physischen Gewalt im systematischen Mittelpunkt der Eliasschen Theorie. Buck-Morss selbst erwähnt an anderer Stelle: "Tatsächlich behauptet Elias nicht, daß (zwischen Staaten wenigstens) das *wirkliche Ausmaß* von Gewaltsamkeit gemindert worden ist, sondern daß sich die soziale Akzeptanz persönlicher Schaustellung von Gewalt verringert hat (...)" (Buck-Morss 1978: 189; meine Übersetzung, A.B.). Das ist eine Beobachtung, die ihrer oben zitierten Deutung offen widerspricht.

Auf der anderen Seite läßt auch Elias das für einen echten Dialog unentbehrliche Minimum an Empathie und Kenntnis der fremden Theorie vermissen, wenn er behauptet, "daß Adorno sich damit begnügte, in den Werken von Marx und Engels nach einem theoretischen Rahmenwerk für seinen Humanismus zu suchen" (Elias 1977b: 45). Auch wenn manche Formulierungen Adornos diesen falschen Eindruck nahelegen, ist damit das Maß erheblich unterschätzt, in dem Horkheimer und Adorno sich seit den frühen vierziger Jahren von der marxistischen Geschichtstheorie entfernt – und sich dabei jener Theorie der gesellschaftlichen Entwicklung angenähert haben, die Elias 1939 vorgelegt hatte.[50]

Das sachliche Verhältnis dieser beiden Theorien zueinander bildet das Thema dieses Kapitels. Wenn ich mich dabei zunächst auf Parallelen in den zentralen Problemstellungen und in den Grundannahmen zur Theorie der Zivilisation konzentriere, dann nicht deswegen, weil ich die Gegensätze, die in den Details und in anderen Bereichen (z.B. in der Theorie der Erkenntnis und der Wissenschaften) nur zu offenkundig sind, für inexistent oder irrelevant halte, sondern deswegen, weil es die Unterschiede sind, die zunächst jedem Leser ins Auge fallen, und weil über vielen wichtigen und unwichtigen Differenzen fundamentale Gemeinsamkeiten nur zu leicht übersehen werden. Schon das äußere Erscheinungsbild der *Dialektik der Aufklärung* und von *Über den Prozeß der Zivilisation* gibt einen Eindruck davon, was Elias und die früheren Direktoren des Instituts für Sozialforschung auch im Grundsatz voneinander trennt. Horkheimers und Adornos Theorie präsentiert sich als eine philosophische Theorie der Zivilisation, die zwar Annahmen über die Struktur und die Richtung des Zivilisationsprozesses enthält, aber eigentlich keine Prozeßtheorie ist. Historische Quellen wie zum Beispiel die Odyssee dienen ihnen in erster Linie als Anknüpfungspunkte für davon recht unabhängige Assoziationen, die in eine bewußt literarisch-essayistische Form gefaßt werden. Elias hingegen hat seine theoretischen Annahmen in ständigem Dialog mit der soziologischen

---

50 Der Erste Band war in wenigen Exemplaren schon 1937 gedruckt worden. Vgl. Goudsblom (1977b: 41) und Borkenau (1938: 308).

Analyse empirischen, nämlich historischen Datenmaterials entwickelt. Dadurch bleiben seine Erklärungs- und Interpretationsangebote stets anschaulich und überprüfbar. Und − Elias hat seine Theorie bewußt als eine Theorie langfristiger historischer Prozesse formuliert. Dem Anspruch nach ist diese Theorie eine nüchterne, schonungslose Diagnose − keine politische oder moralische Kritik und keine Therapie.

Horkheimers und Adornos Theorie hingegen gibt sich bewußt als pessimistische Geschichtsphilosophie im Zeichen eines Zeitalters, das von Faschismus und Stalinismus geprägt ist. Sie ist der Absicht nach beides − Zivilisationstheorie und Zivilisationskritik − zugleich. Von anderen Varianten einer zeitgenössischen "Kulturkritik" trennt sie vor allem die konsequente Weigerung, irgendeine gegebene Instanz, sei es "das Leben" oder "die Natur", als Ideal zu akzeptieren − und damit in Romantik oder Metaphysik abzugleiten. Ihre Kritik der Aufklärung bleibt damit den Intentionen der Aufklärung verpflichtet. In dieser wie in anderen Hinsichten steht die Synthese von Marxismus und Psychoanalyse, die ihre Theorie repräsentiert, Freuds Schriften über das historische Verhältnis von Zivilisation und Persönlichkeitsstruktur näher als die konkurrierenden Varianten einer materialistischen Sozialpsychologie.

Wenn Elias auf der einen und Horkheimer und Adorno auf der anderen Seite bezüglich ihrer theoretischen Grundfragestellungen und Grundannahmen verglichen werden können, so ist das genau, würde ich vorschlagen, der Tatsache geschuldet, daß beide Ansätze jeweils sehr weitgehend auf Freuds Ideen über die Entwicklung der "Kultur" und des Gewissens zurückgreifen.

Im Licht der folgenden Seiten mag man versucht sein, sich zu fragen, ob Adorno und Horkheimer Elias' zweibändiges Hauptwerk kannten, als sie die *Dialektik der Aufklärung* und *Eclipse of Reason* in den vierziger Jahren niederschrieben. Das ist nicht unmöglich, war doch Franz Borkenau, ein früherer Assistent des Frankfurter Instituts für Sozialforschung unter den ersten Rezensenten von *Über den Prozeß der Zivilisation*. Seine beiden Besprechungsartikel, bereits 1938 und 1939 erschienen, enthielten eine umfassende und detaillierte Zusammenfassung der zwei Bände (Borkenau 1938 & 1939). Allerdings gab es nach Auskunft von Martin Jay (1976: 58) zu dieser Zeit keine Verbindung mehr zwischen Borkenau und Horkheimer und Adorno. Daher wissen wir nach meinem Kenntnisstand nicht, ob sie jemals seine beiden Rezensionsartikel oder eines der wenigen Exemplare der ersten Auflage gelesen haben, die ihren Weg in die Buchregale fanden (siehe dazu den ziemlich erschütternden Bericht von Elias' Verleger Karger in Gleichmann et al. 1977: 24).

Auf der anderen Seite kann der Einfluß Freuds und seiner Schüler auf die deutsche Geisteslandschaft vor und während der Weimarer Republik kaum groß genug eingeschätzt werden. Die Mitglieder des Frankfurter Instituts hatten die Psychoanalyse schon in den zwanziger Jahren, teilweise je individuell für sich, entdeckt und spätestens seit 1930 extensiv für ihre eigenen wissenschaftlichen und theoretischen Arbeiten benutzt.[51] Was Elias anbetrifft, so erkennt er unter anderem in einem Brief an Goudsblom an, was er Freud verdankt: "Ich glaube, daß wahrscheinlich Freuds Ideen mein Denken mehr beeinflußt haben, als diejenigen irgendwelcher theoretischer Soziologen" (zit. in Goudsblom 1979: 73).

Freuds These, die Entwicklung der "Kultur" sei gleichbedeutend mit der fortschreitenden Verwandlung von "äußeren" Zwängen in Selbstzwänge, stellt in der Tat den wichtigsten gemeinsamen Nenner zwischen Elias' Werk und der Theorie dar, die Horkheimer und Adorno in der mittleren Phase ihrer gemeinsamen wissenschaftlichen Arbeit zwischen 1940 und 1946 ausgearbeitet und später im Grundsatz nicht mehr revidiert haben.[52]

4.2 Die Dialektik der "Aufklärung"

Berücksichtigt man die Umstände dieser Exil- und Kriegsjahre und die gemeinsame Freud-Rezeption, so wird immerhin plausibel, daß Horkheimer und Adorno einige Jahre nach der Erstveröffentlichung von *Über den Prozeß der Zivilisation* eine Theorie vorlegen konnten, die zu einer sehr ähnlichen Diagnose über die Gerichtetheit und die allgemeinen Mechanismen des Zivilisationsprozesses gelangt — ohne irgendwelchen Bezug auf jenes Buch und dessen Autor zu nehmen, den sie aus gemeinsamer Zeit unter dem Dach des Frankfurter Institutsgebäudes kannten. Aus der Perspektive dieser Theorie, dargelegt vor allem in der von beiden gemeinsam geschriebenen *Dialektik der Aufklärung* und in Horkheimers veröffentlichten Vorlesungen des Jahres 1944 (Horkheimer 1974a), erscheint die Geschichte der menschlichen Gattung als Prozeß einer zweischneidigen Emanzipation der Menschen aus ihrer urgeschichtlichen Befangenheit in jenem blinden Allzusammenhang, den wir "Natur" nennen. Mit der

---

51 Vgl. Gay (1970), Green (1980: 54-122), Schivelbusch (1982: 77-93). Zur Rezeption der Psychoanalyse durch die Mitglieder des Instituts für Sozialforschung und zu den Unterschieden in ihrem Verhältnis zu Freud siehe im einzelnen Jay (1976: 113-174, insbesondere 130-142) und Wiggershaus (1986: besonders 68-75, 98-99, 173-177, 298-307), aufschlußreich ist für dieses Thema auch die Kritik alternativer Theorien vom Standpunkt einer an Horkheimer und Adorno orientierten "orthodoxen" Kritischen Theorie bei Jacoby (1978: insbesondere 94-129). Zur Freud-Rezeption bei Elias vgl. Blomert (1987), außerdem vor allem Goudsblom (1984: 137-145), ferner Buck-Morss (1978: 184-187) und Rehberg (1979: 126-129).

52 Zu Freuds Theorie siehe die Belege im Abschnitt 2.1 dieser Arbeit und Freud (1930: 250-259); für Horkheimer und Adorno die gesamte *Dialektik der Aufklärung* (1971) und außerdem vor allem Horkheimer (1974a: 94, 105); für Elias insbesondere (1976a: LIX, LXI) und (1976b: 330-331, 343). Zur Periodisierung und Rekonstruktion der Werkgeschichte der Kritischen Theorie vor 1950 vgl. Dubiel (1978).

Entwicklung des Bewußtseins, des abstrahierenden Denkens, das auf dem Wege der Abstraktion und Generalisierung die Dinge als Gleichartige 'erfaßt' und über die Erfahrung und Symbolisierung von Gleichartigkeiten und Regelmäßigkeiten dazu gelangt, die Geschehenszusammenhänge der Wirklichkeit zu ordnen, gewinnen sie die Macht, in den Verlauf der blinden Natur einzugreifen und ihren Kurs zu steuern. Zweischneidig ist die wachsende Naturbeherrschung deshalb, weil auch die Menschen selbst zu dem gehören, was sie der Macht ihres Willens unterwerfen. Sie selbst sind ein Stück von ihr, und die Kontrolle des Menschen über die äußere Natur hat die Kontrolle der "innermenschlichen" Natur – in psychoanalytischer Terminologie: der Äußerungen ihrer Triebe, ihrer "Es"-Impulse – zur Voraussetzung. Das Organ dieser Kontrolle bildet nach innen wie nach außen hin das Ich, das identische Selbst, das die Triebimpulse domestiziert und in der Auseinandersetzung mit der äußeren wie seiner "inneren" Welt lernt, beide Welten im Sinne seines Überlebens zu transformieren: die Gesetze der äußeren Natur für seine Selbsterhaltung zu instrumentalisieren und seine eigenen Triebimpulse so zu formen, daß sie sich in Triebkräfte und Mittel seines Kampfes mit den widrigen Bedingungen der äußeren Welt verwandeln (Horkheimer & Adorno 1971: 27, 33, 45-51).

Die Zivilisationsgeschichte, die so mit der passiven und aktiven Anpassung der Menschen an die natürlichen Bedingungen ihres Überlebens gleichgesetzt werden kann[53], ist gleichzeitig und vermöge des gleichen Mechanismus die Geschichte der Heranbildung einer "inneren" Kontrollinstanz. Erst durch deren Entstehung können die Menschen zwischen "innen" und "außen", zwischen der Welt und ihrer eigenen psychisch-organischen Natur unterscheiden (Horkheimer & Adorno 1971: 168). "Die Menschen hatten immer zu wählen zwischen ihrer Unterwerfung unter Natur oder der Natur unter das Selbst." (1971: 32) Die Funktionsweise des Ichs als Kontrollapparatur wird von ihnen beschrieben als Rationalität, als Vernunft, die sich im Verlauf ihres gattungsgeschichtlichen Entwicklungsprozesses zunehmend in ein rein kognitives Instrument individueller Selbsterhaltung verwandelt: in instrumentelle Vernunft, die als einziges Maß von Rationalität den Zweck des individuellen Überlebens kennt. Alle anderen Zwecke oder Werte – wie zum Beispiel der der Wahrheit – werden im Prozeß der Entfaltung dieser Rationalität aufgelöst oder untergeordnet (1971: 9, 14, 19, 24, 30). Damit verwandelt sie die Welt in ein Reich bloßer Mittel, die alle nur dem einen Zweck zu dienen haben: die Kontrolle des Einzelnen über

---

53 Dieser und andere Aspekte der von Horkheimer und Adorno in der *Dialektik der Aufklärung* formulierten Theorie sind bereits in den frühen Aufsätzen Fromms zur Integration von Marxismus und Psychoanalyse angedeutet. So findet man dort schon die Analogie von "äußerer" und "innerer" Natur – der Prozeß der Produktivkraftentwicklung und die Evolution des "Ich" werden miteinander parallelisiert (Fromm 1932: 44-45, 46-47). Vgl. aber auch Löwenthal (1933: 208).

die äußere und innere Welt, über die Bedingungen seiner Selbsterhaltung zu ermöglichen (Horkheimer 1974a: 97, 94, 101).

An diesem Punkt aber schlägt der Prozeß der Emanzipation der Gattung in sein Gegenteil um; die schließlich totale Kontrolle der Menschen über die Welt, deren Bestandteil sie doch sind, verwandelt sich in die totale Kontrolle des Einzelnen durch die Gesamtheit, durch die Pluralität der Menschen. Die Herrschaft der Menschen über die Natur wird erkauft durch die Herrschaft des Kollektivs, der blinden sozialen Interdependenzen über die Individuen. Genau den Umschlag von Naturbeherrschung in die Unterwerfung unter von den Menschen selbst geschaffene, aber ihnen gegenüber verselbständigte und darum wiederum "naturhafte" Zwänge meinen Horkheimer und Adorno, wenn sie von der "Dialektik" der Aufklärung sprechen. "Aufklärung" bezeichnet für sie nicht etwa bloß eine bestimmte Epoche der Geistesgeschichte, sondern eben jenen Prozeß der zunehmenden Emanzipation von natürlichem Zwang, der sich ihnen als Grundstruktur der Geschichte der Menschheit darstellt.

Der Zusammenhang zwischen der Naturbeherrschung und der Herrschaft des unbewußten Kollektivs über den Einzelnen tritt aber nicht erst am Ende dieses Prozesses, in der kapitalistischen Epoche, in Erscheinung. Die Domestizierung der Menschen zur instrumentellen Vernunft ist ein langer, gattungsgeschichtlicher Erziehungsprozeß. Bevor die Menschen lernen, sich und ihre Triebimpulse *selbst* zum Zweck der Selbsterhaltung zu beherrschen, benötigen sie den Zwang äußerer, sozialer Herrschaft, der ihnen das fehlende bzw. schwache Ich ersetzt. Erst mit der allmählichen Verinnerlichung der durch gesellschaftliche Macht gesetzten Zwänge bildet sich in der Gattungsgeschichte das Ich als innerpsychische Kontrollinstanz heran. Diese Verschlungenheit von Naturbeherrschung, sozialer Herrschaft und Selbstbeherrschung bildet das Grundtheorem der *Dialektik der Aufklärung*. Die Glieder dieser Trias bilden in immer wieder neuen Ansätzen das Thema ihrer Überlegungen. Deren übergreifenden Zusammenhang hat Horkheimer vielleicht am prägnantesten zusammengefaßt — in der *Eclipse of Reason*:

> "Der Mensch teilt im Prozeß seiner Emanzipation das Schicksal seiner übrigen Welt. Naturbeherrschung schließt Menschenbeherrschung ein. Jedes Subjekt hat nicht nur an der Unterjochung der äußeren Natur, *der menschlichen und der nicht-menschlichen*, teilzunehmen, sondern muß, um das zu leisten, die *Natur in sich* selbst unterjochen. Herrschaft wird um der Herrschaft willen 'verinnerlicht'." (Horkheimer 1974a: 94; meine Hervorhebungen, A.B.)

Soziale Herrschaft, Naturbeherrschung und Selbstbeherrschung treiben sich gegenseitig im Verlauf des Zivilisationsprozesses voran. Sie führen die Menschheit zur totalen Kontrolle über alles Geschehen, im Einzelnen zur zunehmenden Verinnerlichung des kollektiven Zwangs, der letztlich aus der Notwendigkeit der Naturherrschaft herrührt (vgl. Horkheimer & Adorno 1971: 162, 194, 22, 32, 34, 200; für die Interpretation dieses zentralen Elements der Kritischen Theorie

Horkheimers und Adornos seit Mitte der vierziger Jahre vgl. u.a.: Wellmer 1969: 138-142; Habermas 1971: 186-199; Arnason 1971: 115-125; Dubiel 1978: 106-112; Kilminster 1979: 261-263, 231-234; Habermas 1981a: 507-523; Honneth 1985: 53-69).

> "Das Herrschaftsprinzip, das ursprünglich auf brutaler Gewalt beruhte, nahm im Laufe der Zeit einen geistigeren Charakter an. Die innere Stimme trat im Erteilen von Befehlen an die Stelle des Herrn.
>
> *Die Geschichte der abendländischen Zivilisation* ließe sich im Hinblick auf die Entfaltung des Ichs so schreiben, daß untersucht wird, wie der Untergebene die Befehle seines Herrn, *der ihm in der Selbstdisziplin vorausgegangen ist,* sublimiert, das heißt *verinnerlicht.* Von diesem Standpunkt ließen sich die Führer und die Elite als diejenigen beschreiben, die Kohärenz und *logischen Zusammenhang* zwischen den verschiedenen Verrichtungen des täglichen Lebens bewirkten. Sie erzwangen Kontinuität, Regelmäßigkeit, selbst Gleichförmigkeit im Produktionsprozeß, so primitiv er war. Das Ich in jedem Subjekt wurde zur Verkörperung des Führers." (Horkheimer 1974a: 105; meine Hervorhebungen, A.B.)

Horkheimer und Adorno haben dieses Desiderat einer "unterirdischen" Geschichte der abendländischen Zivilisation an mehreren Stellen formuliert (z.B. auch Horkheimer & Adorno 1971: 207, 200). Erst dessen Verwirklichung hätte ihrer Geschichtsphilosophie die − zum größten Teil fehlende − empirische Fundierung liefern können.[54] Aber als Horkheimer die zitierte Passage niederschrieb, ahnte er offenbar nicht, daß dieses von Adorno und ihm nie eingelöste Programm bereits verwirklicht worden war − in der zweibändigen Studie ihres ehemaligen Frankfurter Universitätskollegen. Aber zugleich wird in dieser Passage eine wesentliche Differenz zwischen beiden Seiten meines Vergleichs deutlich: Während Elias' Analyse sich hauptsächlich auf den Zusammenhang von Staatsbildung und Entwicklung des Überich stützt, beziehen Horkheimer und Adorno sich nur ganz allgemein auf die Institution gesellschaftlicher Herrschaft ("Führer", "Herr", "Elite") und konzentrieren sich hauptsächlich auf die Beziehungen zwischen Herr und Knecht im Produktionsprozeß. Obwohl sie in

---

54   In die Untersuchungen zur autoritären Persönlichkeit sind zweifellos manche der Annahmen der *Dialektik der Aufklärung* eingeflossen, insbesondere aus dem "Elemente des Antisemitismus" betitelten fünften Teil. Dennoch ist der Zusammenhang der der F−Skala zugrundeliegenden sozialpsychologischen Annahmen mit der Geschichtsphilosophie Horkheimers und Adornos zu indirekt und vor allem zu *unspezifisch,* als daß die Anwendung der ersteren als eine präzise empirische Prüfung der letzteren angesehen werden könnte. Eher kann man wohl die *Authoritarian Personality* als einen Beleg für die Fruchtbarkeit einer psychoanalytischen Sozialpsychologie im allgemeinen ansehen. Nicht zufällig gelangten sowohl Bettelheim und Janowitz in ihrem Beitrag zu den *Studies in Prejudice* als auch Sartre auf jeweils andersartigen, aber ebenfalls von Freud geprägten, theoretischen Grundlagen zu Ergebnissen, die mit den Erkenntnissen der Berkeley-Gruppe Adornos recht weitgehend übereinstimmten − ja, sie im Falle Sartres sogar vorwegnahmen. Vgl. dazu Wiggershaus (1986: 464-465, 474-475).

dieser Phase ihrer Theoriebildung Abschied von einem mehr oder weniger "orthodoxen" Marxismus nehmen, wie er noch in Horkheimers Programmschrift *Traditionelle und kritische Theorie* gegenwärtig war (Horkheimer 1937), bleiben sie auch hier noch im Bann einer Geschichtsauffassung, in deren Mittelpunkt die ökonomischen Verhältnisse der Auseinandersetzung von Mensch und Natur stehen und in der soziale Herrschaft vor allem als die Kontrolle über menschliche Arbeit und deren Produkte begriffen wird. Allerdings lehnen sie sich dabei nicht mehr allein an die marxistische Theorietradition an, sondern greifen auf solche Elemente insbesondere von Freuds Theorie der Zivilisation und der Persönlichkeitsbildung zurück, die sich in diesen Bezugsrahmen integrieren lassen. So übernehmen sie von dem Begründer der Psychoanalyse die grundsätzliche Annahme, die zivilisatorische Triebunterdrückung sei die kollektive Antwort auf das Problem der "Lebensnot" (Ananke), d.h. der begrenzten Möglichkeiten menschlicher Bedürfnisbefriedigung, die nur durch Arbeit prinzipiell erweitert werden können: "Das Motiv der menschlichen Gemeinschaft" für die Bändigung des Körpers sei "im letzten Grunde ein ökonomisches; da sie nicht genug Lebensmittel hat, um ihre Mitglieder ohne deren Arbeit zu erhalten, muß sie die Anzahl ihrer Mitglieder beschränken und ihre Energien von der Sexualbetätigung weg auf die Arbeit lenken." (Freud 1917: 308).

Der gemeinsame Rückgriff auf Freud ist es vor allen Dingen, der für die Ähnlichkeit der Grundproblematik und der zentralen Hypothesen bei Horkheimer, Adorno und Elias eine zwanglose Erklärung nahegelegt. Beide Theorien lassen sich als − sicherlich verschieden akzentuierte − Versuche einer Synthese von Freud und Marx auf der Ebene einer Theorie der sozialen Evolution begreifen. Während die These vom Zusammenhang von sozialer Herrschaft und Selbstbeherrschung das Hauptthema für Elias' Analyse des Zivilisationsprozesses im Jahre 1939 bildete, hat er erst später die Interdependenz von Naturkontrolle, Selbstkontrolle und sozialer Kontrolle als Hypothese eingeführt (Elias & Scotson 1965: 95, Anm. 1). In *Was ist Soziologie?* (Elias 1970: 173−174; vgl. auch 1979: 330) ist "die Triade der Grundkontrollen" zu einem Grundelement seiner Theorie der gesellschaftlichen Entwicklung avanciert:

− die Kontrolle über außermenschliche Geschehenszusammenhänge,
− die Kontrolle über zwischenmenschliche Zusammenhänge und
− die Kontrolle jedes einzelnen über sich selbst als Individuum.

Obgleich sich diese drei strukturellen Aspekte gesellschaftlicher Entwicklung nicht notwendig *im Gleichschritt* miteinander verändern (vgl. ebd.), in "ihrer Entwicklung und in ihrem jeweiligen Funktionieren sind die drei Typen der Kontrolle interdependent" (1970: 173).

Auf der anderen Seite tendieren Horkheimer und Adorno in den vierziger Jahren immer mehr dazu, die entscheidende Bedeutung des Staatsapparats und der physischen Gewalt als Basis sozialer Herrschaft zu betonen. Das findet besonders in ihrem Konzept des "Staatskapitalismus", das vor allem Friedrich Pollock näher ausgearbeitet hat, seinen sichtbaren Ausdruck. Gemäß dieser Konzeption bedeutet die Transformation zum Spätkapitalismus den erneuerten "Primat der Politik", d.h. der politischen, in letzter Instanz auf *physischem Zwang* beruhenden Macht (vgl. dazu insbesondere Horkheimer 1942 und 1941 sowie die Interpretationen bei Jay 1976: 184-190, 301; Dubiel 1978: 92-100; Wiggershaus 1986: 314-321). Unter dem Eindruck der faschistischen und stalinistischen Diktaturen, aber auch der Kooperation von Gewerkschaftsbürokratien und Konzernspitzen in den USA, vertritt Adorno 1942 die These, daß die Klassenherrschaft auf der Basis ökonomischer Mechanismen nichts anderes als ein bloßer Sonderfall in der Geschichte der Menschheit gewesen sei. Klassenherrschaft sei im Kern immer politische Herrschaft gewesen und kehre mit dem Übergang zum "autoritären Staat" ungeschminkt zu diesem Prinzip zurück (vgl. ähnlich Horkheimer 1941: 374-375).

> "In solcher Abschaffung der Klassen kommt die Klassenherrschaft zu sich selber. Die Geschichte ist, nach dem Bilde der letzten ökonomischen Phase, die Geschichte von Monopolen. Nach dem Bilde der manifesten Usurpation, die von den einträchtigen Führern von Kapital und Arbeit heute verübt wird, ist sie die Geschichte von Bandenkämpfen, Gangs und Rackets." (Adorno 1942: 381)

Diese Auffassung des Spätkapitalismus ist auch für den späten Adorno bestimmend geblieben (vgl. Honneth 1985: 86-111). Aus dieser Perspektive mutet es seltsam an, wenn Adornos Schülerin Buck-Morss Elias eine Unterschätzung der Rolle von ökonomischen Klassenstrukturen und ihrer Transformation im Zivilisationsprozeß vorwirft − und dies für eine signifikante Differenz zu Adornos Theorie hält (Buck-Morss 1978: 188, 190-196). Gewiß, Adorno und Horkheimer haben nicht versucht, ihre Theorie der Zivilisation um eine Theorie der Staatsbildung zu ergänzen. Daß dies aber gerade in der Konsequenz ihrer Überlegungen zum "Staatskapitalismus" und zum "autoritären Staat" gelegen hätte, ist allerdings viel zu offensichtlich, als daß eine intime Kennerin ihrer Schriften daraus einen systematisch bedeutsamen Unterschied *zugunsten* der Frankfurter Schule hätte ableiten dürfen. Diese Schlußfolgerung legen nicht nur Adornos *Reflexionen zur Klassentheorie* (Adorno 1942) und die Schriften Horkheimers aus der Zeit des Zweiten Weltkriegs nahe, sondern auch eine Notiz Horkheimers aus den frühen fünfziger Jahren, in der er sich auf Millimeterbreite an die Hypothesen von Elias annähert. Er schreibt unter der bezeichnenden Überschrift "Staats-Räson":

> "Vielleicht besteht die Bedeutung der Etatisierung in unserer Epoche darin, daß die Menschen dann sich *über den Staat erheben* können, wenn sie ihn erst einmal durch den Druck, den er auf sie ausübt, *in sich selbst* aufgenommen haben. Der freie Bürger entstand, als das Mittelalter die Stämme der Völkerwanderung kraft der furchtbaren Disziplin der verbündeten kirchlichen und säkularen Mächte so weit gebrochen hatte, daß der Einzelne die Würde, die ihn unterwarf, als Menschen-Würde *in sich* trug. Sollte etwa jetzt, in dieser schrecklichen Epoche, ein ähnlicher Prozeß, aber auf höherer

Ebene, mit den ganzen Menschen und der ganzen Menschheit vor sich gehen? Dies würde die verstärkten Leiden im allgemeinen und im besonderen die Verzweiflung derer erklären, die *schon zivilisiert* waren und nun aufs neue durch die Mühle müssen." (Horkheimer 1974b: 18; meine Hervorhebungen, A.B.)

Elias' Betonung der politischen Macht des Staatsapparats, die auf der Kontrolle der physischen Gewalt beruht, bezeichnet weniger einen Gegensatz zu Horkheimer und Adorno, als daß sie eine gewisse Inkonsistenz in ihren Bemühungen sichtbar macht, sich von den zerbrochenen Eierschalen eines orthodoxen Marxismus zu befreien, der auf die ausdifferenzierte Sphäre des Markts und der durch ihn definierten Verhältnisse von Herrschaft und Ausbeutung fixiert blieb. Tatsächlich haben Horkheimer und Adorno oft zu umstandslos die instrumentelle Vernunft, deren Realisierung die Entwicklung der menschlichen Gattung nach ihrer Theorie *seit vorgeschichtlichen Zeiten* zustrebt, mit der Rationalität des Warentauschs identifiziert. Die darin implizierte Annahme der Richtungskonstanz und Gleichförmigkeit des Geschichtsprozesses hat Buck-Morss offenbar vergessen, als sie Elias ein im Gegensatz zu Adorno übermäßig kontinuierliches Modell des Zivilisationsprozesses vorwarf (Buck-Morss 1978: 188-192). Eine radikalere Kontinuitätshypothese als die der *Dialektik der Aufklärung* läßt sich gar nicht konzipieren. Es ist das gleiche Muster, das in dieser Auffassung dem Mythos ebenso zugrunde liegt wie der mathematisierten Wissenschaft, dem Gebrauch von Steinwerkzeugen ebenso wie dem von Thermonuklearwaffen, dem Verhältnis von "Ich" und "Es" ebenso wie dem von Gattungsbegriff und Gegenstand, dem Opfer des Odysseus für Poseidon ebenso wie der Warengleichung, die als "Realabstraktion" die kapitalistische Gesellschaft beherrscht (Horkheimer & Adorno 1971: 5, 10-12, 15, 46-48; Horkheimer 1942: 25-26; Horkheimer 1974a: 165; Adorno 1957: 100-101; Adorno 1968: 160-161 — vgl. zu diesem Argument die Interpretationen bei Wellmer 1969: 137-138; Jay 1976: 165; Dubiel 1978: 112-113; Habermas 1981a: 506-510; Honneth 1985: 49-50). Es ist stets das gleiche Modell von Herrschaft — die Unterwerfung des Besonderen unter das Allgemeine, die Auflösung der individuellen Qualitäten der Realität in untereinander identische, und daher vergleichbare und kalkulierbare, abstrakte Quantitäten —, das Horkheimer und Adorno in den verschiedenen Formen kognitiver und aktiver Kontrolle der Natur und der Menschen am Werke sehen. Und die Menschheitsgeschichte erscheint ihnen nur als die Verallgemeinerung und Totalisierung dieses Modells.

4.3 Die Informalisierung sozialer Normen

Während Horkheimer und Adorno mit Elias darin übereinstimmen, daß die bisherige Geschichte durch einen Fortschritt der effizienten Kontrolle in allen drei Dimensionen — Naturbeherrschung, soziale Herrschaft und Selbstbeherrschung — gekennzeichnet ist, diagnostizieren sie allerdings für das 20. Jahrhundert eine Umkehr des Trends zur Perfektionierung der Selbstkontrolle des Individuums. Ihre These vom "Niedergang des Individuums" (so die Überschrift eines Kapitels in Horkheimer 1974a) antizipierte vor vierzig Jahren die Argumente jener Narzißmus-Theorie, die inzwischen zum Standardrepertoire einer radikalen, romantischen oder auch neo-konservativen Zivilisationskritik gehört (z.B. Lasch 1979). Wie bei den späteren Narzißmus-Theorien[55] ist der extreme Pessimismus ihrer Diagnose zum Teil davon abhängig, daß als Maßstab von Selbstbeherrschung das Bild des frühkapitalistischen Unternehmers als eine gegenüber anderen Personen autonome und durch "feste Prinzipien" konstant innengeleitete Persönlichkeit dient. Die innerweltliche Askese des industriellen Kapitalisten in der heroischen Phase der Bourgeoisie bildete für sie stets das Paradigma des "Individuums" im emphatischen Sinne des Wortes (Horkheimer 1941: 377; Horkheimer & Adorno 1971: 96-97; Horkheimer 1974a: 134-135). Nach ihrer These sind es die ökonomischen Zwänge des Markts unter den Bedingungen des Konkurrenzkapitalismus, die den Menschen Rationalität und Triebbeherrschung abverlangen (Horkheimer & Adorno 1971: 96-97, 182-183, 30; Horkheimer 1941: 377). Die Bedrohung der freien Konkurrenz durch die zunehmende Vorherrschaft privater und staatlicher Monopole stellt daher für sie zugleich den Bestand des "Individuums" in Frage (Horkheimer & Adorno 1971: 96-97, 182, 30; Horkheimer 1974a: 134-136; Horkheimer 1941: 376-379). "Die Individualität verliert ihre ökonomische Basis." (Horkheimer 1974a: 135).

Charakteristisch ist in diesem Kontext die entscheidende Rolle, die Horkheimer dem Wandel der soziogenen Ängste zuschreibt: "In Angst hat sich das Individuum historisch konstituiert. Es gibt eine Verstärkung der Angst über die Todesangst hinaus, vor der es sich wieder auflöst. Die Vollendung der Zentralisation in Gesellschaft und Staat treibt das Subjekt zu seiner Dezentralisation" (Horkheimer 1942: 32).

Im einzelnen nahmen Horkheimer und Adorno an, daß die schwindende ökonomische Selbständigkeit nicht nur die gesellschaftliche Stellung des einzelnen Unternehmers, sondern auch seine Autorität als Oberhaupt der Familie bedroht. Mit der Schwächung seiner sozialen Machtposition, mit der zunehmenden Berufstätigkeit der Frauen, mit dem wachsenden Einfluß der Massenmedien und außerfamiliärer Sozialisationsinstanzen wie Schule und peer groups verliert

---

55 Für einen Überblick und eine gründliche Diskussion der jüngeren Theorien des (post-) modernen Sozialcharakters von Riesman bis Sennett — im Vergleich zu der von Elias und seinen Schülern entwickelten Diagnose desselben Gegenstands — siehe Kuzmics (1987: 190-260, 388-429 und passim). In dieser wie in anderen Hinsichten liefert diese Studie eine wichtige Ergänzung zum hier Vorgetragenen. Besonders gelungen finde ich, wie Kuzmics die Einsichten der Goffmanschen Soziologie in seine Argumentation integriert.

die Person des Vaters ihre ausschlaggebende Rolle für die individuelle Persön-
lichkeitsentwicklung seiner Kinder (Horkheimer 1974a: 271-279, 108-112,
134-136). Damit besitzt die Auseinandersetzung mit dem Vater, der Ödipus-
Konflikt, nicht mehr die Schlüsselposition für die Bildung von Überich und Ich,
die ihr Freud um die Jahrhundertwende noch mit Recht zusprechen konnte.
Während der Kern des alten bürgerlichen Überichs durch verinnerlichte soziale
Normen repräsentiert wurde, treten nun die empirischen Regeln einer opportunistisch-pragmatischen Selbststeuerung in den Vordergrund, die den Zwängen
der sozialen Umwelt keinen ernsthaften Widerstand mehr entgegensetzen. Unter
den Bedingungen einer zunehmenden Macht von bürokratischen Monopolorganisationen wird schließlich reflexhafte Konformität mit den jeweils Mächtigeren
zum Funktionsprinzip des modernen Sozialcharakters (Horkheimer 1974a:
111-112, 135-136). Damit schlägt "Aufklärung", der Prozeß fortschreitender
Naturbeherrschung, auf das von ihm selbst erst hervorgebrachte Individuum
zurück. In der Gegenwart kehrt die konsequente Naturherrschaft zurück zur
Barbarei. Die Entwicklung der sozialen Kontrollen, der Organisationen sozialer
Herrschaft, verdrängt und ersetzt gleichsam die Kontrolle des Individuums über
sich selbst.

Im Gegensatz dazu vertreten Elias und seine Schüler die These, der Zerfall
der tradierten sozialen Normen, ihre "Informalisierung", sei nicht einfach das
Resultat eines globalen Autonomieverlusts, sondern vielmehr die Folge der
Verschiebung der Machtbalancen zwischen verschiedenen sozialen Gruppen,
zum Beispiel zwischen Männern und Frauen oder zwischen Eltern und Kindern.
Dem relativen Machtverlust der Männer und Väter korrespondiert ein relativer
Machtgewinn der Frauen und der Kinder (Wouters 1977; Elias 1980; van Stolk
& Wouters 1984; 1987: 86).

In der Familie führt diese Veränderung zu einer Lockerung, zu einer größeren Flexibilität der Verhaltensstandards ("Permissivität"), weil die Väter und
Ehemänner die tradierten Normen nicht mehr konfliktlos durchsetzen können,
deren Nutznießer sie in einem hohen Maß gewesen sind. Weil die Spielregeln
des Zusammenlebens von den Machtschwächeren nicht mehr als selbstevident
oder "heilig" akzeptiert werden, deshalb müssen diese Spielregeln von den
Beteiligten in wiederkehrenden Konflikten und Machtproben ausgehandelt und
jeweils neu als verbindlich definiert werden. "Management durch Befehl" in
interpersonalen Beziehungen wird zunehmend ersetzt von "Management durch
Aushandeln" (de Swaan 1981: 373-376).

Im Zuge dieser Transformation sind eine Reihe von Restriktionen abge-
schwächt worden, die sich in dem von *Über den Prozeß der Zivilisation*
behandelten Zeitraum ziemlich kontinuierlich "verschärft" hatten: Das gilt
insbesondere für die Befriedigung von sexuellen Bedürfnissen *im engeren Sinne.*
Anders als jene, die darin die Symptome eines bevorstehenden Untergangs der
Zivilisation erkennen, weisen Elias und Wouters (1977) darauf hin, daß viele

dieser Veränderungen nicht mit einer *einfachen* Negation von Selbstkontrolle und einem ungesteuerten Freilauf der Affekte verwechselt werden dürfen. Vielmehr können sie angemessener als ein "controlled decontrolling of emotional controls" beschrieben werden.

Elias' Kritiker (z.B. Flap & Kuiper 1981: 287; Sampson 1984: 25; Gerhards 1988: 233-246) sehen darin einen Versuch, das Problem der "Liberalisierung" von sozialen Normen, die etwa in den letzten siebzig Jahren nach dem Ersten Weltkrieg eingetreten ist, zu trivialisieren, mit dem leicht durchschaubaren Ziel, eine falsche Hypothese zu retten. Wie auch immer – die These einer "Zunahme" der Selbstzwänge funktioniert für die siebenhundert Jahre vor dem Ersten Weltkrieg recht gut als Orientierungshypothese für die Ordnung der empirischen Daten. Auf der anderen Seite dringt die Idee eines "controlled decontrolling" tiefer in manche Phänomene der gegenwärtigen sozialen Realität ein als die herkömmliche Interpretation einer unmittelbaren Verminderung sozialer Zwänge. Das wird insbesondere an den Beziehungen innerhalb der Familie deutlich:

"Selbst ein oberflächlicher Vergleich zwischen Vorkriegs- und Nachkriegs-Mittelschichten-Generationen würde wahrscheinlich ergeben, daß die Beziehungen zwischen Eltern und Kindern weniger formell geworden sind, oder mit anderen Worten, daß Eltern weniger dazu neigen, ihre Kinder so zu behandeln, wie es sozial Übergeordnete mit sozial Untergeordneten tun ('de haut en bas'), und *bis zu einem gewissen Grade als gleichgestellte menschliche Wesen*. Das schließt ein, daß sie ihnen weniger ausdrückliche und formelle Zwänge auferlegen, oder daß sie zumindest die Absicht haben, das zu tun. Indem sie so ihren Kindern einen größeren Spielraum geben, in Übereinstimmung mit ihren momentanen emotionalen und libidinösen Bedürfnissen zu leben, *sind sie selbst* gezwungen, sich strengere und differenzierter gegliederte Selbstzwänge aufzuerlegen als ihre eigenen Eltern. Sie müssen zum Beispiel ihre Aktivitäten in einem viel größeren Ausmaß mit Rücksicht auf die Bedürfnisse ihrer Kinder planen und organisieren. Um ein anderes Beispiel zu geben: die größere Toleranz gegenüber den offenen Äußerungen kindlicher Sexualität – wie etwa im Falle der frühkindlichen Selbstbefriedigung – setzt auf Seiten der Eltern eine recht starke und stabile Selbstkontrolle der eigenen Affekte und Triebimpulse voraus.
Aber das ist nicht alles. Die größeren Selbstzwänge, die eine weniger autoritäre Eltern-Kind-Beziehung von den Eltern fordert, stellen *auf lange Sicht* auch höhere Anforderungen an die Selbstzwänge der Kinder. In einem Zeitalter der Experimente wie dem unseren mag man in der Tat häufig Beispielen von Eltern begegnen, die nicht in der Lage sind, die dauernde und stetige Selbstkontrolle aufrechtzuerhalten, die ihnen ihr eigenes Ideal einer weniger autoritären Behandlung ihrer Kinder auferlegt." (Wouters 1977: 445-446; Übersetzung und Hervorhebungen von mir, A.B.)

Wie Studenten, Universitätslehrer und Angehörige anderer Berufsgruppen mit einer relativ selbständigen Zeiteinteilung wissen, bedeutet die Befreiung vom Fremdzwang der Stechuhr, d.h. von einer festen Arbeitszeit, nicht den Verlust von sozialen Zwängen. Vielmehr stellt sie höhere Anforderungen an die Selbstdisziplin des Individuums in der Zeiteinteilung und Organisation seiner eigenen Aktivitäten – insbesondere an die Orientierung an *langfristigen* Zielen im

Gegensatz zur Erfüllung von kurzfristigen Sollwerten. Die Individuen mögen vor dieser Aufgabe scheitern — und genau dann erweisen sich die sozialen Zwänge zum Selbstzwang als höchst real: im Scheitern beruflicher Karrieren, in ehelichen Krisen oder im Verlust persönlicher Sinnerfüllung. Daß die Liberalisierung der Sexualerziehung Kindern und Jugendlichen einige der Regulierungsfunktionen selbst aufbürdet, die früher von den Eltern und anderen Erwachsenen übernommen worden sind, ist kaum weniger offensichtlich als bei der modernen Verkehrserziehung.[56]

Die Informalisierung der Verhaltensstandards in den hochindustrialisierten westlichen Gesellschaften stellt allerdings die Vorstellung eines eindimensionalen, quantitativ operationalisierbaren Fortschritts der Selbstkontrolle in Frage. Dementsprechend ist Elias 1970 von jenen seiner älteren Formulierungen abgerückt, die eine solche Deutung seiner Grundhypothese nahelegten. Die Entwicklung der Selbstkontrollen nehme unter den drei Grundkontrollen

> "(...) eine *Sonderstellung* ein, weil man die Richtung der Entwicklung im Falle der ersten beiden Kontrolltypen (d.h. der Naturkontrollen und der sozialen Kontrollen; A.B.) *etwas vereinfacht* als Ausdehnung oder Zunahme charakterisieren kann. Aber mit den Selbstkontrollen steht es etwas anders. Ein Zivilisationsprozeß ist nur *in sehr ungenügendem Maße* als eine Ausdehnung der Kontrollen zu kennzeichnen. (...) vielleicht (ist es) nützlich, von vornherein vor der *mechanischen* Vorstellung zu warnen, daß die Interdependenz ganz einfach als eine parallele *Zunahme* aller drei Kontrolltypen zu verstehen ist." (Elias 1970: 174; meine Hervorhebungen, A.B.)

Auch hier erinnert Elias an das Problem, neue Symbole zu entwickeln, die der sozialen Integrationsebene der Wirklichkeit angemessener sind als die bisherigen, oft von physikalischen Vorbildern geprägten Begriffe. Ausdrücklich in die gleiche Richtung weist es, wenn er in einem jüngeren Buch insbesondere die Zeitdisziplin in industrialisierten Gesellschaften als eines der wichtigsten Paradigmata für die Entwicklungsrichtung zivilisierter Selbstkontrollen hervorhebt (Elias 1984c: XXXIV–XXXVII).

Die Formulierung eines kontrollierten "decontrolling" legt die Vermutung nahe, im Falle der Informalisierung sozialer Codes könnte es sich um einen Übergang zu einer Art *reflexiver* Selbstkontrolle handeln, in dessen Zuge die Mechanismen der Selbstkontrolle und die entsprechenden "Normen" selbst zu

---

56 Die 'versteckten' Selbstzwänge, die vor allem den ökonomischen (Konsum-)Alltag in der Industriegesellschaft bestimmen, hat Kuzmics (1987) ausführlicher diskutiert, als es hier geschehen kann. Unter anderem verweist er im Anschluß an Fred Hirsch auf die Zunahme von Konsumarbeit und "Defensivkonsum" unter den Bedingungen von Massenwohlstand und fortgeschrittener funktionaler Demokratisierung. Dabei hat er das vielleicht schönste Lehrbeispiel für "controlled decontrolling" aufgespürt (ebd.: 400–401): Wer eine der meist von Banken herausgegebenen Urlaubs-Checklisten ("Nichts vergessen?") studiert, ist meist verblüfft darüber, welchen Planungsaufwand er sich selbst abverlangt — oder nichtsahnenderweise bereits bewältigt hat!

Objekten einer bewußten Selbst-Steuerung werden. Die Entwicklung der Selbstzwänge wäre demnach im 20. Jahrhundert durch einen qualitativen Sprung auf eine neue Ebene von Selbstzwängen – eine Art Meta-Kontrolle – gekennzeichnet, die sich nicht mit einer *zunehmenden Repression* von körperlichen Funktionen und Bedürfnissen gleichsetzen läßt.

Allerdings sehen Elias, Wouters und de Swaan eine unentbehrliche Randbedingung für die diesem Wandel zugrunde liegende Verschiebung der Machtbalancen zwischen Eltern und Kindern, Frauen und Männern sowie zwischen Arbeitern und Unternehmern in dem zunehmenden Einfluß von staatlichen und anderen Bürokratien auf die Gesellschaft. Die Schwächung der Macht und des Prestiges der Väter hat zum Teil ihre Ursache in der Intervention des Staatsapparats in das familiäre Zusammenleben – sei es durch sozialpolitische Maßnahmen, die die ökonomische Abhängigkeit der Frauen von den Männern und der Jugendlichen von den Eltern verringern, wie zum Beispiel Ausbildungsförderung, Sozialhilfe, Arbeitslosengeld oder "Frauenhäuser", die direkt oder indirekt durch den Staat finanziert werden, sei es durch die Ausdehnung und Verschärfung des staatlichen Gewaltverbots auf und für die Beziehungen zwischen Familienangehörigen (vgl. Elias 1980: 25-26; van Stolk & Wouters 1984: insbesondere 251-259; 1987: 71-87). In diese Richtung weisen beispielhaft die jüngeren Bestrebungen, die Vergewaltigung in der Ehe zu einem strafbaren Delikt zu machen, und andere vergleichbare Entwicklungen des Ehe- und Familienrechts. Die Entwicklung des Wohlfahrtsstaates hat in vielen westlichen Gesellschaften die persönliche Angewiesenheit der Familienmitglieder untereinander verringert und sie zugleich von mehr Menschen als zuvor abhängig gemacht – die Abhängigkeit "von *mehr* Menschen *jeweils verringert*" (de Swaan 1976; meine Hervorhebung, A.B.).

4.4   Zum Gegensatz von Kritischer Theorie und Interdependenztheorie: Über die Grundbegriffe "Rationalität" und "Machtbalance"

Obwohl die Hypothesen Elias' und seiner jüngeren Kollegen über den Wandel des Sozialcharakters im "Spätkapitalismus" zum Teil mit denen Horkheimers und Adornos konvergieren, zum Beispiel in der These einer fortschreitenden Bürokratisierung der Gesellschaft und einer Anonymisierung der sozialen Abhängigkeiten, sind ihre Diagnosen zugleich durch einen höchst informativen Kontrast gekennzeichnet. Abgesehen von den Anregungen, die empirische Forschung von solchen gegensätzlichen Einschätzungen erhalten könnte, macht dieser Kontrast deutlich, wo entscheidende theoretische Unterschiede zwischen den beiden Ansätzen zu suchen sind.

Während sich für Horkheimer und Adorno die sozialen Zwänge reibungslos zu einem homogenen Universum totaler Herrschaft zusammenschließen – zu einem "Freiluftgefängnis", wie Adorno einmal die spätkapitalistische Gesellschaft nannte, betonen Elias und Wouters die Heterogenität und den Pluralismus der sozialen Zwänge, die Durchkreuzungen und wechselseitigen Neutralisierungen, die sich aus der Vielfalt und insbesondere aus der inhärenten Reziprozität der sozialen Machtbeziehungen ergeben − schon signalisiert durch den Begriff der "Machtbalance" und dessen prominente Stellung in ihren Analysen. Dagegen gelangt die ältere Frankfurter Schule zu einem Bild der sozialen Realität der Gegenwart, das das Harmoniemodell des Parsonsschen Normativismus gleichsam auf den Kopf stellt und mit umgekehrtem Vorzeichen in der Schreckensvision einer "verwalteten Welt" ohne Konflikte noch einmal reproduziert.

Hinter diesen Übereinstimmungen und Differenzen verbirgt sich ein Grundproblem, das Bauman wie folgt umrissen hat:

> "In the familiar controversy between Freudian and Weberian views of civilization Elias is firmly, and persuasively, on the side of Freud. Modern civilization is about control, not rationality. Whatever has become internalized as the 'civilized behaviour' (...) was originally an apodictic command of the 'noble man does not do such things' sort." (Bauman 1979: 123)

Das ist eine korrekte Interpretation − mit einer wichtigen Einschränkung: Ebenso wie für Horkheimer und Adorno ist "Ratio" für Elias in ihrem demystifizierten Kern nichts anderes als Kontrolle − Macht über die nicht−menschliche Natur oder Macht über soziale Prozesse oder Macht des Individuums über sich selbst oder all dies zusammen.[57] Aber während die Gleichung Rationalität = Herrschaft Horkheimer und Adorno zu einer Vereinheitlichung und Homogenisierung des Begriffs der "Herrschaft" führt, motiviert sie Elias zur radikalen Pluralisierung und letztlich zur theoretischen Destruktion des philosophischen Begriffs der "Ratio". Das hängt unter anderem damit zusammen, daß Elias' gesamtes Werk im Zeichen dessen steht, was E.P. Thompson ein "empirical idiom of discourse" genannt hat (Dunning & Mennell 1979: 498), während Horkheimer und Adorno sich stets an die Tradition der klassischen deutschen Philosophie gebunden fühlten, als deren *Selbstkritik* sich die Schriften des späten Adorno interpretieren lassen.

Die Vision einer totalisierten Rationalität, und das heißt einer perfektionierten und lückenlosen Kontrolle der Welt, hat die Kritische Theorie in eine theoretische Sackgasse geführt, aus der kein Weg mehr herausführt, der mit ihren Grundannahmen konsistent vereinbar wäre. Anders als Marcuse haben Horkheimer und Adorno niemals die romantische Hoffnung auf eine gegenüber den Versuchungen der Macht resistente "innere" Natur gehegt. "Natur" blieb für sie

---

57 Wie ich unten (Kapitel 5) zu zeigen versuchen werde, trifft dies − obgleich nicht offen ausgesprochen − auch für Weber selbst zu. Insofern hätte Bauman auch zwischen Weber und den Weberianern kontrastieren dürfen!

stets das Andere der Zivilisation – eine Art negativer Grenze von Rationalität und Herrschaft, die sich jeder positiven Bestimmung entzieht. Marcuses Modell des Narzissus als Vorbild für eine befreite Gesellschaft (Marcuse 1971: 160-170) signalisierte ihnen eher den Untergang als die Geburt des autonomen Individuums. Die Möglichkeit einer "Revolte der Natur" erscheint in ihren Schriften nur in der Form einer blind-bewußtlosen "Rückkehr des Verdrängten", die sich allzu leicht in den Dienst totalitärer Massenbewegungen und moderner Propaganda einspannen läßt (Horkheimer 1974a: 94-95, 116-123). "Da eine solche Rebellion, so 'echt' sie sein mag, stets ein regressives Element einschließt, ist sie von Anfang an als Instrument reaktionärer Zwecke brauchbar." (Horkheimer 1974a: 118). Ähnlich deutlich hat sich der späte Adorno von Marcuses Programm einer "Ent-Sublimierung der Vernunft" distanziert (vgl. Adorno 1969: 178; Marcuse 1971: 192-194).

Jürgen Habermas hat aus den Aporien jener monolithischen Konzeption von Rationalität *und* Herrschaft die Konsequenz gezogen, die von Horkheimer und Adorno enthüllte Gleichung von aufgeklärter Rationalität und Kontrolle wieder zurückzunehmen und durch den Dualismus einer instrumentellen und einer moralisch-praktischen Vernunft zu ersetzen, den er später noch um den undurchsichtigen Begriff einer ästhetischen Rationalität ergänzt hat (Habermas 1981a: 326-327). Diese Lösung kann aus der Perspektive der älteren Frankfurter Schule ebenso wie aus der von Elias kaum anders als inkonsequent – nämlich als theoriegeschichtlicher Anachronismus – erscheinen. *Denn ihre Theorien zielen gerade auf die Fundierung von Subjektivität und "Rationalität" in naturalen und sozialen Zwängen*, letzten Endes in den ungeplanten, naturwüchsigen Prozessen einer *sich niemals ganz* von der bewußtlosen "Objektivität" der "Natur" emanzipierenden sozialen Welt. Die Anerkennung von und Aussöhnung mit diesem blind kreatürlichen Moment in allem menschlichen Leben bildet den Ausgangspunkt und zugleich das leidenschaftliche Grundmotiv von Adornos Philosophie und Gesellschaftstheorie. Die Idee einer praktischen Vernunft, die ihren utopischen Bezugspunkt in der lupenreinen Inter-Subjektivität der idealen Sprechsituation findet, hätte deshalb Adornos moralischen Ansprüchen ebensowenig genügen können wie seinem materialistischen Realitätssinn,[58] dem mit der Beseitigung des Hungers ein naheliegenderes Kriterium für die emanzipierte Gesellschaft einfiel (Adorno 1969: 153; 1975a: 206).

---

58 Tatsächlich stand die Möglichkeit einer 'sprachphilosophischen Wende' zu der später von Habermas vertretenen Auffassung, daß die als Organ der Versöhnung und Befreiung konzipierte Vernunft in 'der Sprache' wohne, zwischen Horkheimer und Adorno im September 1941 *ausdrücklich* zur Debatte. Warum diese Option von beiden nicht ergriffen wurde, ist leider nicht überliefert, auch nicht, ob es sich dabei um eine bewußte Entscheidung gehandelt hat (vgl. dazu Wiggershaus 1986: 562-565).

In diesem Zusammenhang ist vor allem problematisch, daß Habermas' Terminologie den entscheidenden Unterschied zwischen Ratio und Moral vergessen läßt – die Differenz beider, an der die historische Reduktion von "Vernunft" auf instrumentelle Rationalität doch gerade angesetzt hatte: die Tatsache, daß sich die Imperative der "kognitiv-instrumentellen Rationalität" empirisch prüfen lassen. Wer ihre Regeln im Handeln mißachtet, wird gewöhnlich von den Konsequenzen seines eigenen Tuns dafür bestraft. Das ist bei den Regeln der moralisch-praktischen "Rationalität" nicht der Fall.

Das wäre nur dann anders, wenn sich die Konzeption einer Art "Karma" – eines Fluchs der bösen Tat also – theoretisch und empirisch rechtfertigen ließe. Dann aber wären instrumentelle und moralische Rationalität wieder identisch – das gute Handeln würde sich dann nämlich schon nach Kriterien der Selbsterhaltung (bzw. des empirischen Erfolgs) empfehlen. In gewisser Hinsicht ist es genau dieser Gedanke, den Horkheimer und Adorno gelegentlich formuliert, aber nicht systematisch entwickelt haben. In Horkheimers "Kritik der instrumentellen Vernunft" heißt es im letzten Kapitel:

"Die Idee der Selbsterhaltung, das Prinzip, das die subjektive Vernunft zum Wahnsinn treibt, ist zugleich die Idee, die die objektive Vernunft vor demselben Schicksal bewahren kann. (...) Diese metaphysischen Systeme (einer objektiven, Tatsachen und Normen vereinigenden Vernunft, A.B.) drücken in teilweise mythologischer Form die Einsicht aus, daß Selbsterhaltung nur in einer überindividuellen Ordnung erreicht werden kann, das heißt durch gesellschaftliche Solidarität." (Horkheimer 1974a: 164)

An diesem Gedanken einer *Selbstüberwindung* der instrumentellen Rationalität nach Maßgabe ihres eigenen Kriteriums – der menschlichen Selbsterhaltung – hat auch der späte Adorno festgehalten:

"Ratio darf nicht weniger sein als Selbsterhaltung, nämlich die der Gattung, von der das Überleben jedes Einzelnen buchstäblich abhängt. Durch Selbsterhaltung hindurch freilich gewinnt sie das Potential jener Selbstbesinnung, die einmal die Selbsterhaltung transzendieren könnte, auf welche sie durch ihre Limitation zum Mittel eingeebnet ward." (Adorno 1969: 186)

Das Programm einer *immanenten* Kritik der idealistischen Philosophie, das er in der *Negativen Dialektik* durchzuführen suchte, gehört in diesen Kontext einer angestrebten Selbstkritik der auf die *individuelle* Selbsterhaltung fixierten Vernunft. Nicht umsonst bezeichnet die Vorrede sie als "Antisystem", als Kritik der Konsequenzlogik "mit konsequenzlogischen Mitteln" (Adorno 1975b: 10). In der reflexiven Wendung auf sich selbst, so hoffte Adorno, könnte das ausgezeichnete Instrument der Kontrolle – das begriffliche Denken – jene Freiheit und Offenheit zurückgewinnen, die ein blind zwanghafter Wille zur Macht und dessen praktische Konsequenzen für immer zu verschließen drohen.

Dieselbe Einsicht, die diesem Projekt einer *Selbstkritik* instrumenteller Vernunft eine gewisse Plausibilität verschafft, daß nämlich die Selbsterhaltung des Individuums im Zeitalter der Wasserstoffbomben mit der Selbsterhaltung der Menschheit untrennbar verknüpft ist, begründet Elias' Vertrauen in die emanzipatorische — oder genauer: in die zivilisierende — Kraft der wissenschaftlichen Erkenntnis. Unter den Bedingungen einer interdependenten Weltgesellschaft lassen sich die Forderungen einer über den isolierten "homo clausus" hinausreichenden Solidarität der Menschen auch nach den immanenten Maßstäben "wissenschaftlicher" Rationalität rechtfertigen. Diese Überzeugung motiviert den nüchternen, scheinbar desinteressierten Ton, in dem Elias Sätze wie die folgenden formuliert:

> "Tatsächlich scheint am Ausgang des 20. Jahrhunderts die einzige Frage — und zugegebenermaßen eine überaus wichtige Frage — die zu sein, ob sie (d.h. die Menschen, A.B.) gewaltlose Mittel zur Lösung zwischenstaatlicher Konflikte finden, bevor ein weiterer großer Krieg beginnt, oder ob zu diesem Zweck erst noch ein weiterer großer Krieg nötig ist." (Elias 1984c: 132)

Für den späten Adorno war Soziologie nichts anderes mehr als ein Hilfsinstrument bürokratischer Kontrolle (vgl. dazu: Honneth 1985: 72-76, 82-85). Die Tatsache, daß die analytisch-nomologisch verfahrenden Wissenschaften die Erfahrung der Wirklichkeit auf abstrakte, quantifizierbare Relationen einschränken, ließ ihn die Möglichkeit übersehen, die eine 'historisch' verfahrende Sozialwissenschaft für sein Projekt einer Selbstkritik instrumenteller Vernunft geboten hätte. Sie veranlaßte ihn zu der Annahme, den ungeschmälerten Gehalt von Erfahrung, den "Vorrang des Objekts" nur im Medium philosophischer Selbstreflexion zur Geltung bringen zu können. Es ist paradoxerweise das gleiche Motiv, das Adorno den Rückzug in die Philosophie antreten läßt, welches Elias dazu drängt, alle philosophischen Fragen in Probleme einer empirischen (aber nicht "nomologischen") Wissenschaft zu übersetzen. Der Grund dieser eigentümlichen und in dem Gegensatz der Konsequenzen kaum identifizierbaren Gemeinsamkeit liegt darin, daß Horkheimer und Adorno sich letztlich doch genötigt fühlen, Brüche und Interferenzen in jenem scheinbar hermetisch versiegelten Universum totaler Herrschaft anzuerkennen, zu dem sich in ihrer Konzeption Naturbeherrschung, soziale Kontrolle und Selbstkontrolle zusammenschließen.

Die Idee einer Selbstkritik des begrifflichen Denkens hat genau zur Voraussetzung, daß die Mechanismen der aktiven und kognitiven Kontrolle der Wirklichkeit nicht jenen monolithischen Block bilden, dessen Spuren noch in den Bruchstücken einer dreigeteilten Rationalität erkennbar sind. Nur wenn die verschiedenen Manifestationen des menschlichen Willens zur Macht letztlich doch von heterogener Natur sind, werden jene Thesen verständlich, die schon in der *Eclipse of Reason* und in der *Dialektik der Aufklärung* einen Ausweg aus dem Kontinuum des Zivilisationsprozesses anvisieren, der im Lichte ihrer übrigen Grundannahmen merkwürdig inkonsistent erscheint:

> "Der einzige Weg, der Natur beizustehen, liegt darin, ihr scheinbares Gegenteil zu entfesseln, das unabhängige Denken." (Horkheimer 1974a: 123)

Horkheimer und Adorno sprechen es selbst aus: Diese Lösung ist nur dann konsequent, wenn das begriffliche Denken "der Knecht (ist), dem der Herr nicht nach Belieben Einhalt tun kann" (Horkheimer & Adorno 1971: 36).

Dennoch, trotz dieser Abweichungen, sind Horkheimer und Adorno der Idee einer perfekten und unbesiegbaren Übermacht, die den Termini "Macht" und "Herrschaft" anhaftet, erlegen — dies kommt gleichermaßen in ihrer Analyse der spätkapitalistischen Gesellschaft wie in ihrer Einschätzung der Rolle der Sozialwissenschaften zum Ausdruck. Den Fallstricken dieser irreführenden Konnotation der Worte nicht entronnen zu sein, bildet vielleicht jenes Merkmal ihrer Theorie, das sie am grundlegendsten von Elias' Werk unterscheidet. Wo sie nur die Herrschaft des Allgemeinen über das Besondere erblicken — in den verschiedensten Facetten und Varianten, die man diesem im doppelten Sinne "begrifflichen" Modell nur geben kann –, diagnostiziert Elias eine Vielzahl von multiplen, heterogenen, polyzentrischen Machtbalancen.

"(T)he generalization of the concept paves the way for its relativization." (Arnason 1984) — das ist richtig, nur handelt es sich dabei nicht um die Relativierung seiner Brauchbarkeit als eines analytischen Instruments, sondern um die Relativierung *jener Vorstellung* einer einseitigen, unanfechtbaren Souveränität, die eine produktive Verwendung des Machtbegriffs als Instrument der soziologischen Analyse behindert. Gerade im Gegeneinander, in der wechselseitigen Überschneidung und Neutralisierung verschiedener Machtbalancen, in der Heterogenität der Kontrollmechanismen und Zwänge findet Elias jene Chance zur Autonomie, die die philosophische Tradition entweder zum konstanten anthropologischen Merkmal *des* Menschen deklariert oder für eine bloße Fiktion gehalten hat:

> "Der Entscheidungsspielraum der Menschen, ihre Freiheit, beruht letzten Endes auf der Möglichkeit, die sie haben, die mehr oder weniger flexiblen Balancen zwischen verschiedenen zwingenden Instanzen, die überdies ständig im Fluß sind, auf mannigfaltige Weise zu steuern. Die Sonde der Menschenforschung stößt dementsprechend ins Leere, wenn sie an den Zwängen vorbeigeht, denen Menschen ausgesetzt sind oder sich selbst unterwerfen." (Elias 1984c: XLIII–XLIV)

Weil Elias anders als Horkheimer und Adorno die Annahme einer prästabilierten Harmonie zwischen den verschiedenen Formen der Macht niemals ernstgenommen hat, braucht er auch nicht a priori die Identität von Wissen und Macht zu fürchten, die Adorno zum Rückzug in die Philosophie veranlaßt hat.[59]

---

59 Die Ähnlichkeit dieser Aspekte von Elias' Soziologie mit der Analytik der Macht bei Michel Foucault sind unübersehbar. Anders als die bisherigen Kommentare würde ich besonders die große Nähe der grundsätzlichen Auffassungen beider über das Verhältnis von Wissen und Macht sowie die gemeinsame Frontstellung gegen eine normativistische Konzeption der sozialen Realität à la Durkheim und Parsons und gegen einen mystifizier-

Unbekümmert kann er deshalb darangehen, die Macht, die durch empirisches Wissen repräsentiert wird, gegen die in sozialen Herrschaftsverhältnissen repräsentierten Machtungleichheiten auszuspielen. Erst dieses Motiv macht den scheinbar naiven Realismus verständlich, den Elias sowohl in seinen Aufsätzen zur Theorie des Wissens wie in seinen empirisch orientierten Arbeiten nachdrücklich verteidigt — eine bemerkenswerte und aufschlußreiche Ausnahme bildet sein jüngeres Buch über den Begriff der "Zeit". Weil er sich selbstbewußt das immanente Telos von Wissen — die Kontrolle der Realität — zu eigen macht, stört es ihn nicht, wenn selbst Poppers Schüler ihn als Repräsentanten eines altmodischen Positivismus zu stigmatisieren suchen (Albert 1985: 265). Statt dessen macht er sich über jene Wissenschaftsphilosophen lustig, die die Enttäuschung über den Verlust absolutistischer Wahrheitskriterien nur durch einen nichtsahnenden Logozentrismus kompensieren können (Elias 1985a: 107; 1985b).

Die Absicht, sich bewußt die Macht von Wissen, seine inhärente Qualität als Mittel der Selbsterhaltung, zunutze zu machen, liegt auch seiner spezifischen Variante des Postulats der Wertfreiheit zugrunde. Elias weiß genau, daß absolute Wertfreiheit das Privileg des Verrückten darstellt (Elias 1956: 226, 227). Auch deswegen zieht er es vor, von einer *Balance* von "Engagement" und "Distanzierung" zu sprechen. Mit "Engagement" meint er genau die Störung der immanenten Funktion von Wissen durch praktische Intentionen, durch Wünsche und Bedürfnisse der Menschen, die auf die praktische Nutzung von Wissen zielen, sie aber gerade dadurch sabotieren, indem sie den zweiten Schritt vor den ersten setzen, die Therapie die Diagnose bestimmen lassen — statt umgekehrt. Je mehr hingegen die Diagnose von der Therapie getrennt wird, je mehr in der Symbolbildung die autonomen Qualitäten der "Objekte" das Übergewicht über die praktischen Intentionen der "Subjekte" gewinnen, desto größer werden in letzter Instanz die Chancen, diese Symbole erfolgreich als Hilfsmittel für die aktive Kontrolle von realen Prozessen einzusetzen. Die Hegemonie der "Objekte" in der Theorie korreliert mit der Hegemonie der "Subjekte" in der Praxis. Um den Vorrang der "Objekte" in der Symbolisierung abzusichern, ist auf seiten der erkennenden "Subjekte" eine Art Askese

---

Forts. von letzter Seite

ten Begriff von Rationalität betonen. Siehe dazu vor allem Foucaults publizierte Interviews und Vorlesungen (Foucault 1976a & b; 1978). Für eine ausführliche Diskussion der inhaltlichen Übereinstimmungen zwischen *Überwachen und Strafen* und *Über den Prozeß der Zivilisation* sowie des Verhältnisses beider Studien zu Webers Protestantismus-These siehe Hahn (1986). Die Parallelen zwischen Elias' Zivilisationstheorie und Foucaults Geschichte des modernen Strafsystems sind von vielen Kommentatoren notiert worden, so z.B. von Theweleit (1977: 591, Anm. 6), Burger et al. (1978: 15), Blok (1979: 180–183) und Rehberg (1979: 116).

erforderlich — die Selbstkontrolle ihrer auf praktischen Nutzen orientierten Wünsche und Affekte.

Als Advokat von Selbstdisziplin trifft sich Elias hier ein weiteres Mal mit den Gedanken Adornos. Dieser hat kurz vor seinem Tod, nicht zuletzt unter dem Eindruck der westdeutschen Studentenbewegung, drei Modelle für eine adäquate Vermittlung von Theorie und Praxis vorgestellt (Adorno 1969: 188-191): erstens seine eigene *Dialektik der Aufklärung*, die, wie er schreibt, "ohne praktische Absicht geschrieben" worden sei; zweitens Bertolt Brechts Geständnis, ihn interessiere in letzter Instanz, wenn er ganz ehrlich zu sich sei, das Theater mehr als die Veränderung der Welt; drittens aber dient Adorno das Verhältnis von Grundlagenforschung und Technik in der modernen Physik (NB!) als Beispiel[60]:

> "Diejenige Theorie dürfte noch die meiste Hoffnung auf Verwirklichung haben, welche nicht als Anweisung auf ihre Verwirklichung gedacht ist, analog etwa zu dem, was in der Naturwissenschaft zwischen Atomtheorie und Kernspaltung sich zutrug." (Adorno 1969: 190)

Dasselbe Ziel, verschiedene und sogar gegensätzliche Wege — so könnte man das ebenso aufschlußreiche wie problematische Verhältnis von Adorno und Elias wohl treffend zusammenfassen. Aber tatsächlich spottet eine solche Formel der Komplexität jener Probleme, vor die uns ihre Theorien stellen, indem sie uns darauf aufmerksam machen.

Manche der wesentlichen Übereinstimmungen zwischen Adorno und Horkheimer einerseits und Elias andererseits lassen sich leicht als Folgen einer geteilten Erbschaft identifizieren — der Erbschaft der Freudschen Kultur- und Persönlichkeitstheorie. Sehr viel schwerer fällt es, die Spuren eines anderen Autors in den Gemeinsamkeiten und Differenzen ihrer Theorien zu erkennen — Max Webers. Das liegt einerseits daran, daß in beiden Fällen der Einfluß Webers wohl vor allem indirekt — vermittelt über andere Personen und Autoren[61] — wirksam gewesen ist. Wohl vor allem auf dem Umweg[62] über

---

60 Tatsächlich reflektiert diese an die Studentenbewegung adressierte, im folgenden zitierte Passage eine Auffassung des Verhältnisses von Theorie und Praxis, die Adorno seit seinen frühesten Schriften vertreten hat (vgl. Buck-Morss 1977: 24-34).

61 Im Falle Elias' sind dies wohl vor allem Max Webers Bruder Alfred und Karl Jaspers gewesen, bei denen er studierte, und Karl Mannheim, dessen Assistent er in Frankfurt gewesen ist. Meiner Vermutung nach haben primär die beiden ersteren Elias' Bild von Webers Werk geprägt, während bestimmte Elemente des Weberschen Ansatzes — insbesondere diejenigen Elemente, die ich als "konflikttheoretisch" charakterisiert habe — Elias vor allem in der Gestalt der Auffassungen und Theorien Mannheims begegnet und von ihm in veränderter Form adaptiert worden sind. Vgl. dazu insbesondere Elias' autobiographische Notizen (Elias 1984d: 22-48; vgl. ferner auch Blomert 1987: besonders 131-143). Darin wird unter anderem deutlich, daß Elias die Anerkennung von

Lukács' *Geschichte und Klassenbewußtsein* sind Webersche Fragestellungen und Grundhypothesen in Horkheimers und Adornos Kritik der instrumentellen Vernunft eingewandert (vgl. dazu: Habermas 1981a: 460–513). Hatte Lukács in seiner Theorie der Verdinglichung versucht, den von Weber diagnostizierten Prozeß der Rationalisierung auf ein bloß *kapitalismusspezifisches* Phänomen zurechtzuschneiden, das in einer künftigen sozialistischen Gesellschaft überwunden werden könnte, so sahen "sich Horkheimer und Adorno genötigt, (...) die instrumentelle Vernunft zu einer Kategorie des weltgeschichtlichen Zivilisationsprozesses im ganzen zu erweitern" (Habermas 1981a: 489). Damit rückte ihre Konzeption der "Aufklärung" unweigerlich wieder näher an Webers Theorie heran, an seine These eines "Intellektualisierungsprozesses, dem wir seit Jahrtausenden unterliegen, und zu dem heute üblicherweise in so außerordentlich negativer Weise Stellung genommen wird" (GAWL: 593).

Forts. von letzter Seite

'Konkurrenz' als eines grundlegenden Aspekts der sozialen Wirklichkeit zwar Mannheim, nicht aber Max Weber zuschreibt, dessen Ansatz er vielmehr als verwandt mit dem Alfred Webers klassifiziert (vgl. ebd.: 33, 35, 38–47). Zu Mannheims Auffassung der Konkurrenz als einer allgemeinen sozialen Beziehung vgl. Mannheim (1970: hier 571). In diesem Zusammenhang ist es interessant, daß Collins (1985: 94–96) Mannheim einen wesentlichen Anteil daran zuschreibt, wenn die konflikttheoretischen Elemente des Weberschen Werks trotz ungünstiger Bedingungen in der US-amerikanischen Soziologie durch Autoren wie z.B. C. Wright Mills rezipiert worden sind.

62   Allerdings hat Horkheimer noch selbst die Vorlesungen Webers als Student besucht. Vgl. Horkheimer (1965).

5. Webers Theorie der Rationalisierung

5.1 Die Begriffe "Entwicklung" und "Fortschritt" bei Max Weber

"(...) no interpretive literature is more contradictory than the Weberian one" –
wie Jeffrey Alexander (1983: 129) kürzlich in einer vielbeachteten Studie über
die Klassiker der Soziologie betont hat. Das Urteil muß sicher relativiert werden im Hinblick auf die kaum weniger grundsätzlichen Kontroversen, die
andere Sekundärliteraturen kennzeichnen. Aber es weist nachdrücklich darauf
hin, daß sich nahezu alle aktuellen Streitpunkte der Allgemeinen Soziologie in
der Interpretation Max Webers wiederfinden – auf allen Ebenen der mittlerweile ins Unübersehbare angewachsenen Sekundärliteratur.

Streichen einerseits eine Reihe von Kommentatoren besonders Webers
Opposition gegen unilineare Evolutionstheorien heraus, so verweisen andere sein
Werk selbst ins "Lager des zeitgenössischen Evolutionismus"[63] oder interpretieren seine zentralen theoretisch–empirischen Aussagen doch so, daß ihnen
zumindest implizit eine evolutionstheoretische Konzeption zugrunde liegt.[64]

Ein anderer Zweig der Diskussion dreht sich um die vor allem im angelsächsischen Sprachraum lange Zeit maßgebende Weber–Interpretation Talcott
Parsons', die Weber als einen Vorläufer seiner eigenen normativistischen
Gesellschaftstheorie und seines gesetzeswissenschaftlich (in Parsons' Terminologie: "analytisch") orientierten Modells soziologischer Theoriebildung
stilisierte.[65]

Außer Parsons selbst haben ganz unterschiedliche Autoren bei Weber eine
im Grundsatz evolutionstheoretische oder, je nach Terminologie, "geschichts-
philosophische" Perspektive entdeckt – darunter zum Beispiel Hans H. Gerth,
C. Wright Mills, Wolfgang J. Mommsen, Günter Dux, Friedrich H. Tenbruck,

---

63   Dies ist die Fomulierung Friedrich Tenbrucks, der sich z.B. ausdrücklich auch Jürgen
     Habermas anschließt. Vgl. Tenbruck (1975: 682); Habermas (1981a: 273). Die Ein-
     schätzung des Weberschen Ansatzes als "basically evolutionary" findet sich allerdings
     schon bei Talcott Parsons – explizit in Parsons (1965: xxvii); implizit bereits in Parsons
     (1949: 751–752).

64   In diesem Sinne sind die Ausführungen bei Dux (1973: 314ff., 332) zu verstehen
     ebenso wie die von Seyfarth (1973: 361, 351) und Schluchter (1979: 12; 1980: 15, 220
     – Anm. 32), die in diesem Zusammenhang von einem sogenannten "evolutionstheore-
     tischen Minimalprogramm" Webers sprechen.

65   Vgl. vor allem die sorgfältige Kritik von Parsons' Interpretationen bei Cohen et al.
     (1975). Siehe aber auch schon die gegen Parsons zielenden konflikttheoretischen Deu-
     tungsansätze bei Bendix (1964: 201–206).

Wolfgang Schluchter und Jürgen Habermas.[66] Neuerdings ist sogar die These vertreten worden, daß Weber durchaus in zentralen Argumentationsstücken, zum Beispiel im Protestantismus–Aufsatz, mit Begriffen und Modellen Darwins *in modifizierter Form* operiert hat (Langton 1982 und 1984). Demgegenüber sucht eine einflußreiche Strömung der Sekundärliteratur – repräsentiert durch Namen wie Reinhard Bendix, Günther Roth und Johannes Winckelmann – Weber gegen jede Art von soziologischer Evolutionstheorie scharf abzugrenzen. Um Ausdrücke wie "Entwicklungstheorie" oder "Weltgeschichte" (NB!) bei der Beschreibung der fraglichen Elemente seines Werks zu vermeiden, verwenden sie Termini wie "Universalgeschichte", "secular theory", "typological approach", "Vergleichende Analyse"[67] oder "Strukturphänomenologie der Universalgeschichte der Menschheit"[68]. Wolfgang Schluchter hat die Position, der diese Autoren der Tendenz nach zuzurechnen sind, knapp und präzise charakterisiert. Er bezeichnet sie als die der

> "(...) typologisch vergleichenden Universalgeschichten, die den Evolutionsbegriff zugun-sten des Geschichtsbegriffs preisgeben, soziale Entwicklung und sozialen Wandel weit-gehend identifizieren, ihre universalgeschichtlichen Ansprüche mit der Idee der Zurech-nungskausalität verbinden, von einer Mehrzahl von Zivilisationen und Wandlungsphasen ausgehen und weniger die Folge als die Alternative, weniger das Nacheinander als das Nebeneinander in den Mittelpunkt der Betrachtung rücken" (Schluchter 1979: 2f.).

Auch wenn nicht alle Äußerungen der obengenannten Kommentatoren in dieses gleichsam 'idealtypische' Deutungsschema passen, so hat Schluchters Formulierung doch den Vorteil, zusammenfassend und klar auf die wesentlichen Konfliktzonen hinzuweisen, die zwischen einer 'universalgeschichtlichen' und einer 'evolutionstheoretischen' Deutung Webers bestehen.[69] Da ist zum einen

---

66 Vgl. die Anmerkungen 63 und 64 sowie Gerth/Mills (1946: 51ff.), Mommsen (1974a: 120–143, 291–297, insbesondere 206; und 1974b: 14–15, 21).

67 Vgl. Bendix/Roth (1971: 207ff., 253ff., 114ff.), Roth/Schluchter (1979: insbesondere 125 – Anm. 10) zur Ersatzfunktion des Begriffs "secular theory" gegenüber "develop-mental theory".

68 Dies der Ausdruck bei Winckelmann (1966: 196; 1976: Vorbemerkung), vgl. auch Winckelmann (1952: 24). Die Spitze, die die Ersetzung des Ausdrucks "Weltgeschichte" durch den der "Universalgeschichte" enthält – im Titel eines von ihm herausgegebenen, übrigens ganz vorzüglich edierten Sammelbandes Weberscher Texte, erläutert Winckel-mann in einem Vorwort (Weber 1973: X). Übrigens geben Webers eigene Ausführungen zum Thema "Weltgeschichte" durchaus zur Frage Anlaß, ob Weber nicht möglicherweise mit diesen Worten die jeweils *entgegengesetzten* Bedeutungen verband, wie Winckelmann es tut (vgl. GAWL: 274, insbesondere Anm. 1).

69 Eine Zusammenfassung der Annahmen, die der 'universalgeschichtlichen' Interpreta-tionsrichtung zugrunde liegen und die von Vertretern dieser Richtung selbst stammt, findet sich zumindest annäherungsweise in den Kapiteln VI, XI und XIII von Bendix/ Roth (1971).

die Auffassung der Geschichte als Ausschnitt der Wirklichkeit und deren Verhältnis zur Konzeption von 'Entwicklung' als einem strukturierten oder gerichteten Wandel. Da ist das Problem der Vielfalt von Zivilisationen und Gesellschaften und die Frage nach den Zügen, die menschliche Gesellschaften und die Prozesse, in denen sie entstehen und sich verändern, miteinander gemeinsam haben – im Verhältnis zu jenen, die als einzigartig oder besonders zu betrachten sind. Da ist die Frage nach dem nur scheinbar trivialen Begriff des 'Wandels' und des 'sozialen Wandels' im besonderen und die Frage nach dem zugrundeliegenden Modell von 'Kausalität'.

Auch diese Autoren interessieren sich für langfristige historische Wandlungsabfolgen, doch lassen sich diese nach ihrer Auffassung nur als *epochen-* *und zivilisationsspezifische* Prozesse charakterisieren, nicht aber "auf *allgemeine* Richtungskriterien und damit auf einen *allgemeinen* Wandlungsprozeß bringen" (Schluchter 1979: 3). In diesem Sinne interpretiert Roth Webers Aussagen und Modelle zu langfristigen Entwicklungen als sogenannte "secular theories":

> "Secular theories deal with long-range phenomena that have emerged over decades and generations, and could also be called 'developmental' theories if the term did not evoke evolutionary associations. I prefer 'secular' over 'developmental' since Weber opposed the evolutionary fashions of his time in favor of a *specifically historical explanation* of the *unique* Western development. Weber did not deny that there was a 'general development of culture' ('allgemeine Kulturentwicklung'), involving *structural differentiation* and rationalization on various levels, but it was neither a *necessary* unfolding according to *some law* nor an *inexorable teleological* process. (...)" (Roth/Schluchter 1979: 125 – Anm. 10; meine Hervorhebungen, A.B.)

Und an anderer Stelle schreibt derselbe Autor mit erklärter Stoßrichtung gegen Parsons' evolutionstheoretische Deutung:

> "It is true that Weber too was interested in 'developmental forms' (Entwicklungsformen), but he meant not general patterns of development but more complex historical forms of political, economic and religious organization. Since he was concerned with the *unique* course of Western rationalization, he did not view it as a *generic phenomenon*, and in line with his critique of organicist and functionalist conceptions he did not equate the 'developmental forms' with 'whole' or 'total' societies. Of course, he perceived a 'general development of culture' (allgemeine Kulturentwicklung) *from lower to more complex* forms of rationalization, but he considered such 'progress' *subject neither to scientific laws nor to objective evaluation.*" (Bendix/Roth 1971: 114; meine Hervorhebungen, A.B.)

Deutlich wird an diesen beiden Passagen, daß die skeptische Distanz zum Evolutionsbegriff unter anderem wesentlich durch die Kritik an einer Art von '*gesetzeswissenschaftlicher*' Entwicklungskonzeption motiviert ist – der Vorstellung eines sich mit logischer Notwendigkeit nach einem universalen Gesetz vollziehenden Prozesses. Aber auch Roth kommt nicht umhin, das überragende Interesse Webers an langfristigen sozialen Prozessen und sogar an der "allgemeinen Kulturentwicklung" ebenso zu konzedieren[70] wie die Existenz entsprechender Aussagen Webers über die Zunahme und Verbreitung von Funktionsteilung ("structural differentiation") und die Steigerung der Komplexität in den Formen sozialer Organisation ("from lower to more complex forms of rationalization"). Aber gegenüber der Vorstellung einer Gesetzmäßigkeit dieser Tendenzen, gegen die Idee einer "unerbittlichen" ("inexorable") Determiniertheit der Entwicklung betont Roth die Offenheit und Komplexität des historischen Prozesses, gegenüber dem Gedanken der generellen Regel ("generic phenomenon") die Einzigartigkeit der historischen Ereigniszusammenhänge (vgl. ähnlich Bendix 1972: 53, 66 — Anm. 3). Letzten Endes, so scheint mir, schließt er aus der Unbrauchbarkeit des Gesetzesbegriffs für die Beschreibung und Erklärung der "allgemeinen Kulturentwicklung" auf die *prinzipielle* Unzugänglichkeit dieses Phänomens für wissenschaftliche Forschung und für die Formulierung von Aussagen mit Anspruch auf intersubjektive Geltung ("subject neither to scientific laws nor to objective evaluation").

Die Deutungsposition dieser Kommentatoren, die hier nur umrißhaft skizziert werden kann, halte ich vor allem aus drei Gründen für unplausibel, die ich der Reihe nach behandeln werde:

1. *Sie begeben sich mit ihren Aussagen in einen nicht mehr auflösbaren Widerspruch zu den Sachthesen in Webers Werk, auf die sich die "evolutionstheoretischen" Interpretationen mindestens mit gewissem Recht stützen können.* So weist Bendix in seinem bekannten Standardwerk über Max Weber emphatisch die Vorstellung zurück, daß der Prozeß der Rationalisierung und Bürokratisierung Weber "in irgendeiner Weise als unausweichlich, unwiderruflich oder unumkehrbar galt" (Bendix 1964: 404 — Anm. 43). Irreversibilität in einem faktischen Sinne (nicht im Sinne logischer oder gesetzmäßiger 'Notwendigkeit') gehört aber bisweilen für Weber gerade zu den "irrationalen" oder nicht-intendierten Folgen von stattgefundenen Rationalisierungsprozessen. Webers wiederholte Hinweise auf die *praktische* Unentrinnbarkeit und Unzerbrechlichkeit von einmal installierten staatlichen Bürokratien insbesondere in industrialisierten kontinentalen Großmachtstaaten (WuG: 128, 129, 560, 570); seine nüchternen

---

70 Roth hat seine hier zitierte und in der Weberrezeption einflußreich gewordene Auffassung inzwischen erheblich modifiziert. In einem neueren Aufsatz zu diesem Thema gesteht er zu, daß es in Webers Werk neben (drei) anderen auch diese "Dimension" gibt: die einer "allgemeine(n) soziokulturelle(n) Evolution mit ihren theoretisch konstruierten Stufen" und verweist dabei zum Beispiel auf das religionssoziologische Kapitel von *Wirtschaft und Gesellschaft* und sein "evolutionary scheme of domination" (Roth 1987a: 81, 82; 1987b: 292, 293). Ich habe dennoch meine Darlegung an dieser Stelle nicht entsprechend umformuliert, weil es mir dabei natürlich nicht um Personen, sondern um Argumentations- und Deutungsmuster geht. Im übrigen wiederholt Roth auch in dieser Schrift Argumente, die von anderen Autoren immer noch dazu benutzt werden, um Weber als eine Art Anti-Evolutionstheoretiker zu stilisieren (siehe unten!).

Aussagen über den Verlust eines einheitlichen, umfassenden Weltbilds, in dem *'Sein'* und *'Sollen'* miteinander integriert sind; seine Thesen über das "Schicksal" der modernen Menschen, die spezialistische Berufsmenschen sein "müssen" (GARS I: 203) — all dies nimmt einen zu zentralen Platz in seinem Denken ein, als daß man es als irrelevant beiseite schieben könnte. "In irgendeiner Weise" ist Rationalisierung für Weber das Los der modernen Menschheit, und in irgendeinem Sinne stellt die heute erreichte Stufe dieses Prozesses etwas dar, was nicht einfach wieder rückgängig gemacht werden kann — es sei denn, unter sehr erheblichen 'Kosten'. Diese Auffassung springt einem aus zahlreichen Stellen seines Werks entgegen und keineswegs nur in jener berühmten Formulierung von Baxters dünnem Mantel, aus dem "das Verhängnis ein stahlhartes Gehäuse werden" ließ (GARS I: 203). Gewiß: Die entscheidende Frage ist, in *welchem* Sinne Weber diese Resultate des Rationalisierungsprozesses als irreversibel betrachtet. Aber genau diese Frage wird versperrt durch Interpretationen wie jene, die in der zitierten Aussage von Bendix ihren Ausdruck findet.

2. *Die methodologischen Konzeptionen Webers, auf die sie sich berufen, werden von ihnen entweder überdehnt oder zu selektiv auf den Objekt- und Problembereich einer sozialwissenschaftlichen Evolutionstheorie angewendet.* Ich kann dieses Argument hier nur sehr grob skizzieren, unter anderem, weil seine differenzierte Ausführung eine intensive Behandlung von Webers Wissenschaftstheorie voraussetzen würde, die den hier gegebenen Rahmen sprengen müßte.

Roth und Bendix weisen im Kontext der Kritik evolutionstheoretischer Interpretationen darauf hin, daß Entwicklungsstadienbegriffe und -schemata für Weber 'nur' heuristischen Status haben, einen nur instrumentellen Charakter besitzen (Roth 1968: XXXI-XXXII, XXXVIII). Das ist völlig korrekt. Was dabei jedoch von ihnen nicht genug betont wird, ist dies: Das gilt in Webers Augen für *alle* von ihm benutzten idealtypischen Begriffe und Modelle. Sie sind immer nur kognitive Werkzeuge für die Erkenntnis einer an sich stets einzigartigen, individuell besonderten Wirklichkeit. Kein Begriff kann in Webers Auffassung je diese Wirklichkeit voll 'widerspiegeln' oder ganz ausschöpfen. Der Objektivitätsanspruch empirischer Wissenschaft ist bei Weber nicht in die einzelnen *Begriffe* als solche 'investiert', sondern in die *Aussagen*, die mit Hilfe 'typischer' Begriffe und Modelle als *Vergleichsmuster* formuliert werden können. Diese dienen nur als *Maßstäbe* für — durchaus 'objektiv' gemeinte — 'Messungen' im Sinne eines "*Abstandsmeßverfahrens*"[71]. Zu diesem Zweck repräsentiert der Idealtypus einen 'hypothetischen', konstruierten *Einzelfall*, der *selbst gar nicht als existent* behauptet wird (vgl. GAWL: 190). Dieser mag "in

---

71 Diesen treffenden Ausdruck übernehme ich von Käsler (1979: 182). Freund (1968: 69) verwendet ebenfalls den aufschlußreichen Vergleich des Idealtypus mit einem "Zollstock".

dieser absolut reinen Form *vielleicht* ebensowenig je in der Realität auftreten wie eine physikalische Reaktion, die unter Voraussetzung eines absolut leeren Raums errechnet ist"[72]. In diesem Zusammenhang hat der Idealtypus "die Bedeutung eines rein idealen *Grenzbegriffes*" (GAWL: 194). Er dient ähnlich wie ein subjektiv gewählter 'Nullpunkt' bei Abstandsmessungen dazu, "daß durch Angabe des *Maßes* der Annäherung einer historischen Erscheinung *an einen oder mehrere* dieser Begriffe diese eingeordnet werden kann"[73] — allerdings 'eingeordnet' nicht im Sinne der Subsumtion unter einen generellen Begriff ("Gattungsbegriff") oder eine allgemeine Regel, sondern im Sinne einer individuellen Verortung des Einzelfalls im Verhältnis zu den "Grenzfälle(n)" (WuG: 578, 13, 546), die durch verschiedene idealtypische Begriffe repräsentiert werden. Mit anderen Worten: "Idealtypus" kann gewöhnlich einfach mit *'Modell'* im heute üblich gewordenen Sinne übersetzt werden.[74]

Bendix und Roth neigen aber dazu, die mit diesen Konzeptionen Webers angezielte methodologische oder erkenntnistheoretische Problematik so darzustellen, als ob sie in einem besonderen Maße für den *Objektbereich* der sozialen Evolution gelten würde (und nicht bloß für deren Theorien, die oft genug Webers methodologischen Ansprüchen nicht genügten). So jedenfalls verstehe ich es, wenn Bendix sich in einem Vortrag, an dessen Anfang er eine Kritik evolutionstheoretischer Interpretationen stellt, auf Webers Wirklichkeitsbegriff des 'heterogenen Kontinuums' beruft — den Begriff der Wirklichkeit als einer intensiven und extensiven "Unendlichkeit des Mannigfaltigen"[75]. Bendix zitiert eine Passage, in der Weber *zufälligerweise* nur mit Bezug auf die historisch-soziale Wirklichkeit von einer "unendlichen Mannigfaltigkeit" spricht (nämlich GARS I: 273; vgl. Bendix 1972: 57). Den falschen Eindruck, Weber rede hier von Bestimmungen, die *allein* auf die soziale Wirklichkeit zuträfen und nicht etwa auch auf die des Naturgeschehens, unterstützt Bendix — ob absichtlich oder unabsichtlich — dadurch, daß er in seinen nachfolgenden Ausführungen selbst immer bloß von "historischer Wirklichkeit" und "historischer Mannigfaltigkeit" schreibt. Dieser Wirklichkeit gegenüber könnten alle Begriffe nur Konstruktionen und Orientierungspunkte *zum Zweck empirischer Analyse* sein (Bendix 1972: 57f.). Das ist wiederum ganz korrekt interpretiert. Nur: die

---

72 WuG: 10 — meine Hervorhebung, A.B. Vgl. auch GAWL: 396.

73 WuG: 10 — meine Hervorhebungen, A.B.

74 In diesem Sinne kann man problemlos von einem Modell der Bürokratie oder einem Modell der protestantischen Ethik bei Weber sprechen. Vgl. zu dieser Deutung des Begriffs 'Idealtypus': Burger (1976: 164–166, 176–179).

75 Zum Wirklichkeitsbegriff Webers, der ursprünglich auf Heinrich Rickert zurückgeht, vgl. Henrich (1952: 9–16), Loos (1970: 5–13), Kocka (1973: 60–62, 72–76), Weiß (1975: 34), Burger (1976: 21–25).

selektive Verwendung des Weberschen Wirklichkeitsbegriffs legt einen bestimmten Verdacht nahe. Nämlich, daß Bendix Webers "unendliche Mannigfaltigkeit" als eine *spezifische* ontologische Eigenart der geschichtlich-sozialen Wirklichkeit deutet *im Unterschied* zu der des Naturgeschehens. Dieser Verdacht wird bestätigt durch eine der wenigen Aussagen zu Webers Wissenschaftstheorie in Bendix' bekanntem Standardwerk:

> "His treatment of history as a causal succession of *unique* events, his emphasis on ideas in relation to action (...) reveal traces of Hegel's philosophy of history. Like Hegel, Weber *insisted* that nature consists of *cyclical* and *repetitive* events, *whereas* history is made up of *nonrepetitive* acts. (...)" (Bendix 1960: 384; meine Hervorhebungen, A.B.)

Eine *solche* Vorstellung von der Verschiedenheit von Naturwirklichkeit und Geschichtswirklichkeit aber liegt fern von Webers dokumentierter Auffassung. Beide gehören zum heterogenen Kontinuum − zur "Unendlichkeit des Mannigfaltigen". *Im Hinblick auf* die qualitative Besonderheit jedes individuellen Ereignisses, jedes einzelnen Wirklichkeitsausschnitts, sind Naturgeschehen und geschichtlich-soziales Geschehen für Weber nicht unterschieden. Mehrmals hat Weber die Vorstellung einer *spezifischen* "Unberechenbarkeit" des menschlichen Handelns im Verhältnis zu Naturereignissen scharf zurückgewiesen (vgl. GAWL: 64-69, 226-227, 356, 322-328). Im Gegenteil: Die Tatsache, daß Handeln als ein sinnhafter, zweckbezogener Vorgang *verstehbar* ("deutbar") ist, begründet für Weber gerade ein mögliches *Mehr an* "Berechenbarkeit" (vgl. dazu auch: GAWL: 226-227 und Löwith 1960: 22-24).

> "Ein *prinzipieller* Unterschied gegen 'Naturvorgänge' besteht nicht. Die 'Berechenbarkeit' von 'Naturvorgängen' in der Sphäre von 'Wetterprophezeiungen' etwa ist nicht entfernt so 'sicher' wie die 'Berechnung' des Handelns einer uns bekannten Person, ja sie ist einer Erhebung zur gleichen Sicherheit auch bei noch so großer Vervollkommnung unseres nomologischen Wissens gar nicht fähig. So steht es aber überall, wo nicht bestimmte abstrahierte Relationen, sondern die volle Individualität eines künftigen 'Naturvorgangs' in Frage steht." (GAWL: 64f.)

und

> "Die 'Deutbarkeit' (hier: des zweckrationalen Handelns − A.B.) ergibt hier ein *Plus* von 'Berechenbarkeit', verglichen mit den nicht 'deutbaren' Naturvorgängen." (GAWL: 69; meine Hervorhebungen, A.B.)

Indem Bendix den Wirklichkeitsbegriff Webers selektiv auf die Geschichtswirklichkeit bezieht, unterstellt er − vielleicht ungewollt − Weber eine Konzeption des geschichtlich-sozialen Objektbereichs, von der dieser sich nachdrücklich distanziert hat: "Geschichte" als Königreich des 'Zufalls', als ein Feld *unstrukturierter* Kontingenz, als Domäne des Einzigartigen und 'Irrationalen'. Bendix' Deutung des Weberschen Geschichtsbilds erweckt "den Anschein (...), als sei eine bestimmte (antideterministische) philosophische Überzeugung Vor-

aussetzung der Geltung der historischen Methode" (GAWL: 226).[76] Von hier
aus wird zwanglos verständlich, wieso er den Hinweis auf die Einzigartigkeit,
die individuelle Besonderheit der geschichtlichen Ereigniszusammenhänge für
ein grundsätzliches Argument gegen Evolutionstheorien und evolutionstheoretische Interpretationen des Weberschen Werks hält. Der dringend notwendige
Hinweis darauf, daß die "unendliche Mannigfaltigkeit" nicht nur die historisch-
soziale, sondern auch die von der Astronomie und Biologie untersuchte Wirklichkeit meint, hätte diesen Anschein allerdings sogleich zerstört. Hier wie dort
ist die qualitative Besonderheit jedes individuellen Ereignisses durchaus ver-
träglich mit "Berechnung", mit der Formulierung von "*generellen* Regeln des
Geschehens" (WuG: 9) und mit der Entwicklung von Prozeßmodellen, die für
mehr als einen einzigen Fall als Erkenntnis*mittel* nützlich sein können.[77]

3. *Die Interpretation Webers als eines* grundsätzlichen *Gegners evolutionstheoretischer Konzepte und Modelle übersieht, daß Weber in den gleichen
Schriften, auf die sich Bendix, Roth und andere Kommentatoren mit ähnlicher
Auffassung immer wieder berufen, die Problematik der Begriffe "Entwicklung"
und "Fortschritt" in einer durchaus* konstruktiven *Einstellung behandelt. Er
erörtert und beantwortet darin nämlich die Frage,* wie *diese Begriffe sachlich
angemessen und werturteilsfrei gebraucht werden* können.

---

76 Dieselbe Fehldeutung liegt zugrunde, wenn Roth (1987a: 81, 88; 1987b: 292, 299) die
    Fundierung der historischen Sozialwissenschaft Webers in einem "subjektiven" Erkennt-
    nisinteresse *damit begründet, daß es in der Geschichte* keine "objektiven" Gesetze gebe.
    Zur Korrektur dieser verbreiteten Fehlinterpretation der Weberschen Methodologie, die
    eine absolute Entgegensetzung von Gesetzes- und Wirklichkeitswissenschaften unterstellt,
    siehe neuerdings Rossi (1987: 20–62, besonders 22–25; 1986: besonders 30–32). In
    Wirklichkeit benötigen auch die 'Wirklichkeitswissenschaften' (bzw. 'historischen' Wis-
    senschaften) 'Gesetze', und auch die 'Gesetzeswissenschaften' beruhen notwendig auf
    einem 'subjektiven' Erkenntnisinteresse — allerdings einem sehr besondersartigen,
    nämlich dem sogenannten "technischen" Erkenntnisinteresse.

77 Ich möchte betonen, daß es hier ausschließlich um eine Kritik an Bendix' *Weber-Inter-
    pretation* geht, nicht um eine Lösung der damit berührten wissenschaftstheoretischen
    Probleme. Übrigens gibt es m.E. gute Gründe, für den Gegenstandsbereich der Sozial-
    wissenschaften eine grundsätzlich höhere Komplexität der feststellbaren Regelmäßigkeiten
    des Geschehens anzunehmen, als wir sie im Objektbereich der klassischen Physik antref-
    fen (vgl. dazu: Weaver 1955: 1256; Weaver 1957: 1227–1228; Elias 1956: 241–252;
    Hayek 1967: 3–42; Elias 1983b: 38–57, 194–237). Obwohl man Andeutungen in dieser
    Richtung auch bei Weber *zwischen den Zeilen* finden kann (z.B. GAWL: 112–113), ist
    doch für seine Wissenschaftstheorie ebenso wie für die Rickerts gerade kennzeichnend,
    daß sie von solchen *in der realen Struktur* der Gegenstände *begründeten* Unterschieden
    zwischen Natur- und Sozialwissenschaften weitgehend absieht. Die Möglichkeit des
    "Verstehens" erscheint bei Weber gleichsam als *zusätzliche* Besonderheit der Sozial-
    wissenschaften.

Bei der Kritik an von Belows *Kritik* am Gedanken der "gesetzlichen Entwicklung" stellt Weber ausdrücklich fest: "Es kann sich also bei der Polemik gegen die 'Entwicklungs'-Theoretiker offenbar nur darum handeln, den logischen Sinn des 'Entwicklungs'-Begriffs richtig zu erfassen und zu begrenzen (...)" (GAWL: 229). So bedeutet nach Weber die Formulierung einer *"Entwicklungstendenz"* nicht die Annahme einer metaphysischen Substanz oder wirkenden 'Kraft' in der Geschichte, sondern: daß wir in einem historischen Prozeß Bedingungen oder 'Faktoren' identifizieren und gedanklich isolieren können, die isoliert — *für sich genommen* — einen bestimmten Verlauf des Prozesses erwartbar machen würden; weil sie "isoliert *gedacht*, nach allgemeinen Erfahrungsregeln *generell* einen Erfolg der betreffenden Art zu 'begünstigen', das heißt aber, wie wir wissen: ihn in der Überzahl der als möglich gedachten Kombinationen mit anderen Bedingungen herbeizuführen *pflegen*" (GAWL: 289f.). Weber betont die Legitimität der Formulierung "Entwicklungstendenz" für diesen Sachverhalt ebenso wie die der

"(...) Verwendung von Bildern wie: 'Treibende Kräfte', oder wie umgekehrt: 'Hemmungen' einer Entwicklung — z.B. des 'Kapitalismus' — (...) *alle solche Bezeichnungen sind dann unbedenklich, wenn man sich ihres gedanklichen Charakters bewußt bleibt, wenn man also im Auge behält,* daß sie auf der Abstraktion von gewissen Bestandteilen der realen ursächlichen Verkettung, auf der gedanklichen Generalisation der übrigen in Form objektiver Möglichkeitsurteile und auf der Verwendung dieser zur Formung des Geschehens zu einem ursächlichen Zusammenhang von bestimmter Gliederung beruhen." (GAWL: 290; meine Hervorhebung, A.B.)

Mit anderen Worten: All das ist unbedenklich, solange diese Begriffe nicht reifiziert werden, solange man sich ihres begrifflichen (idealtypischen) Charakters bewußt bleibt, d.h. ihrer Zugehörigkeit zu einem gedanklichen *Modell* des in Frage stehenden wirklichen Geschehenszusammenhangs. Ganz deutlich nimmt Weber dazu im 'Objektivitäts'-Aufsatz Stellung:

"Auch *Entwicklungen* lassen sich nämlich als Idealtypen konstruieren und diese Konstruktionen können ganz erheblichen heuristischen Wert haben. Aber es entsteht dabei in ganz besonders hohem Maße die Gefahr, *daß Idealtypus und Wirklichkeit ineinander geschoben werden.* (...) Die Scheidung streng aufrechtzuerhalten, wird nun erfahrungsgemäß durch einen Umstand oft ungemein erschwert. Im Interesse der anschaulichen Demonstration des Idealtypus oder der *idealtypischen Entwicklung* wird man sie durch Anschauungsmaterial aus der *empirisch-historischen Wirklichkeit* zu verdeutlichen suchen. Die Gefahr dieses *an sich ganz legitimen* Verfahrens liegt darin, daß das geschichtliche *Wissen* hier einmal als Diener der Theorie erscheint statt umgekehrt. Die Versuchung liegt für den Theoretiker recht nahe, dieses Verhältnis entweder für das normale anzusehen, oder, *was schlimmer ist,* Theorie und Geschichte ineinander zu schieben oder geradezu miteinander zu verwechseln." (GAWL: 203/204; meine Hervorhebungen, A.B.)

Die Konstruktion von idealtypischen Entwicklungen, das heißt: von *Entwicklungsmodellen,* bietet aber

"(...) keinerlei methodologische Bedenken, *solange* man sich stets gegenwärtig hält, daß idealtypische Entwicklungs*konstruktion* und *Geschichte* zwei streng zu scheidende Dinge sind" (GAWL: 203f.; Hervorhebungen im Original).

Die besondere Gefahr der Verwechslung von Idealtyp und Wirklichkeit, die bei Entwicklungsmodellen in einem *gesteigerten* Maße vorliegt, darf aber nicht als ein *objekt*spezifisches Problem von Entwicklungstheorien verstanden werden. Wie in dem vorletzten Zitat deutlich wird, verwendet Weber hier den Terminus "Geschichte" als Synonym für "empirisch-historische Wirklichkeit". Die Unterscheidung von Entwicklungsidealtypus und "Geschichte" ist in diesem Fall ein Sonderfall der allgemeineren Unterscheidung Webers zwischen *Theorie* und *Wirklichkeit*.

Es ist ganz unmißverständlich, wenn Weber am Schluß seiner Ausführungen zu diesem Thema direkt auf Marx verweist und ausdrücklich die *methodologische Legitimität* und eminente Nützlichkeit der marxistischen "'Gesetze' und Entwicklungskonstruktionen" unterstreicht, *sofern und solange* sie als idealtypische Modelle verstanden und gehandhabt[78] werden (GAWL: 204-205). Von einer prinzipiellen Ablehnung von "Entwicklungskonstruktionen" kann hier wie anderswo bei Weber nicht die Rede sein, wohl aber von einem gesteigerten methodischen Problembewußtsein.

Ähnlich steht es mit dem Begriff des 'Fortschritts'. Bekanntermaßen hat Weber es stets abgelehnt, Entwicklung mit "Fortschritt" in einem wertenden, moralischen Sinne zu identifizieren. Bendix hält diese Tatsache und Webers Kritik an Fortschrittstheorien, die in dieser Weise das Postulat der Werturteilsfreiheit verletzen, eo ipso für ein Indiz gegen eine entwicklungstheoretische Deutung seiner Sachaussagen (vgl. Bendix 1964: 248, 410 − Anm. 26). Doch gerade in dem 'Wertfreiheits'-Aufsatz, den Bendix als Beleg anführt, hat Weber − *ausdrücklich* in diesem Kontext − eine umstrittene Behauptung zeitgenössischer 'Evolutionisten' *in ihrer Eigenschaft als Tatsachenurteil* ratifiziert; nämlich die These einer sogenannten "seelischen Differenzierung":

"Es ist *natürlich gar kein Zweifel*, daß es jenes faktische 'Fortschreiten der Differenzierung' *gibt*. (...) Immerhin: der *Sachverhalt* besteht. Ob nun jemand fortschreitende Differenzierung als 'Fortschritt' *bezeichnet*, ist an sich terminologische Zweckmäßigkeitsfrage. Ob man sie *aber* als 'Fortschritt' im Sinne zunehmenden 'inneren Reichtums' *bewerten soll*, kann jedenfalls keine empirische Disziplin entscheiden." (GAWL: 518f.; meine Hervorhebungen, A.B.)

Schon diese Passage zeigt, wie unbegründet pauschale Schlußfolgerungen der erwähnten Art sind. Weber hat außerdem in dem gleichen Aufsatz zweierlei getan. Er hat sich ungewöhnlich viel Mühe gegeben, einen *Begriff* von Fort-

---

78 Es gibt übrigens ein deutliches Indiz dafür, daß Weber die ursprüngliche Idee des 'Idealtypus' überhaupt zuerst im Zusammenhang mit der Formulierung von "Tendenzen der Entwicklung" entwickelt hat (vgl. Käsler 1979: 38, 37).

schritt zu definieren, der *unbedenklich* in den empirischen Wissenschaften verwendet werden kann (vgl. GAWL: 520–530), und er hat anschließend für sich selbst von der Verwendung des *Ausdrucks* "Fortschritt" Abstand genommen – eben weil die Gefahr des Mißverstandenwerdens im Sinne des wertenden Fortschrittsbegriffs überwältigend groß ist:

> "Überall und ausnahmslos haftet der in unseren Disziplinen *legitime* Fortschrittsbegriff am 'Technischen', das soll hier, wie gesagt, heißen: am 'Mittel' für einen eindeutig *gegebenen* Zweck. Nie erhebt er sich in die Sphäre der 'letzten' *Wertungen*.
>
> Ich halte nach allem Gesagten die Verwendung des *Ausdrucks* 'Fortschritt' selbst auf dem begrenzten Gebiet seiner *empirisch unbedenklichen Anwendbarkeit*: für *sehr inopportun*. Aber Ausdrücke läßt sich niemand verbieten, und man kann schließlich die möglichen Mißverständnisse vermeiden." (GAWL: 530; meine Hervorhebungen, A.B.)

Nach Webers Auffassung beruht der wissenschaftlich legitime Fortschrittsbegriff auf der Möglichkeit, die *Mittelwahl* eines handelnden Menschen nach intersubjektiv gültigen, nämlich empirischen Kriterien zu beurteilen. Wenn der beabsichtigte Zweck *eindeutig* definiert ist, lassen sich bestimmte Zweckmäßigkeitsurteile über die Eignung der verwendeten oder verfügbaren Mittel zur Realisierung des angestrebten Zielzustands als "einfache Umkehrungen" von entsprechenden Kausalurteilen verstehen.[79] Diese These ist Weber so wichtig, daß er sie allein im 'Wertfreiheits'-Aufsatz fünfmal wiederholt (GAWL: 517, 526, 529, 538, 539; vgl. auch: 127–129, 337–338). Damit ist in Webers Auffassung zumindest im Prinzip ein wertneutraler Bewertungsmaßstab gegeben, an dem 'Fortschritte' abgelesen werden können. Diesen Maßstab differenziert er nach zwei unterschiedlichen Aspekten: der *subjektiven Rationalität* und der *objektiven Zweckmäßigkeit*[80] eines Handelns – in bezug auf den letzteren spricht Weber auch von "rational 'richtigem' Handeln" (GAWL: 525f.). Es ist offensichtlich, daß Weber hier Bezug auf seine eigene Theorie der Rationalisierung nimmt. Ausdrücklich erwähnt er in diesem Zusammenhang:

> "Unser europäisch-amerikanisches Gesellschafts- und Wirtschaftsleben ist in einer spezifischen Art und in einem spezifischen Sinn 'rationalisiert'. Diese Rationalisierung zu erklären und die ihr entsprechenden Begriffe zu bilden, ist daher eine der Hauptaufgaben unserer Disziplinen." (GAWL: 525)

Dieser Kontext macht klar, welche spezifische Art und welcher spezifische Sinn von 'Rationalisierung' hier gemeint ist: nämlich die "Steigerung der subjektiven Rationalität und *objektiv-technischen* 'Richtigkeit' des Handelns" (GAWL: 530). Und ebenso offensichtlich ist auch, daß man es hier durchaus

---

79 Dieser Sachverhalt ist heute weithin als "strukturelle Identität" von nomologischen Erklärungen und Prognosen bekannt: vgl. Hempel (1965: 364–376, 406–409).

80 Im 'Kategorien'-Aufsatz nennt Weber diese beiden Aspekte "subjektive Zweckrationalität" und "objektive Richtigkeitsrationalität" (GAWL: 432ff.).

mit einer "sublimierten Version des liberalen Fortschrittsbegriffs" (Gerth/Mills 1946: 66) zu tun hat. Auch wenn Weber aus guten Gründen den *Ausdruck* vermieden hat, so ist doch gerade aus den Ausführungen des 'Wertfreiheits'-Aufsatzes klar ersichtlich, daß der *Begriff* des Fortschritts *in diesem spezifischen Sinne* ganz genau das Thema bezeichnet, das sich hinter seinem Konzept der Rationalisierung verbirgt.

5.2 Formale Rationalität und Zweckrationalität

Die vorangehenden Überlegungen sollten deutlich machen, daß es von Webers methodologischer Selbstinterpretation aus keine Bedenken gibt, seine Sachaussagen dort evolutionstheoretisch zu deuten, wo dies inhaltlich begründbar ist. Zugleich dienten sie dazu, um ansatzweise zu klären, welcher wissenschaftstheoretische Status Entwicklungskonstruktionen nach Webers eigener Auffassung zuzuschreiben wäre − nämlich der von Idealtypen, d.h. von Modellen, deren Maß von Realitätsadäquanz oder −inadäquanz *in jedem einzelnen Fall* eine offene, *nur* durch empirische Forschung weiter klärbare Frage darstellt.[81]

Außerdem haben die Überlegungen des vorigen Abschnitts uns in die Kernproblematik der Weberschen Rationalisierungstheorie geführt: nämlich zum Begriff der (objektiven und subjektiven) Zweckrationalität. Dieser Begriff ist nicht ohne Berechtigung an den Ausgangspunkt vieler Rekonstruktionsversuche von Webers Rationalitätskonzeption und Rationalisierungstheorie gestellt worden. Aber er weist ein entscheidendes Defizit auf, das denn auch zu zahlreichen Deutungsproblemen in der Sekundärliteratur geführt hat: Er reicht nämlich keineswegs aus, um die volle Breite dessen zu verstehen, was Weber jeweils meint, wenn er von 'Rationalisierung' spricht.

Eine übersichtliche Aufstellung der fünf *wichtigsten* Bedeutungskategorien und −schichten gibt Hartmann Tyrell in einer sehr sorgfältigen und kenntnisreichen Diskussion des Weberschen Rationalisierungskonzepts:

"(...) 1. Rationalität des *Handelns*: einerseits im Sinne von dessen forcierter *'intellektualisierter' Bewußtheit*; andererseits − aber im engsten Zusammenhang damit − im Sinne der expliziten Disponibilität und des *'bewußten Neuschaffens'*;
2. Rationalität der *'sozialen Beziehungen'* im Sinne von deren *'Vergesellschaftung'*;

---

81 Als Belege dafür, daß die *'methodologische'* oder prinzipielle Differenz von Idealtypus und Wirklichkeit für Weber niemals die *Möglichkeit* des empirischen *Zusammentreffens* von Idealtypus und realem Einzelfall ausschloß, vgl. GAWL: 194f., 396; GARS I: 87; WuG: 153 (für die Idealtypen der Herrschaft). Zur Kritik an Tenbrucks (1975: 682, sowie Tenbruck 1959) abweichender Interpretation siehe u.a.: Kröpp (1979: 83-102) und Riesebrodt (1980: 118f.).

3. Rationalisierung als *'Entzauberung der Welt'* im Sinne der *'Verwissenschaftlichung des Weltbilds'* und der *technischen* Weltbeherrschung;

4. Rationalisierung als *'Entzauberung der Welt'* im Sinne der *'Entstereotypisierung'*, nämlich der 'Emanzipation von einem magisch garantierten Traditionalismus';

5. Rationalität im Sinne der strikten *'Konsequenz'* und Rationalisierung als *'Systematisierung'*. (...) (Tyrell 1979: 4; Hervorhebungen im Original)

Weber verwendet die Ausdrücke "Rationalität" und "Rationalisierung" für höchst heterogene empirische Sachverhalte, und in Abhängigkeit vom jeweiligen Verwendungskontext gewinnen selbst die einzelnen Varianten (wie zum Beispiel "Zweckrationalität") jeweils noch sehr unterschiedliche Bedeutungen[82]. So meint Rationalisierung "etwas sehr Verschiedenes (...) schon: je nachdem dabei entweder an jene Art von Rationalisierung gedacht wird, wie sie etwa der denkende Systematiker mit dem Weltbild vornimmt (...) oder vielmehr an die Rationalisierung im Sinne der methodischen Erreichung eines bestimmten gegebenen praktischen Zieles" (GARS I: 265-266). Auch ist etwas nie rational *von sich aus*, sondern immer nur unter einem spezifischen (Zweck-)Gesichtspunkt. Was für den einen Zweck zweckmäßig ('rational') ist, ist es für einen anderen noch lange nicht (vgl. GARS I: 35, Anm. 1). Weber hat dies immer wieder betont, nicht ohne aber darauf hinzuweisen, daß diese Kontextabhängigkeit seiner Bedeutung es keineswegs ausschließt, bestimmte empirische Entwicklungen mit Hilfe dieses Terminus präzise und eindeutig zu beschreiben:

"Es gibt z.B. 'Rationalisierungen' der mystischen Kontemplation, also: von einem Verhalten, welches, von anderen Lebensgebieten her gesehen, spezifisch 'irrational' ist, ganz ebenso gut wie Rationalisierungen der Wirtschaft, der Technik, des wissenschaftlichen Arbeitens, der Erziehung, des Krieges, der Rechtspflege und Verwaltung. Man kann *ferner jedes* dieser *Gebiete* unter *höchst verschiedenen letzten Gesichtspunkten und Zielrichtungen* 'rationalisieren', und was von einem aus 'rational' ist, kann, vom andern aus betrachtet, 'irrational' sein. Rationalisierungen hat es daher auf den verschiedenen

---

82   Ähnliche Aufstellungen, die zwar mit der Tyrells vereinbar sind, aber stärker zusammenfassen und dabei naturgemäß andere Akzente setzen, finden sich bei Weiß (1975: 37-39), Schluchter (1980: 10), Gabriel (1979: 19-21) und Collins (1986a: 62-63). Die Aufstellung Kalbergs (1981: 13-20), die offenbar eine Art 'analytische' Systematisierung beabsichtigt, leidet darunter, daß sie ohne zureichende Begründung vier bestimmte Rationalitätsbegriffe Webers herausgreift und sie so behandelt, als ob alle vier auf der *gleichen grundbegrifflichen* Ebene angesiedelt wären: "praktische", "theoretische", "formale" und "materielle Rationalität". Den Status von Grundbegriffen Webers in einem strengeren Sinne können aber nur die beiden letzteren beanspruchen. Weber redet an den von Kalberg angeführten Stellen auch nicht von praktischer und theoretischer "Rationalität", sondern von theoretischem und praktischem "Rationalismus" (vgl. GARS I: 62, 254, 256, 266, 555). Angemessener und in vieler Hinsicht aufschlußreich ist die ausführliche und weniger schematisierte Darstellung in Kalberg (1978: 81-253). Aus ähnlichen Gründen verfehlt Levines Interpretation (1981), die sich zum Teil an Kalberg (1981) anlehnt, die zentrale Rolle von formaler Rationalität in Webers Theorie der *okzidentalen* Rationalisierung.

Lebensgebieten in höchst verschiedener Art in *allen Kulturkreisen* gegeben. Charakteristisch für deren kulturgeschichtlichen Unterschied ist erst: *welche Sphären* und in *welcher Richtung* sie rationalisiert wurden." (GARS I: 11–12; meine Hervorhebungen, A.B.)

Von diesem grundsätzlichen "Perspektivismus"[83] des Terminus — d.h. seiner verschiedenen Bedeutung je nach Objektbereich und 'letztem' Zweckgesichtspunkt — muß allerdings scharf unterschieden werden die Tatsache: daß Weber durchaus oft inkonsistent und ungenau, d.h. "vieldeutig" in einem trivialen Sinne ist, wenn er diesen Ausdruck häufig ohne nähere Qualifikation der spezifischen Bedeutungsvariante und des jeweils veranschlagten Bezugsgesichtspunkts verwendet — in einem Ausmaß, das wirklich erstaunlich und ärgerlich ist für jemanden, der so nachdrücklich und häufig auf der Notwendigkeit präziser und eindeutiger Begriffe bestanden hat (vgl. dieselbe Beobachtung bei Eisen 1978: 57–58; Kalberg 1981: 9–10; Tyrell 1979: 2–3; Levine 1981: 10; Brubaker: 1984: 1–2; Andreski 1984: 58–59; Collins 1986a: 62–63, 69–71).

Dennoch und obwohl Weber nirgendwo eine synoptische Darstellung all seiner verschiedenen spezifischen Rationalitätskonzepte und ihrer "letztlich untrennbaren Zusammengehörigkeit" (GARS I: 266) geliefert hat, läßt sich zeigen, daß es eine einzige grundlegende Gemeinsamkeit in den verschiedenen Begriffsvarianten gibt, aus der sich ihr sachlicher Zusammenhang erschließen läßt. Wie Kalberg beobachtet hat, "sind kognitive Prozesse, die auf eine bewußte Beherrschung der Wirklichkeit *abzielen, allen* Typen der Rationalität" bei Weber "gemeinsam (...). In der Beherrschung der Wirklichkeit liegt ihr gemeinsames Ziel (...)"[84]. Für Weber beruht die Verwirklichung dieses Ziels im Prinzip immer auf der Kenntnis oder Anwendung von Regeln — seien diese empirischer, 'technischer' oder normativer Natur.[85] Von diesem Bedeutungskern seines Rationalitätsbegriffs aus lassen sich alle kontextspezifischen Verwendungsweisen des Terminus und seine verschiedenen Varianten dechiffrieren. Nur im Blick auf die Kontrolle natürlicher, sozialer oder 'innermenschlicher' (inklusive psychischer und kognitiver) Prozesse läßt sich verstehen, was Weber mit 'Rationalisierung' jeweils meint. Damit rückt zugleich bei der Interpretation von Webers Rationalisierungsthese der Begriff der "formalen Rationalität" in

---

83 So nennt Kalberg (1981: 17; 1978: 19–23) die prinzipielle Kontextabhängigkeit des Weberschen Rationalitätsbegriffs. Vgl. dazu auch Freund (1968: 141, 213).

84 Kalberg (1981: 20; meine Hervorhebungen, A.B.). Vgl. dazu auch Kalberg (1978: 127) und insbesondere Brubaker (1984: 33–35).

85 In diesem Sinne erläutert Weber die "Rationalität" bürokratischen Handelns: "prinzipiell (steht) hinter jeder Tat echt bürokratischer Verwaltung ein System rational diskutabler 'Gründe', *d.h. entweder:* Subsumtion unter Normen, *oder:* Abwägung von Zwecken und Mitteln." (WuG: 565; meine Hervorhebungen, A.B.)

den Mittelpunkt, der nämlich diesen zentralen Bedeutungsschwerpunkt seines Rationalitätsbegriffs auch explizit hervorhebt.[86]

Eine der aufschlußreichsten und anschaulichsten Passagen, die Webers Vision eines langfristigen historischen Prozesses der Rationalisierung sehr deutlich dokumentiert, findet sich in seinem 1919 zum Aufsatz umgearbeiteten Vortrag *Wissenschaft als Beruf*. Die paradigmatische Bedeutung dieser Ausführungen wird noch dadurch unterstrichen, daß sich eine sinngemäß fast identische Parallelstelle schon im älteren 'Kategorien'-Aufsatz (vgl. GAWL: 473-474) findet.

"Der wissenschaftliche Fortschritt ist ein Bruchteil, und zwar der wichtigste Bruchteil, jenes Intellektualisierungsprozesses, *dem wir seit Jahrtausenden unterliegen* und zu dem heute üblicherweise in so außerordentlich negativer Art Stellung genommen wird.

Machen wir uns zunächst klar, was denn eigentlich diese intellektualistische Rationalisierung durch Wissenschaft und wissenschaftlich orientierte Technik praktisch bedeutet. Etwa, daß wir heute, jeder z.B., der hier im Saale sitzt, eine größere Kenntnis der Lebensbedingungen hat, unter denen er existiert, als ein Indianer oder ein Hottentotte? Schwerlich. Wer von uns auf der Straßenbahn fährt, hat − wenn er nicht Fachphysiker ist − keine Ahnung, wie sie das macht, sich in Bewegung zu setzen. Er braucht auch nichts davon zu wissen. Es genügt ihm, daß er auf das Verhalten des Straßenbahnwagens 'rechnen' kann, er orientiert sein Verhalten daran; aber wie man eine Trambahn so herstellt, daß sie sich 'bewegt, davon weiß er nichts. Der Wilde weiß das von seinen Werkzeugen ungleich besser. Wenn wir heute Geld ausgeben, so wette ich, daß, sogar wenn nationalökonomische Fachkollegen im Saale sind, fast jeder eine andere Antwort bereit halten wird auf die Frage: Wie macht das Geld es, daß man dafür etwas − bald viel, bald wenig − kaufen kann? Wie der Wilde es macht, um zu seiner täglichen Nahrung zu kommen, und welche Institutionen ihm dabei dienen, das weiß er. Die zunehmende Intellektualisierung und Rationalisierung bedeutet also *nicht* eine zunehmende allgemeine Kenntnis der Lebensbedingungen, unter denen man steht. Sondern sie bedeutet etwas anderes: das Wissen davon oder den Glauben daran: daß man, wenn man *nur wollte*, es jederzeit erfahren *könnte*, daß es also prinzipiell keine geheimnisvollen unberechenbaren Mächte gebe, die da hineinspielen, daß man vielmehr alle Dinge − im Prinzip − durch *Berechnung beherrschen* könne. Das aber bedeutet: die Entzauberung der Welt. Nicht mehr, wie der Wilde, für den es solche Mächte gab, muß man zu magischen Mitteln greifen, um die Geister zu beherrschen oder zu erbitten. Sondern technische Mittel und Berechnung leisten das. Dies vor allem bedeutet die Intellektualisierung als solche." (GAWL: 593f.; nur die erste Hervorhebung von mir, A.B.)

Dieses Beispiel ist in vieler Hinsicht erhellend: Es zeigt zwischen den Zeilen die Ambivalenz in Webers *Bewertung* der von ihm diagnostizierten Intellektuali-

---

86 Dies entspricht dem Vorschlag Döberts (1985), aber auch bereits der ausführlichen Analyse Brubakers, die an Klarheit und Systematik der Deutung die bisherige Sekundärliteratur hinter sich läßt. Ich lehne mich in diesem und dem übernächsten Abschnitt dieses Kapitels an seine Analyse und Darstellung des Weberschen Rationalitätsbegriffs an (Brubaker 1984: insbesondere 1-52). Ohne seinerzeit seine Arbeit zu kennen, bin ich im wesentlichen zur gleichen Interpretation gelangt.

sierung, der "wir seit Jahrtausenden unterliegen". Und es verweist auf die gesellschaftliche Funktionsteilung als einen integralen Aspekt des als 'Rationalisierung' bezeichneten Entwicklungsprozesses. In der erwähnten Parallelpassage verweist Weber ausdrücklich auf den "Fortschritt der gesellschaftlichen Differenzierung und Rationalisierung" (GAWL: 473). Wichtig ist in diesem Zusammenhang, daß Weber scharf zwischen der *"objektiven"* und der *"subjektiven"* Rationalität eines Handelns unterscheidet. Die "objektive Richtigkeitsrationalität" (GAWL: 432-434) eines Handelns meint die "objektiv", "von außen", d.h. nach dem wissenschaftlichen Erkenntnisstand und nach wissenschaftlich akzeptierten Gültigkeitskriterien beurteilte *Zweckmäßigkeit* der vom Handelnden vorgenommenen Mittelauswahl unter Voraussetzung der ihm zur Verfügung stehenden "Mittel". Hingegen zielt die "subjektive Zweckrationalität" (ebd.; WuG: 12-13) auf einen ganz anderen Aspekt der Handlung, nämlich *auf die "subjektive" Orientierung* des Handelnden am Kriterium des Erfolgs seiner Mittelwahl — das heißt aber: auf das *Maß*, in dem der Handelnde mehr oder weniger *bewußt* die Verwirklichung von objektiver Richtigkeitsrationalität *anstrebt.* Daß beides keineswegs zusammenzufallen braucht, hat Weber immer wieder betont (z.B.: GAWL: 432-435, 525-526). Wenn Weber in der hier zitierten Passage von einer "Rationalisierung durch Wissenschaft und wissenschaftlich orientierte Technik" redet, denkt er damit vorrangig an eine Veränderung in der intentionalen Steuerung von Handlungen: nämlich an die Ausbreitung und Verallgemeinerung einer 'Einstellung' auf ein *absichtsvoll* zweckrationales Handeln. Nichts anderes ist gemeint, wenn von dem "Wissen davon oder dem Glauben daran" die Rede ist, "daß man, wenn man nur *wollte,* (...) alle Dinge — im Prinzip — durch *Berechnung beherrschen* könne".

Während objektive Richtigkeitsrationalität das tatsächliche Maß der Beherrschung realer Prozesse bezeichnet, die von einem menschlichen Sichverhalten erreicht wird — unabhängig von der Art seiner Steuerung –, ist subjektive Zweckrationalität das *Bewußtsein* der Möglichkeit und das absichtsvolle Streben nach effizienter Kontrolle.[87] Als zweckrational orientiertes Handeln schwebt Weber dabei ein Modell des Handelns vor, in dem so weit wie möglich alle

---

87 Daher ist es ein anregender und höchst wichtiger Einwand gegen Webers Thesen — aber kein wirklich treffender —, wenn Andreski (1984: 70) die Hexenjagd der frühen europäischen Neuzeit anführt und mit Voltaire feststellt, nie sei etwas derart Verrücktes in China geschehen. Dasselbe gilt für seinen Hinweis auf die *objektive* Rationalität 'primitiver' Lebensformen unter Voraussetzung der ihnen gegebenen technischen Möglichkeiten. Sollte sich Andreskis Vermutung (ebd.: 66) empirisch bestätigen lassen, daß ein "Index des Umfangs rationaler Entscheidungsfindung pro Kopf" die Eskimos im Vergleich zu heutigen Westeuropäern als 'rationaler' ausweisen müßte, so wäre Webers Rationalisierungsthese allerdings revisionsbedürftig. Auf die "Irrationalisierung" des Handelns in *bestimmten* Handlungsbereichen des modernen Lebens komme ich später noch zurück.

Komponenten des Handlungsablaufs diesem Streben untergeordnet werden. Nicht nur die Auswahl der adäquaten 'Mittel', sondern auch die Auswahl der 'Zwecke' orientiert sich im idealtypischen Grenzfall an Kriterien der 'Machbarkeit', des Erfolgs bei der Kontrolle des Geschehens. Weil die Effizienzbeurteilung von Mitteln und 'Zweck'-Definitionen aber immer schon mindestens einen gegebenen Zweckgesichtspunkt *voraussetzt*, kann die Anwendung dieses Kriteriums nicht auf die gesamte Handlung mitsamt allen Handlungsmomenten ausgedehnt werden. Eine Zweckrationalität der Handlung um der Zweckrationalität willen kann es genausowenig geben wie eine abstrakte Kontrolle ohne jeden Zweck, d.h. ohne eine Definition eines Zielzustands des zu kontrollierenden Geschehensablaufs.[88] Nichtsdestoweniger bedeutet im idealtypischen Grenzfall die zweckrationale Orientierung des Handelns, daß neben der 'Zweckmäßigkeit' der Mittel und konkreten Zweckdefinitionen keine anderen *situationsunabhängigen* Bewertungskriterien für deren Auswahl relevant sind. Schon die wertrationale Entscheidung über den 'letzten' Zweck der Handlung betrachtet Weber als eine Art 'Einschuß' in die bewußte Zweckrationalität des Handelns:

> "Die Entscheidung zwischen konkurrierenden und kollidierenden Zwecken und Folgen kann dabei ihrerseits wertrational orientiert sein: *dann* ist das Handeln *nur in seinen Mitteln zweckrational*." (WuG: 13, meine Hervorhebungen, A.B.)

Auf den Begriff der wertrationalen Orientierung werde ich noch zurückkommen. Entscheidend ist hier nur, daß Weber schon die wertrationale Auswahl der Zwecke für eine Abweichung vom reinen Typus zweckrationalen Handelns hält. Und zweitens: daß die Entscheidung über konkurrierende Zwecke auch nach anderen als wertrationalen Kriterien erfolgen kann — ohne Bezugnahme auf *Normen* in einem anderen Sinne als 'technischen' Regeln der Effizienz bzw. Zweckmäßigkeit.[89] Sie kann vielmehr vorgenommen werden "*ohne* wertrationale Orientierung" durch die Einordnung der Zwecke "einfach als *gegebene* subjektive *Bedürfnisregungen* in eine Skala ihrer (...) bewußt abgewogenen Dringlichkeit (...) (*Prinzip des 'Grenznutzens'*)" (WuG: 13; meine Hervorhebungen, A.B.). In diesem Falle behandelt der Handelnde seine eigenen Bedürfnisregungen als 'gegeben' — das heißt: er behandelt sie wie vorgefundene äußere *Bedingungen* seines Handelns.

---

88 Deshalb kann es auch keine *konsequente* "Realpolitik" geben, die nicht irgendwie an bestimmten (nicht unbedingt: konstanten) Zielen orientiert wäre.

89 Parsons' Interpretation verwischt in ihrem Gebrauch des *Ausdrucks* "Norm" den fundamentalen Unterschied zwischen solchen 'technischen' Maximen, die gar nichts anderes als empirische Regelmäßigkeiten darstellen, und 'Normen' im ethisch-moralischen Sinne: vgl. Parsons (1949: 650-654) und dazu Cohen et al. (1975: 233-235).

Eine Veränderung der Handlungsorientierungen in dieser Richtung hat
Weber vor Augen, wenn er *eine* der *möglichen* Richtungen von Rationalisierung
folgendermaßen beschreibt:

> "*Eine* wesentliche Komponente der 'Rationalisierung' des Handelns ist der Ersatz der
> inneren Einfügung in eingelebte Sitte durch die *planmäßige Anpassung* an Interessen-
> lagen. Freilich erschöpft dieser Vorgang den *Begriff* der 'Rationalisierung' des
> Handelns nicht. Denn außerdem *kann* diese positiv in der Richtung der bewußten
> Wertrationalisierung, negativ aber außer auf Kosten der Sitte auch auf Kosten affektuel-
> len Handelns, und endlich auch zugunsten eines *wertungläubigen, rein zweckrationalen,*
> auf Kosten wertrational gebundenen Handelns verlaufen. Diese Vieldeutigkeit des
> *Begriffs* der 'Rationalisierung' des Handelns wird uns noch öfter beschäftigen. (...)"
> (WuG: 15-16; meine Hervorhebungen, A.B.)

Charakteristisch ist hier die Gleichsetzung von "*wertungläubigem*" mit "*rein
zweckrationalem*" Handeln. Die Behandlung der "Interessen" der Handelnden
als gegebene Daten, d.h. in der Funktion von "Bedingungen" des Handelns,
wird hier unter anderem durch den Begriff "Anpassung" signalisiert. Schon
früher hatte Weber in diesem Sinne den Ausdruck zur Umschreibung rein
zweckrationalen Handelns gebraucht: "*Streng* rationales Handeln – so kann
man es auch ausdrücken – wäre *glatte* und *restlose* 'Anpassung' an die gegebene 'Situation'." (GAWL: 227 – Anm. 1; meine Hervorhebungen, A.B.).
Nicht zufällig erscheint Weber das vorrangig durch Interessenlage gesteuerte
ökonomische Handeln der Marktinteressenten[90] zugleich als der Archetypos
allen rationalen Gesellschaftshandelns (vgl. WuG: 382, 402). Wie ich später
(Abschnitt 5.8) noch zeigen werde, ist die Bezugnahme auf die ökonomische
Grenznutzenlehre kein Zufall, sondern *systematisch zentral* für Webers Definition zweckrationalen Handelns.

In der zitierten Passage aus "Wissenschaft als Beruf" hat Weber *explizit*
Rationalisierung und Intellektualisierung in Verbindung gebracht mit der Beherrschung der Dinge durch Berechnung. Der Zusammenhang von Kontrolle und
vorausschauender Kalkulation ist jedoch schon grundlegend für die Definition
zweckrational orientierten Handelns überhaupt. Dies beruht auf der Abhängigkeit von Zweckmäßigkeitsurteilen von der Kenntnis oder Annahme von Regelmäßigkeiten oder Mustern des Geschehens, die eine Prognose über die Wirkungen alternativer 'Mittel' oder Handlungsstrategien gestatten:

> "(...) Es gibt kein rationales Handeln *ohne* kausale Rationalisierung des als Objekt und
> Mittel der *Beeinflussung* in Betracht gezogenen Ausschnittes aus der Wirklichkeit, d.h.
> ohne dessen Einordnung in einen Komplex von *Erfahrungsregeln*, welche aussagen,
> welcher Erfolg eines bestimmten Sich-Verhaltens *zu erwarten steht*." (GAWL: 127;
> meine Hervorhebungen, A.B.)

---

90   In diesem Sinne nennt Weber den Markt den "wichtigste(n) Typus der gegenseitigen
      Beeinflussung des Handelns durch nackte *Interessenlage*" (WuG: 23).

Die Einordnung der historisch–sozialen Wirklichkeit unter *Erfahrungsregeln* — das ist Webers Ausdruck für *'Gesetz'* in einem weiteren Sinne, der auch Wahrscheinlichkeitsaussagen einschließt — ist schon immer Voraussetzung für zweckrational orientiertes Handeln. Eine Weberinterpretation, die diesen einfachen Sachverhalt übersieht, indem sie Weber die antideterministische Auffassung der 'Geschichte' als prinzipiell unberechenbares Königreich des Zufalls unterschiebt, muß schon an dieser Stelle auf Grund laufen. Auf Prognosen ('Vorausberechnungen') des Geschehens, nämlich auf die *empirischen Erwartungen* der Handelnden, nimmt denn auch die klassische Definition der "Grundbegriffe" gleich im Ansatz Bezug. Zweckrational orientiertes Handeln ist bestimmt

> "(...) durch *Erwartungen* des Verhaltens von Gegenständen der *Außenwelt* und von *anderen* Menschen und unter Benutzung dieser Erwartungen als 'Bedingungen' oder als 'Mittel' für rational, *als Erfolg*, erstrebte und abgewogene eigne Zwecke (...)." (WuG: 12; meine Hervorhebungen, A.B.)

Rationalität im Sinne von zweckrationaler Orientierung und im Sinne des okzidentalen Rationalismus zielt immer auf die Kontrolle der "Außenwelt". Welchen konkreten Erfolg, welchen bestimmten Zielzustand des Geschehens die absichtsvolle Intervention[91] in den Geschehensablauf zu verwirklichen sucht, ist für die Beurteilung eines Handelns als zweckrational *orientiert* gleichgültig. Wichtig sind nur die *Kriterien*, auf deren Grundlage der Handelnde zwischen eventuell konkurrierenden Zwecken und Mitteln entscheidet. In jedem Fall ist die absichtsvolle "Beeinflussung" des betreffenden Wirklichkeitsausschnitts an "Berechnung" in einem weiteren Wortsinne gebunden — im günstigsten Fall der quantitativen Präzisierbarkeit der benutzten Erfahrungsregeln und relevanten Situationsbedingungen auch an 'Berechnung' im engeren Sinne.

Wichtig ist an Webers Definition der Akzent auf der "Außenwelt" (inklusive anderer Menschen). Wir werden sehen, daß Zweckrationalität sich vor allem dadurch von Wertrationalität als Handlungsorientierung unterscheidet, daß das *Objekt* der Beeinflussung im letzteren Falle nicht primär die 'äußere' Wirklichkeit ist.

Weber hat den Terminus "Beherrschung" auch explizit immer wieder verwendet, um damit die immanente Zielsetzung von Rationalität und zugleich die des spezifisch okzidentalen Rationalismus zu charakterisieren. Selbst wo er die *Heterogenität* seiner verschiedenen Rationalitätskonzepte betont, ist die damit bezeichnete Idee im Hintergrund als einigendes Band der vielfältigen Begriffs-

---

91 Wie Parsons mit Recht feststellt, ist die Unterscheidung zwischen 'Mitteln' und 'Bedingungen' des Handelns bestimmt durch das Ausmaß der Kontrolle, die der Handelnde über die verschiedenen Elemente seiner Handlungssituation ausübt (Parsons 1949: 44).

varianten erkennbar.[92] So, wenn er über die Schicht der "Bürger" und die ihrer Lebensform funktional adäquate ("wahlverwandte") Form eines "praktischen Rationalismus"[93] schreibt:

> "Auf technischer oder ökonomischer *Berechnung* und *Beherrschung von Natur und Menschen* − mit wie primitiven Mitteln auch immer − ruhte ihre ganze Existenz." (GARS I: 256; meine Hervorhebungen, A.B.)

und einige Seiten weiter:

> "Denn es ist hier vorweg noch einmal daran zu erinnern: daß 'Rationalismus' etwas sehr Verschiedenes bedeuten kann. So schon: je nachdem dabei entweder an jene Art von Rationalisierung gedacht wird, wie sie etwa der denkende Systematiker mit dem Weltbild vornimmt: *zunehmende* theoretische *Beherrschung der Realität* durch zunehmend präzise abstrakte Begriffe. − oder vielmehr an die Rationalisierung im Sinne der methodischen Erreichung eines bestimmten gegebenen praktischen Zieles durch *immer präzisere Berechnung* der adäquaten Mittel. Beides sind sehr verschiedene Dinge trotz der *letztlich untrennbaren Zusammengehörigkeit.*" (GARS I: 265-266; meine Hervorhebungen, A.B.)

Es liegt hier für jeden sorgfältigen Leser klar auf der Hand: in beiden Fällen − *sowohl* dem "theoretischen" *als auch* dem "praktischen" Rationalismus − ist hier etwas Gleichartiges und letzten Endes Einheitliches gemeint: nämlich "Naturbeherrschung" in genau jenem Sinne, wie Horkheimer und Adorno den Begriff später verwendet haben.

Für Weber ist die "Beherrschung" des Geschehens gleichermaßen nützliche Folge der Erkenntnis wissenschaftlicher Gesetze[94], lebenspraktische Funktion der modernen Naturwissenschaften[95] und der neuzeitlichen Wissenschaft überhaupt[96], Lebensaufgabe des Gläubigen in der spezifisch rationalistischen Lebensauffassung des asketischen Protestantismus[97] − und im Vergleich mit

---

92   Für die Verbindung von Beherrschung und Berechnung − u.a. in der wiederkehrenden Formel der Beherrschung *durch* Berechnung − siehe die folgenden (zum Teil hier zitierten) Stellen: GAWL: 594 (für den Prozeß der Rationalisierung und Intellektualisierung), 607 (für Wissenschaft mit Einschluß der Humanwissenschaften); GARS I: 256, 266; auch *sinngemäß* GARS II: 377 (für den rein sachlichen Rationalismus des Westens).

93   In "theoretischem" und "praktischem Rationalismus" identifiziert Kalberg (1981: 13-21) neben "formaler" und "materialer Rationalität" die vier *Haupttypen* der Rationalität bei Weber.

94   Vgl. GAWL: 304.

95   Vgl. GAWL: 599-600. Siehe aber auch für die Ursprünge empirischen Wissens: GARS I: 254.

96   Vgl. GAWL: 607, 598.

97   Vgl. GARS I: 534, 535, 527; WuG: 333 und implizit: 345.

anderen Zivilisationen kennzeichnend für den abendländischen Rationalismus schlechthin.[98]

Insbesondere Schluchter hat in seinen Interpretationen nachdrücklich darauf hingewiesen, daß Weber die Besonderheit der israelitisch–jüdisch–christlichen Entwicklungslinie der religiösen Weltbilder und Lebensideale gerade in der Ausbildung eines konsequenten Rationalismus der "Weltbeherrschung" identifiziert hat.[99] Es ist die im Kontext seiner Religionssoziologie entscheidende Eigentümlichkeit des "rein sachliche(n) Rationalismus des Westens", daß er "die Welt *praktisch* durch Aufdeckung ihrer eigenen unpersönlichen Gesetzlichkeiten zu meistern trachtet" (GARS II: 377; meine Hervorhebung, A.B.).

In diesem Sinne weisen die strukturellen Merkmale und Komponenten der abendländischen Moderne in Webers Augen einen besonderen Bezug zum Ziel der effektiven Kontrolle durch Berechnung auf. Der Begriff, mit dessen Hilfe er diesen spezifischen Bezug charakterisiert, ist der der "*formalen* Rationalität". Schon die Wortwahl verrät, daß Weber mit der Verwendung gerade dieses Ausdrucks zur Kennzeichnung der *Besonderheiten* der modernen kapitalistisch-bürokratischen Gesellschaftsordnung damit zugleich für diese Zivilisation die Verwirklichung eines universell bedeutsamen Maßstabs in Anspruch nimmt. Unter Vorbehalt hat er dies auch explizit formuliert: Mit Bezug genau auf die mit diesem Terminus qualifizierten Merkmale und Komponenten der okzidentalen Zivilisation spricht er von "Kulturerscheinungen (...), welche doch − wie wenigstens wir uns gern vorstellen − in einer Entwicklungsrichtung von *universeller* Bedeutung und Gültigkeit lagen" (GARS I: 1).

Dieser universalistische Zug der Begrifflichkeit, in der Weber gerade die *Eigentümlichkeit* der okzidentalen Kultur rekonstruiert, ist von jenen Kommentatoren übersehen worden, die Webers Betonung ihrer Eigenartigkeit als Beweis einer "historizistischen" im *Gegensatz* zu einer evolutionstheoretischen Position verstehen (vgl. z.B. Collins 1980: 934, 935; 1986a: 95; 1986b: 35). Webers Begrifflichkeit setzt nämlich eine Skala voraus, an der sich verschiedene Zivilisationen messen lassen (und − wie Weber impliziert − auch miteinander 'messen'). Und in diesem Sinne sieht Weber in den besonderen "Kulturerscheinungen" der westlichen Neuzeit evolutionäre 'Errungenschaften', deren Merkmale für alle Menschen *wissenswert* sind, die zweckrational handeln *wollen*, nämlich im Umgang mit der 'äußeren' Welt erfolgreich sein möchten.

---

98 Vgl. GARS II: 377, 365.

99 Siehe dazu Schluchter (1979: 209, 225, 230-255; 1980: 14, 17-30; 1981: 13-15, 55-58; 1983: 26-31). Daß sowohl bei Weber als auch bei Horkheimer und Adorno "Naturbeherrschung" bzw. "Weltbeherrschung" im Mittelpunkt ihrer Zivilisationstheorien steht, hat natürlich seine theoriegeschichtlichen Gründe. Der wichtigste ist offenbar der Einfluß Nietzsches (vgl. dazu jetzt Stauth/Turner 1988: besonders 96-122, 151-179).

Weber macht diese Skala der Beurteilung, diesen Rationalitätsbegriff nämlich, zu seinem eigenen *Vergleichsmaßstab*[100], wenn er in seinen Definitionen
"formaler Rationalität" den Gesichtspunkt der Kalkulierbarkeit ganz vorrangig
zur Geltung bringt. Sowohl für die Wirtschaft wie für die staatliche Verwaltung
wie für die Rechtsprechung gilt nach Weber, daß ein Höchstmaß von deren
jeweiliger formaler Rationalität identisch ist mit dem Höchstmaß von "Präzi-
sion, Stetigkeit, Disziplin, Straffheit und Verläßlichkeit, also: Berechenbarkeit"
(so Weber für die bürokratische Herrschaft: WuG: 128). Analoge Formulierungen, in denen Weber die "formale Rationalität" von Wirtschaft, Recht und
Verwaltung primär mit Berechenbarkeit oder Rechenhaftigkeit gleichsetzt, finden
sich überall in seinem Werk (vgl. zum Beispiel: WuG: 44-45, 60, 88, 92, 94,
108, 139, 166, 468, 469, 470, 505, 562, 563; GARS I: 5-6, 9, 10, 349,
393-394, 437-438; GAWL: 473-474).

Formale Rationalität in diesem Sinne stellt für Weber genau jenen Aspekt
dar, unter dem die gesellschaftliche Rationalisierung der Wirtschaft einerseits,
der staatlichen Verwaltung und Rechtsprechung andererseits und die Rationalisierung der Ideen analoge Züge annehmen *und* sich praktisch miteinander
verschränken. In ihm konvergieren die heterogenen Rationalisierungsprozesse,
aus deren welthistorisch einmaligem *Zusammentreffen* Weber die Entstehung
des modernen Betriebskapitalismus erklärt.[101] Weber hat das *Modell strukturel-
ler Zusammenhänge*, auf dem diese historische Erklärung beruht, für das
Verhältnis von ökonomischer, politischer und Rechtsrationalisierung unmißverständlich in einer seiner politischer Schriften formuliert:

---

100   D.h. zu einem *ausschließlich Erkenntnisz*wecken dienenden Vergleichsgesichtspunkt, der
      der *Charakterisierung*, nicht der ethisch-moralischen Wertung dient. Vgl. zur Unterschei-
      dung zwischen diesen beiden möglichen Funktionen von Interpretationsmaßstäben: Nagel
      (1971: 246-251).

101   Eine übersichtliche Rekonstruktion von Webers Erklärung der Genese des modernen
      Kapitalismus gibt Collins (1980 und 1986b: 19-44), der sich dabei vorrangig, aber
      keineswegs ausschließlich, auf die als "Wirtschaftsgeschichte" veröffentlichten Vorle-
      sungsnachschriften stützt. Das tut der Zuverlässigkeit seiner Interpretation keinen
      Abbruch, solange man sie gemäß ihrem Thema nur als Darstellung dieses − zweifellos
      zentralen − *Aspekts* des Weberschen Werks versteht. Zur herausragenden Bedeutung der
      "Berechenbarkeit" in diesem Zusammenhang vgl. neben Collins (1980: 927-928; 1986a:
      83-86; 1986b: 22-23) insbesondere Brubaker (1984: 10-16, 34-37). Zur Identität von
      formaler Rationalität und Berechenbarkeit siehe aber auch schon die Definition "funktio-
      neller Rationalität" bei Mannheim (1958: 63-65), die sich an Webers Begriff anlehnt.
      Marcuses Vortrag (1965) enthält ebenfalls eine Reihe wichtiger Beobachtungen in dieser
      Richtung, versteht sich aber irrtümlich als *Ideologie*kritik, wenn er gar nichts anderes tut,
      als die rein 'technische', 'amoralische' Natur dieses Rationalitätsbegriffs herauszuarbeiten.
      Vgl. als adäquate Gegenkritik: Mommsen (1974a: 172-177).

"Der moderne kapitalistische Betrieb ruht innerlich vor allem auf der *Kalkulation*. Er braucht für seine Existenz eine Justiz und Verwaltung, deren Funktionieren wenigstens im Prinzip ebenso an festen generellen Normen *rational kalkuliert* werden kann, wie man die voraussichtliche Leistung einer *Maschine* kalkuliert. Er kann sich mit der im populären Sprachgebrauch sogenannten 'Kadijustiz': dem Judizieren nach dem Billigkeitsempfinden des Richters im *Einzel*fall oder nach anderen irrationalen Rechtsfindungsmitteln und Prinzipien, wie sie in der Vergangenheit überall bestanden, im Orient noch heute bestehen, ebensowenig befreunden wie mit der patriarchalen, nach freier Willkür und Gnade und im übrigen nach unverbrüchlich heiliger, aber irrationaler, Tradition verfahrenden Verwaltung der theokratischen oder patrimonialen Herrschaftsverbände Asiens und unserer eigenen Vergangenheit. (...) Das aber, was dem *modernen* Kapitalismus im Gegensatz zu jenen uralten Formen kapitalistischen Erwerbs (z.B. "Abenteurer- und Raubkapitalismus"; A.B.) spezifisch ist: die streng rationale *Organisation der Arbeit* auf dem Boden *rationaler Technik*, ist *nirgends* innerhalb derartig irrational konstruierter Staatswesen entstanden und konnte dort auch nie entstehen. Denn dazu sind diese modernen Betriebsformen mit ihrem stehenden Kapital und ihrer exakten Kalkulation gegen Irrationalitäten des Rechts und der Verwaltung viel zu empfindlich. Sie konnten nur da entstehen, wo *entweder*, wie in England, die praktische Gestaltung des Rechts tatsächlich in den Händen der Advokaten lag, welche im Dienst ihrer Kundschaft: der kapitalistischen Interessenten also, die geeigneten Geschäftsformen ersannen, und aus deren Mitte dann die streng an 'Präzedenzfälle', also an *berechenbare* Schemata gebundene Richter hervorgingen. *Oder* wo der Richter, wie im bürokratischen Staat mit seinen rationalen Gesetzen, mehr oder minder ein Paragraphen-Automat ist, in welchen man oben die Akten nebst den Kosten und Gebühren hineinwirft, auf daß er unten das Urteil nebst den mehr oder minder stichhaltigen Gründen ausspeie: — dessen Funktionieren also jedenfalls im großen und ganzen *kalkulierbar* ist." (GPS: 322–323; Hervorhebungen im Original)

Ich habe diese Passage ihrer klaren und anschaulichen Form wegen ausgewählt — Aussagen des gleichen *Inhalts* lassen sich mehrfach auch in Webers wissenschaftlichen Schriften wiederfinden (vgl. insbesondere WuG: 643, 562–563; GARS I: 10–11, 393–394; WuG: 94, 139, 198, 129, 505, 117–118; GAWL: 474). Nicht zufällig beschwört Weber bei der Erläuterung formaler Rationalität der Bürokratie oder des Rechts immer wieder die Metaphern der lebenden Maschine oder des Paragraphen-Automaten (z.B.: WuG: 561–562, 507; GARS I: 394; GPS: 332; GAWL: 474).

In einem ähnlichen Sinne ist der Fortbestand des modernen Kapitalismus für Weber von der Existenz einer berechenbaren *Technik* im engeren Wortsinne abhängig (WuG: 94; GARS I: 10, 12). Weber hat seinen Begriff formaler Rationalität nur für die Rationalität des Wirtschaftens näher erläutert — hier stehen naturgemäß Rechnen und Berechenbarkeit auch im engen Wortsinne im Vordergrund. Ich zitiere die entsprechende Passage etwas ausführlicher, weil sie zugleich das Verhältnis dieses Terminus zu seinem Gegenbegriff der "materialen" Rationalität aufklärt und dabei die merkwürdige Sonderstellung von formaler Rationalität markiert — nämlich deren relative *Eindeutigkeit* als Rationalitätsmaßstab:

"Als formale Rationalität eines Wirtschaftens soll hier das Maß der ihm technisch möglichen und von ihm wirklich angewendeten Rechnung bezeichnet werden. Als materielle Rationalität soll dagegen bezeichnet werden der Grad, in welchem die jeweilige Versorgung von Menschengruppen (...) mit Gütern (...) sich gestaltet unter dem Gesichtspunkt bestimmter (wie auch immer gearteter) wertender Postulate (...). Diese sind höchst vieldeutig. (...) Dieser Begriff (der formalen Rationalität, A.B.) ist also (wenn auch, wie sich zeigen wird, nur relativ) eindeutig wenigstens in dem Sinn, daß die Geldform das Maximum dieser formalen Rechenhaftigkeit darstellt (natürlich auch dies: ceteris paribus!).

3. Dagegen ist der Begriff der materialen Rationalität durchaus vieldeutig. Er besagt *lediglich dies Gemeinsame:* daß eben die Betrachtung sich mit der rein formalen (relativ) eindeutig feststellbaren Tatsache: daß zweckrational, mit technisch tunlichst adäquaten Mitteln, gerechnet wird, *nicht begnügt*, sondern *ethische, politische, utilitarische, hedonische, ständische, egalitäre oder irgendwelche anderen Forderungen stellt und daran die Ergebnisse des* (...) *Wirtschaftens wertrational oder material zweckrational bemißt.* Der möglichen, in diesem Sinn rationalen Wertmaßstäbe sind prinzipiell schrankenlos viele (...) (ständische Abstufung, Leistung für politische Macht-, insbesondere aktuelle Kriegszwecke und alle denkbaren sonstigen Gesichtspunkte sind in diesem Sinn 'material'). (...) 'Material' ist hier *also auch selbst ein 'formaler', d.h. hier: ein abstrakter Gattungsbegriff.*" (WuG: 44-45; meine Hervorhebungen, A.B.)

Daß formale Rationalität den "Perspektivismus", die Vieldeutigkeit des Begriffs materialer Rationalität nicht − oder jedenfalls nicht in gleicher Weise − teilt, darf nicht übersehen werden, wenn man Webers Analyse der okzidentalen Entwicklung verstehen will. Die Differenzierung zwischen formaler und materialer Rationalität dient unter anderem gerade dazu, die Mehrdeutigkeit des letzteren Begriffs zu vermeiden. Webers Unterscheidung von formaler und materialer Rationalität hat dabei zunächst nichts mit dem Gegensatz von zweckrationaler und wertrationaler Orientierung zu tun. Die Bezugnahme auf utilitarische Forderungen ebenso wie auf politische Macht- und Kriegszwecke macht deutlich, daß materiale Rationalität nicht *notwendig* mit einer *wertrationalen* (oder sonstwie durch ethische Normen gebundenen) Handlungsorientierung verknüpft ist. Die Rede von den "wertenden Postulaten" führt in die Irre: Es geht bei materialer Rationalität nur um die *Festlegung* eines *konkreten* Gesichtspunkts, in bezug auf welchen Handlungen oder Handlungsketten als zweckrational (nämlich in bezug auf diesen als "Zweck") *oder* wertrational beurteilt werden können. Trotz Webers eigentlich recht deutlicher Erläuterung dieses Aspekts hat die Sekundärliteratur immer wieder materiale Rationalität und Wertrationalität miteinander vermischt (vgl. z.B.: Kalberg 1981: 16, 25; Levine 1981: 13, 14, 23).

An dieser Stelle macht sich nun eine Schwierigkeit bemerkbar, die für die polare Gegensätzlichkeit formaler und materialer Rationalität von entscheidender Bedeutung ist. Zunächst sieht es so aus, als handle es sich hier nur um verschiedene Rationalitätsmaßstäbe, die der *Beobachter* an einen empirischen Sachverhalt, nämlich an diese oder jene Form des Handelns und der Organisation von Handlungszusammenhängen, herantragen und anlegen kann. In einem

Großteil der möglichen Varianten wäre materiale Rationalität jeweils gar nichts anderes als jeweils eine Variante von "objektiver Richtigkeitsrationalität". Was Webers Begriff der formalen Rationalität von diesen verschiedenen Varianten eines "objektiven" Rationalitätsmaßstabs unterscheiden würde, wäre nur ein *Verzicht* auf die Spezifikation eines *bestimmten* Zwecks, dem das Handeln oder seine Mittel angemessen sein sollen. Formale Rationalität, so scheint es, wäre ein besonderer Rationalitätsmaßstab, der ausschließlich im Blick auf die *Mittel* des Handelns definiert ist, oder präziser: auf die Art und Weise, wie beliebige Mittel mit beliebigen Zwecken *relationiert* werden – nämlich durch Berechnung. Die Anwendung von Rechnung setzt aber schon ein Minimum an zweckrationaler *Orientierung* auf seiten der Handelnden voraus. So blendet Weber in seiner Definition einen 'objektiven' und einen 'subjektiven' Rationalitätsbegriff ineinander. Der letztere impliziert zumindest eine *intentionale Einstellung* auf die Zweckrationalität der Mittelwahl.

Weber hat zwischen beiden Aspekten seiner Definition, die er durch das Wort "und" verknüpft, *Möglichkeit* und *Anwendung* von Berechnung – "Berechenbarkeit" und "Rechenhaftigkeit" – hier wie später oft nicht präzise unterschieden, und das macht eine der Schwierigkeiten aus, seine Aussagen über formale Rationalität und formale Rationalisierung immer genau und unzweideutig zu interpretieren.[102] Levine hat nicht ohne Grund den Vorschlag gemacht, Webers Begriff der formalen Rationalität als Form einer "objektivierten" Rationalität im Sinne Hegels zu interpretieren (vgl. Levine 1981: 11, 13). In der Tat meint der Begriff formaler Rationalität bei Weber mehr als einen Maßstab, den bloß der *Beobachter* an die soziale Wirklichkeit heranträgt.[103] Vielmehr geht es Weber dabei um eine Annäherung sozialer Handlungsverflechtungen und -ketten an eine spezifische Struktur derselben, die zugleich eine spezifisch geartete Form der 'subjektiven' Handlungsorientierung auf seiten der *beteiligten Akteure* implizieren würde. Konkret: die 'objektive' Möglichkeit, für einen Objektbereich Regelmäßigkeiten des Geschehens festzustellen und vorausschauend zu 'berechnen', bedeutet, *wenn es sich bei dem Objektbereich um die zielgerichteten Handlungen von Menschen handelt,* im idealtypischen Grenzfall,

---

102 Mir scheint diese Doppeldeutigkeit der Definition und die daraus folgende Ungenauigkeit der Begriffsverwendung ein Indiz dafür zu sein, daß Weber an dieser Stelle den Bezugsrahmen einer "verstehenden Soziologie" verläßt, die auf die Ebene individueller Handlungen und ihres jeweils vom Akteur subjektiv gemeinten Sinns (d.h.: der *Absichten* der Handelnden) fokussiert ist, und zu einer 'strukturellen' oder *'erklärenden'* Perspektive übergeht, ohne dies selbst genau wahrzunehmen (vgl. dazu auch Bader et al. 1976: 245–249).

103 Es ist daher ein ausgesprochenes Mißverständnis, wenn Levine (1981: 10–11) glaubt, sein Begriff der "objectified rationality" meine etwas Ähnliches wie Webers Terminus der "objektiven Richtigkeitsrationalität".

daß jene Menschen auch selbst "berechnend" handeln. Gesteigerte Berechenbarkeit ist nicht nur Voraussetzung, sondern im Falle von sozialen Handlungszusammenhängen auch eine spezifische *Folge* der Verbreitung zweckrational orientierten Handelns. Und zwar, wie Weber impliziert, trifft dies um so mehr zu, je mehr sich das Handeln an das "rein zweckrationale Handeln" annähert, das sich an keinen anderen *situationsunabhängigen* Entscheidungsmaßstäben orientiert als den empirisch gegebenen und (im Prinzip) empirisch überprüfbaren Regeln effizienter Zweck-Mittel-Kombination. Immer wieder hat Weber darauf hingewiesen, daß gerade das "streng teleologisch verlaufende Handeln" das mögliche Höchstmaß von Berechenbarkeit des Handlungsverlaufs zeigt (vgl. GAWL: 226-227). Genau aus diesem wechselseitigen Zusammenhang erklärt sich die systematische Beziehung zwischen den beiden zentralen Begriffen der formalen Rationalität und der subjektiven Zweckrationalität. Formale Rationalität bezeichnet *einerseits* die strukturellen *Bedingungen* für die Maximierung von Chancen zweckrational orientierten Handelns. Dies hat Weber unter anderem am Beispiel der formalen Rechtsrationalisierung erläutert:

> "Denn indem der spezifische Rechtsformalismus den Rechtsapparat *wie eine technisch rationale Maschine* funktionieren läßt, gewährt er dem einzelnen Rechtsinteressenten das relative Maximum an Spielraum für seine Bewegungsfreiheit und insbesondere für die rationale Berechnung der rechtlichen Folgen seines Zweckhandelns." (WuG: 469; meine Hervorhebung, A.B.)

Andererseits ist formale Rationalität — Berechenbarkeit — aber auch die *Konsequenz*, wenn ein "streng" zweckrationales Handeln in bestimmten Handlungssphären zur soziologischen Massenerscheinung wird.

> "Indem (die Marktteilnehmer; A.B.) derart, *je strenger zweckrational* sie handeln, *desto ähnlicher* auf gegebene Situationen reagieren, entstehen Gleichartigkeiten, Regelmäßigkeiten und Kontinuitäten der Einstellung und des Handelns, welche sehr oft weit stabiler sind, als wenn Handeln sich an Normen und Pflichten orientiert (...). Diese Erscheinung: daß Orientierung *an der nackten eigenen und fremden Interessenlage* Wirkungen hervorbringt, welche jenen gleichstehen, die durch Normierung — und zwar *sehr oft vergeblich* — zu erzwingen gesucht werden (...) — sie war geradezu eine der Quellen des Entstehens der Nationalökonomie. Sie gilt aber von *allen* Gebieten des Handelns in ähnlicher Art." (WuG: 15; meine Hervorhebungen, A.B.)

Wiederum begegnet uns hier der *homo oeconomicus* der Grenznutzenlehre als Paradigma für den *reinen* Typ der Zweckrationalität. Und in konsistenter Übereinstimmung mit diesem Vorbild formuliert Weber, wie wir sehen, die eben zitierte Behauptung: Gerade die Freisetzung der bewußten Steuerung des Handelns von *verbindlichen* Zweckgesichtspunkten resultiert in "Gleichartigkeiten, Regelmäßigkeiten und Kontinuitäten der Einstellung und des Handelns" und mithin in einer gesteigerten Berechenbarkeit der Handlungsabläufe. Umgekehrt ermöglicht die formale Rationalität im Sinn der Berechenbarkeit die Ausbreitung eines Handelns, das sich weder an irgendwelchen Affekten noch an verbindlich geglaubten Normen, sondern lediglich "an der nackten eigenen und fremden Interessenlage" orientiert — an Zweckgesichtspunkten also, die von dem Handelnden selbst als kontingent, nämlich als *faktisch gegeben* und situationsabhängig, betrachtet werden. Wie Weber gelegentlich notiert, geht daher gerade mit der gesteigerten Bewußtheit und individuellen Freiheit der berechnenden Abwägung der Handlungszwecke und Mittel eine "mächtige Tendenz zur Uniformierung des Lebensstils" (GARS I: 187), "eine Zunahme der zwangsmäßigen Schematisierung der Lebensführung" (WuG: 439) einher. Das liegt unter anderem daran, daß gerade das *bewußtseinsmäßig freie* Handeln an *situative Beschränkung* seiner Autonomie stößt, die unter anderem — und nicht zuletzt — in der Entscheidungsfreiheit *anderer* Akteure bestehen.

"Die Stabilität der (sozialen Handlungskoordinierung aufgrund von) Interessenlage beruht (...) darauf, daß, wer sein Handeln nicht an dem Interesse der anderen orientiert — mit diesen nicht 'rechnet' —, deren Widerstand herausfordert oder einen von ihm *nicht gewollten und nicht vorausgesehenen Erfolg* hat, und also Gefahr läuft, an eigenem Interesse Schaden zu nehmen." (WuG: 16; Hervorhebung und Ergänzung von mir, A.B.)

Was für die *Kooperation* verschiedener Akteure zutrifft, gilt allerdings nicht minder für deren Konflikte. Es ist, wie wir noch sehen werden, kein Zufall, wenn Weber in diesem Zusammenhang immer wieder auf die situativen Zwänge zu sprechen kommt, die sich aus dem Konkurrenzkampf verschiedener Akteure ergeben:

"Gerade der empirisch 'frei', d.h. nach Erwägungen Handelnde, ist teleologisch durch die, nach Maßgabe der objektiven Situation, ungleichen und erkennbaren Mittel zur Erreichung seiner Zwecke gebunden. Dem Fabrikanten im ökonomischen Konkurrenzkampf, dem Makler auf der Börse hilft der Glaube an seine 'Willensfreiheit' herzlich wenig. Er hat die Wahl zwischen ökonomischer Ausmerzung oder der Befolgung sehr bestimmter Maximen des ökonomischen Gebarens. (...) Gerade die 'Gesetze' der theoretischen Nationalökonomie setzen (...) das Bestehen von 'Willensfreiheit' in jedem auf dem Boden des Empirischen überhaupt möglichen Sinn des Wortes notwendig voraus." (GAWL: 133).

Es gehört zu Webers wichtigsten Entdeckungen, daß "Freiheit" im Sinne der Möglichkeit der bewußten Wahl zwischen alternativen Handlungsmöglichkeiten gerade *nicht* mit "Unberechenbarkeit", sondern gerade umgekehrt mit der Existenz ziemlich stabiler Regelmäßigkeiten des Handlungsgeschehens einhergeht. Die 'Gesetze', die die Wirtschaftstheorie unter der Voraussetzung individueller Entscheidungsfreiheit im Modell konstruiert, dienen Weber wiederholt als Beispiel solcher Regelmäßigkeiten (siehe außer den schon zitierten Passagen, WuG: 15 und GAWL: 133, auch: GAWL: 394–396). Jene Einsicht, das ist ausschlaggebend, wird von Weber jedoch weit über den Bereich der Ökonomie hinaus *verallgemeinert*: "Diese Erscheinung (...) gilt aber von allen Gebieten des Handelns in ähnlicher Art." (WuG: 15)

5.3 Verantwortungsethik und zweckrationales Handeln

Als Weber Anfang des Jahres 1919 vor Studenten der Münchner Universität den Vortrag "Politik als Beruf" hält, stellt er seinen Zuhörern zwei polar entgegengesetzte Prototypen der Handlungsorientierungen vor, die uns in der Politik begegnen (vgl. GPS: 550-559). Im Falle des einen idealtypischen Modells, das Weber entwirft, mißt der Akteur seine Handlungen *als Handlungen* an einem ethischen Maßstab. Er stellt gleichsam eine Beziehung der *Analogie* her zwischen der ethischen Norm, der er sich verpflichtet fühlt, und seiner eigenen Handlung. Deren *Wirkungen* hingegen sind für ihn von sekundärer — oder im idealtypischen Grenzfall: von gar keiner Bedeutung. Nicht am faktischen Erfolg, sondern an der *Gesinnung* des Handelnden haftet in diesem Fall die ethische Bewertung des Handelns. Ins Religiöse übersetzt, findet die Grundmaxime dieser Handlungsorientierung ihren charakteristischen Ausdruck in dem Satz: "Der Christ tut recht und stellt den Erfolg Gott anheim" (vgl. GPS: 551).

Als anschaulichstes Beispiel einer solchen Haltung gilt Weber der konsequente Pazifist, der — vielleicht unter Berufung auf die Forderungen der Bergpredigt — sich weigert, dem Übel mit anderen als den durch seine Normen 'zugelassenen' Mitteln zu widerstehen, selbst dann, wenn diese Weigerung für seine Nächsten oder für ihn selbst katastrophale Folgen haben könnte (vgl. GPS: 550-552). "Wenn die Folgen einer aus reiner Gesinnung fließenden Handlung üble sind, so gilt ihm nicht der Handelnde, sondern die Welt dafür verantwortlich, die Dummheit der anderen Menschen oder — der Wille Gottes, der sie so schuf" (GPS: 552).

In diesem von Weber an den Beispielen der Bergpredigt und eines gesinnungsethischen Syndikalismus erläuterten Grenzfall erkennt man unschwer sämtliche Züge wieder, die er in seinem Idealtypus der "Wertrationalität" formuliert hat: den "bewußten Glauben an den (...) unbedingten *Eigenwert* eines bestimmten Sichverhaltens *rein als solchen* und *unabhängig vom Erfolg*" (WuG: 12; meine Hervorhebungen, A.B.). Tatsächlich ist die politische "Gesinnungsethik" gar nichts anderes als ein Anwendungsbeispiel der streng wertrationalen Handlungsorientierung im Bereich der Politik.

Dieser Haltung stellt Weber die "verantwortungsethische" gegenüber. Der verantwortungsethische Politiker rechnet mit den Schwächen und Unvollkommenheiten der Menschen und vor allen Dingen: er stellt sich jener "ethische(n) Irrationalität der Welt" (GPS: 553), die darin besteht, daß nicht immer aus gesinnungsmäßig guten Taten gute Wirkungen folgen und "aus Bösem nur Böses" (GPS: 554). Für den "Verantwortungsethiker" liegt der Akzent seiner ethischen Beurteilung auf den tatsächlichen *Konsequenzen*, die sein Handeln in der Außenwelt und bei anderen Menschen hervorbringt. Die "Verantwortungsethik" mißt den Wert eines Handelns an seinen *Folgen*. Wer ihr folgt, berücksichtigt die ethische Heterogenität von Mitteln und Zwecken, d.h. eben die Tatsache, daß die *Kausalbeziehungen* zwischen "guten" Wirkungen und ihren Ursachen nichts mit der ethischen Bewertung beider zu tun haben. Das gilt für das politische Handeln in gesteigertem Maße, das sich "mit Macht und Gewaltsamkeit als Mitteln (...) einläßt, mit diabolischen Mächten einen Pakt schließt" (GPS: 554), ja dessen spezifisches Mittel überhaupt die physische Gewalt ist (GPS: 556, 552, 506). Mehr noch als irgendwo sonst trifft hier das zu, was Weber an anderer Stelle über das zweckrational orientierte Handeln *überhaupt* geschrieben hat:

> "Wie das ökonomische und das politisch rationale Handeln seinen Eigengesetzlichkeiten folgt, so bleibt jedes andere rationale Handeln innerhalb der Welt unentrinnbar an *die brüderlichkeitsfremden Bedingungen der Welt, die seine Mittel oder seine Ziele sein müssen*, gebunden und gerät daher irgendwie in Spannung zur Brüderlichkeitsethik." (GARS I: 552; meine Hervorhebung, A.B.)

Die ethische Sinnlosigkeit der kausalen Beziehungen zwischen dem politischen Handeln, seinen Bedingungen und seinen Wirkungen ist dafür verantwortlich, wenn Weber als Beispiel "verantwortungsethisch" orientierten Handelns jene Florentiner Bürger zitieren kann, denen Machiavelli zufolge das Wohl ihrer Vaterstadt wichtiger war als das Heil ihrer Seele (GPS: 558).

Man braucht keine philologischen Fähigkeiten, um zu wissen, wovon hier die Rede ist, aber dennoch hat die Sekundärliteratur immer wieder Schwierigkeiten mit dem Weberschen Begriff der "Verantwortungsethik" gehabt. Was dieser Terminus bezeichnet, ist an sich nämlich nichts, was einen besonderen Bezug zu Ethik oder Moral aufweist. Es sind vielmehr bloß *jene* Qualitäten, die das so bezeichnete politische Handeln mit *jedem* bewußt zweckrationalen Handeln teilt: nämlich das Bestreben, die 'äußere' Wirklichkeit wirkungsvoll zu kontrollieren, das heißt: ihre Prozesse in Richtung auf die eigenen Ziele zu dirigieren. Die Rücksicht auf die Folgen teilt dieser Begriff selbst noch mit einem egoistischen anethischen Verhalten, sofern es nur konsequent erfolgsorientiert und "berechnend" ist. Weber weiß selbst genau, daß die rein formalen Bestimmungen, die er unter dem Terminus "Verantwortungsethik" zusammenfaßt, keine Abgrenzungskriterien gegen die bloß kluge Verfolgung nackter Eigeninteressen liefern. Genau deshalb distanziert er sich ausdrücklich von dem Versuch, eine *radikalisierte* Verantwortungsethik als Leitbild des Politikers zu propagieren. Diese wäre nämlich nur das Pendant zu jener Gesinnungsethik ohne "inneres Schwergewicht", die Weber so eindringlich gegeißelt hat (vgl. GPS: 558-559). Der Typus des Politikers, der ihm als Vorbild erscheint, ist vielmehr jener Mann, der die "Verantwortung für die Folgen real und mit voller Seele empfindet und verantwortungsethisch handelt" und *dennoch* einen Punkt kennt, an dem er sagt:

> "'Ich kann nicht anders, hier stehe ich.' Das ist etwas, was menschlich echt ist und ergreift. Denn diese Lage muß freilich für jeden von uns, *der nicht innerlich tot ist*,

irgendwann eintreten *können. Insofern* sind Gesinnungsethik und Verantwortungsethik nicht absolute Gegensätze, *sondern Ergänzungen, die zusammen erst den echten Menschen ausmachen, den, der den 'Beruf zur Politik' haben kann."* (GPS: 559; meine Hervorhebungen, A.B.)

Schon weil Weber diese Art politischer Handlungsorientierung gar nicht vorbehaltlos propagiert hat, ist es gründlich verfehlt, wenn Schluchter und Habermas in Webers begriffliche Polarität von "Gesinnungs-" und "Verantwortungsethik" eine evolutionäre Stufenfolge der Moralentwicklung hineininterpretieren (vgl. Schluchter 1979: 88–89, 94–95; Schluchter 1980: 36–40, 56–72; Habermas 1981a: 317–318). Schon daß die Berücksichtigung der "Gesinnung", der guten Absichten im Unterschied zu den Folgen einer Handlung gewöhnlich als Erkennungszeichen einer relativ *späten* Phase in der Entwicklung von Moral- und Rechtssystemen verstanden wird[104], hätte vor solchen Vorstellungen schützen können — ebenso wie jenes ja keineswegs zufällig gewählte Beispiel des großen Florentiners. Schluchter gelangt zu dieser These unter anderem dadurch, daß er die *wechselseitige Ergänzung* von "Gesinnungs-" und "Verantwortungsethik", die Weber politisch-ethisch fordert, schon in eine begriffliche *Implikation* der letzteren umdeutet.[105] Eine solche "Rekonstruktion" wäre wenig problematisch, wenn nicht gerade dadurch der Zugang zum Verständnis der Weberschen Grundbegriffe blockiert würde. Das genau aber ist der Fall.

"Verantwortungsethik" ist gar nichts anderes als das Prinzip der Zweckrationalität in der Politik. Und hier nimmt es eine Gestalt an, die aufschlußreich für diesen Grundbegriff seiner Theorie überhaupt ist. Diese Gestalt hat Weber selbst bei ihrem umgangssprachlichen Namen genannt. Auf dem ursprünglichen Vortragsmanuskript von "Politik als Beruf" steht anstelle von "Verantwortungs-

---

104 So argumentieren beide Autoren an anderen Stellen selbst — unter anderem unter Berufung auf die Theorien der individuellen Moralentwicklung Piagets und Kohlbergs, vgl. Schluchter (1979: 63–63, 94), Habermas (1981b: 260; 1976: 72, 135, 137, 171, 173). Siehe dazu auch Eder (1976: 69–70).

105 Vgl. Schluchter (1979: 88). Die Argumentation in einem älteren Aufsatz Schluchters (abgedruckt in Schluchter 1980: 56–57) ist differenzierter und weist ausdrücklich auf die Differenz zwischen seiner Interpretation und den expliziten Formulierungen Webers hin. Übrigens ist es (für einen Weberianer und Anhänger des Kritischen Rationalismus) geradezu peinlich, wie häufig dieser Autor Webers politische *Werturteile* als Argumente gegen die *Tatsachenurteile* seines wissenschaftlichen Werks gebraucht. Das scheint mir nicht nur im Sinne immanenter Interpretation ein fragwürdiges Verfahren. Vgl. als weiteres und augenfälligstes Beispiel die Parade zitierter *Werturteile*, die Schluchter (1979: 154–155) gegen Webers *Diagnose* einer radikalen Positivierung und Deethisierung des modernen Rechts ins Feld führt. Anders als bei Palmström muß man bei Weber damit rechnen, daß genau das "sein *kann*, was nicht sein *darf*" (zit.n. Morgenstern 1985: 128).

ethik" das Wort "Machtpolitik"[106]. Wird man dieser eben keineswegs nur
ursprünglichen Bedeutung des *Terminus* "Verantwortungsethik" gewahr, so
klärt sich beinahe von selbst auf, warum Weber eine radikalisierte "Verantwortungsethik" nicht wünschenswert erschien. Deren menschliches Subjekt wäre
eben *nur* noch "Machtpolitiker" – und das hieße nach Webers Meinung:
"innerlich tot" (so die zitierte Passage in GPS: 559).

Rationalität besteht für Weber eben in der Kontrolle von Wirklichkeit, und
im Falle der Zweckrationalität ebenso wie dem der "Verantwortungsethik" ist
das Objekt der Kontrolle die *'äußere'* Wirklichkeit. Wenn es sich dabei um
politisches Handeln handelt, dessen Gegenstand die Menschenwelt bildet, so ist
Zweckrationalität der Handlungsorientierung gleichbedeutend mit Machtpolitik.
Genauer: Politisches Handeln ist insoweit Machtpolitik, als es zweckrational,
d.h. am 'äußeren' Erfolg, orientiert ist und insoweit es eben nicht das 'Seelenheil' des Handelnden erstrebt. Die Verfolgung des 'Seelenheils', die Orientierung am 'inneren' Erfolg eines Handelns, nennt Weber "Wertrationalität" oder
auch – "Gesinnungsethik".

5.4 Macht, Kampf und Rationalisierung

Die Änderung des Worts "Machtpolitik" in den unverdächtigeren Ausdruck
"Verantwortungsethik" ist eines der Beispiele dafür, wie Weber seine Grundüberzeugungen in Begriffe gegossen und zugleich vor dem Auge des ahnungslosen Lesers verborgen hat. Über die pädagogischen Motive solcher im Effekt
nicht weniger irreführenden *Formulierungen* braucht man nicht lange zu spekulieren. Weber hat in demselben Vortrag den *"bloßen* 'Machtpolitiker', wie ihn
ein auch bei uns eifrig betriebener Kult zu verklären sucht", auch *explizit*
angesprochen und vernichtend kritisiert (GPS: 547–548; meine Hervorhebungen,
A.B.).

Dennoch steht im Hintergrund seiner Begriffe und Überlegungen das, was
man nach Raymond Aron "wohl Webers Weltanschauung nennen muß" (Aron
1965: 112) und was dieser hellsichtige Schüler Webers "eine teils auf Marx,
teils auf Nietzsche zurückgehende Metaphysik vom Kampf ums Dasein" genannt
hat (Aron 1965: 113). Weniger drastisch, aber ebenso unmißverständlich hat es
Reinhard Bendix formuliert:

"In Webers Betrachtungsweise erschien die Gesellschaft als Kampfplatz konkurrierender Statusgruppen (...). Diese Hervorhebung des Kampfes unter verschiedenen

---

106 Vgl. den Abdruck in Baumgarten (1964: Anhang, Bildtafel 16) und die entsprechenden
     Hinweise bei Baumgarten (1964: 614, Anm. 1) und Mommsen (1974c: 49, Anm. 45;
     1974a: 264, Anm. 154).

sozialen Gruppen bildete den Kern von Max Webers eigener persönlicher und intellektueller Lebensanschauung." (Bendix 1964: 203-204)

Mir geht es hier ausschließlich um die deskriptiven Grundannahmen, die Webers Weltanschauung[107] zugrunde liegen und die auch für seine wissenschaftlichen Begriffe und Tatsachenurteile von prägender Bedeutung sind. Sucht man nach einer Zusammenfassung dieser deskriptiven Bestandteile seines Weltbilds, die in seine wissenschaftlichen Theorien und Analysen Eingang gefunden haben, so findet man sie am ehesten in der schon zitierten (Abschnitt 3.7, Seite 63 dieser Arbeit) Passage des 'Wertfreiheits'-Aufsatzes von 1917 oder in deren Pendant in den "Soziologischen Grundbegriffen", dem ersten Kapitel von *Wirtschaft und Gesellschaft*, das Weber kurz vor seinem Tode niedergeschrieben hat.

Im "Kampf"-Paragraphen der "Grundbegriffe" unterscheidet Weber terminologisch zwischen dem mit Absicht stattfindenden *"Kampf"* als einem Komplex von Handlungen spezifischen Charakters und spezifischer Zielorientierung und dem blinden, intentionslosen Vorgang der *"Auslese"*. Dabei trennt er sorgfältig die soziale Auslese von "sozialen Beziehungen — z.B. der staatlichen Verbände" (NB!) von der Auslese von spezifischen "Menschen*typen*", die durch diese oder jene Struktur der sozialen Beziehungen begünstigt werden (vgl. WuG: 21, 20). Ferner differenziert er nachdrücklich zwischen der *sozialen* und der *biologischen* Auslese der letzteren (ebd.). Vorrangig auf die *soziale* Bevorzugung bestimmter Charakterzüge — einerlei, wie diese beim Individuum entstanden sind — zielen die folgenden Aussagen:

> *"Jedes* typisch und massenhaft stattfindende Kämpfen und Konkurrieren führt trotz noch so vieler ausschlaggebender Zufälle und Schicksale doch auf die Dauer im Resultat zu einer 'Auslese' derjenigen, welche die für den Sieg im Kampf durchschnittlich wichtigen persönlichen Qualitäten in stärkerem Maße besitzen. *Welches diese Qualitäten sind:* ob mehr physische Kraft oder skrupelfreie Verschlagenheit, mehr Intensität geistiger Leistungs- oder Lungenkraft und Demagogentechnik, mehr Devotion gegen Vorgesetzte oder gegen umschmeichelte Massen, mehr originale Leistungsfähigkeit oder mehr soziale Anpassungsfähigkeit (...) — *darüber entscheiden die Kampf- und Konkurrenzbedingungen*, zu denen (...) *auch jene Ordnungen* gehören, an denen sich, sei es traditional, sei es wertrational oder zweckrational, das Verhalten im Kampf orientiert." (WuG: 20; meine Hervorhebungen, A.B.)

Daß die Struktur sozialer Beziehungen aus dieser Perspektive unter dem Gesichtspunkt der ihnen inhärenten "Kampf- und Konkurrenzbedingungen" —

---

107 Vgl. die auch in der Emphase der Formulierung mit Aron übereinstimmenden Urteile von Mommsen (1974a: 130; 1974c: 42-51), Brubaker (1984: 111-112) und Hennis (1987: 186-187). *In der Sache* kommen auch Baumgarten (1964: 556-557), Beetham (1974: 41-43) und Langton (1982: 343; 1984) zu dem gleichen Ergebnis. Am deutlichsten haben Hennis (1987: Kapitel 4) und Stauth & Turner (1988: Kapitel 3) die Spuren Nietzsches in Webers Werk herausgearbeitet.

also Machtverhältnisse — maßgeblich ist, wird man im Auge behalten müssen, um die noch folgenden Überlegungen meiner Interpretation zu verstehen.[108] Ebenso, daß es Weber hier nicht um die Konkurrenz biologischer Erbeigenschaften *um Fortpflanzungschancen* geht. Tatsächlich nimmt Weber nirgendwo in seinem reifen Werk[109] auf die biologische Auslese, sondern immer nur auf die soziale Auslese von — möglicherweise rein soziogenen — Charaktereigenschaften und sozialen Beziehungsmustern Bezug. Ob die "soziale Vorzugschance" für einen bestimmten Menschentypus "auch die biologische Überlebenschance des Typus verbessert *oder das Gegenteil, darüber sagt sie an sich nichts aus*" (WuG: 20-21; meine Hervorhebung, A.B.).

In diesem Paragraphen findet sich auch jene Passage, die wir in einer etwas anderen Formulierung und Terminologie schon kennengelernt haben:

> "Nur wo wirklich *Konkurrenz* stattfindet, wollen wir von 'Kampf' sprechen. Nur im Sinn von 'Auslese' ist der Kampf tatsächlich, nach aller bisherigen Erfahrung, und nur im Sinn von *biologischer* Auslese ist er *prinzipiell* unausschaltbar. 'Ewig' ist die Auslese deshalb, weil sich kein Mittel ersinnen läßt, sie völlig auszuschalten. Eine pazifistische Ordnung strengster Observanz kann immer nur Kampfmittel, Kampfobjekte und Kampfrichtung im Sinn der Ausschaltung bestimmter von ihnen regeln. Das bedeutet: daß *andere* Kampfmittel zum Siege in der (offenen) Konkurrenz oder — wenn man sich (was nur utopisch-theoretisch möglich wäre) auch diese beseitigt denkt — dann immer noch in der (latenten) Auslese um Lebens- und Überlebenschancen führen und diejenigen begünstigen, denen sie, gleichviel ob als Erbgut oder Erziehungsprodukt, zur Verfügung stehen. *Die soziale Auslese bildet empirisch, die biologische prinzipiell, die Schranke der Ausschaltung des Kampfes.*" (WuG: 21; nur die letzte Hervorhebung von mir, A.B.)

Hier besteht kein sachlicher, sondern nur ein rein terminologischer Unterschied zu der Passage aus dem 'Wertfreiheits'-Aufsatz (nämlich insofern hier "Kampf" auf das *bewußte* Gegeneinanderhandeln eingeschränkt wird — eine

---

108 Es ist wichtig, sich klarzumachen, daß der Begriff der Beziehung für Weber keine Vorstellung von Harmonie oder Konsensus impliziert. Man wird es auch kaum als Zufall werten können, wenn gerade "Kampf" und "Feindschaft" bei der Definition des Begriffs der "sozialen 'Beziehung'" unter den unterschiedlichsten möglichen *Inhalten* dieses Begriffs als die ersten beiden Beispiele genannt werden (WuG: 13). "Der Begriff besagt also *nichts* darüber: ob 'Solidarität' der Handelnden besteht oder das gerade Gegenteil." (ebd.) Wohl gerade deswegen setzt Weber hier zunächst den Terminus 'Beziehung' in Anführungsstriche.

109 Selbst in seiner berüchtigten Freiburger Antrittsvorlesung erwähnt Weber die *Indifferenz* des von ihm benutzten Begriffs sozialer Auslese gegenüber der biologischen und seine skeptischen "Vorbehalte" gegen entsprechende Theorien über die natürliche Auslese beim Menschen (vgl. GPS: 9, Anm. 1). Diese Skepsis hat im späteren Verlauf seines Lebens eher zugenommen (vgl. Mommsen 1974c: 43; GASS: 456-462, 487-491). Typisch für seine Haltung ist wohl die Schlußpassage der "Vorbemerkung" zu den religionssoziologischen Schriften (GARS I: 15-16).

definitorische Festlegung, die Weber schon an derselben Stelle nicht gerade pedantisch einhält).

Über den hier zitierten "Kampf"-Paragraphen der "Grundbegriffe" urteilt Eduard Baumgarten:

> "Dieser Paragraph 8 ist nicht nur das Medium, in dem diese erläuternden Kapitel von Wirtschaft und Gesellschaft geschaffen wurden und nicht nur das Medium *dieses wie aller folgenden Teile und Kapitel* des Werks — er ist wie das bündige Monogramm des Werks dieses Mannes im Ganzen." (Baumgarten 1964: 557; meine Hervorhebung, A.B.)

Und David Beetham kommentiert ähnlich[110]:

> "This concept of 'Auslese' (selection) reappears as a central feature in nearly all Weber's writings on contemporary society." (Beetham 1974: 41).

Was hat das alles nun mit der Theorie der Rationalisierung zu tun? Die Beantwortung dieser Frage fällt leichter, wenn man den Zusammenhang zwischen Webers Begriffen des "Kampfes" und der "Macht" im Auge behält (siehe Abschnitt 3.4, Seite 46/47 dieser Arbeit). "Kampf" ist in Webers Terminologie die *absichtsvolle Realisierung* von Machtchancen, und "Macht" bezeichnet gar nichts anderes als die Kampfbedingungen, das *Potential* einer sozialen Beziehung für den erfolgreichen Kampf einer der beiden Seiten gegen die andere (vgl. die Definitionen in WuG: 20, 28).

"Zweckrational" orientiertes Handeln meint die Beherrschung der 'Außenwelt' durch Berechnung. Erkennt man, daß in Webers Formulierung andere Menschen als *Bestandteile* der 'Außenwelt' mitgemeint sind (vgl. WuG: 12 und besonders deutlich GAWL: 607 und GARS I: 256), so erschließt sich schon auf der Ebene der abstrakten Begriffsdefinition die Vorstellung eines *potentiellen* Zusammenhangs von Machtausübung und zweckrational orientiertem Handeln.

Tatsächlich aber ist Weber davon überzeugt, daß alle komplexeren sozialen Handlungszusammenhänge, in denen zweckrationales Handeln eine konstitutive Rolle spielt, unentrinnbar in die Dynamik sozialer Konkurrenzkämpfe um Machtchancen verstrickt sind.

Zweckrational orientiertes Handeln in der Politik ist — wie wir gesehen haben — für Weber immer zugleich auch Machtkampf. Das trifft aber in anderer Form genauso für das ökonomisch rationale Handeln zu: Wenn einem Wertpapierinhaber

> "(...) Dividendenpapiere Einnahmen brachten, dann bedeutet dies: daß auf einem Kontor und in einem betriebstechnischen Büro — Stätten geistiger Arbeit so gut und oft besser als irgendeine Gelehrtenstube es ist —, und daß in den Maschinensälen von Fabriken von kaufmännischen und technischen Leitern, Angestellten, Meistern und Arbeitern

---

110 Über die zentrale Bedeutung des Auslese-Begriffs für Webers Werk siehe neben Hennis (1987: insbesondere 55-56, 176, 48-49) vor allem die höchst aufschlußreichen Beobachtungen von Langton (1982 und 1984).

scharf und hart *gearbeitet*, Güter für einen vorhandenen Massenbegehr hergestellt, Menschen ihr Lohn und Brot beschafft wurde, dies alles in der Vollkommenheit und Unvollkommenheit, wie dies nun einmal die heutige noch auf lange gültige Wirtschaftsordnung gestattet. Für die Leiter hat dabei die ökonomische und soziale Macht- und Rangstellung, für die Angestellten und Arbeiter die Brotstelle im Kampf um den Markt auf dem Spiele gestanden, und dieser Kampf ist gewonnen worden: das 'beweist' die Dividende." (GPS: 249; Hervorhebung im Original)

Explizit zieht Weber die Parallele von ökonomischer Konkurrenz und politischem Machtkampf in seinen politischen Schriften:

"Kampf um eigene Macht und die aus dieser Macht folgende *Eigenverantwortung für seine Sache* ist das Lebenselement des Politikers wie des Unternehmers." (GPS: 335; Hervorhebung im Original)

Aber auch in den wirtschaftssoziologischen Teilen von *Wirtschaft und Gesellschaft* ist diese Auffassung überall implizit und bisweilen auch ganz ausdrücklich die Grundlage seiner Analysen. Schon der ökonomische Tausch als solcher gilt ihm "als die spezifisch friedliche Form der Gewinnung ökonomischer Macht" (WuG: 385). In besonders enger Weise aber sieht Weber ökonomisches Handeln mit der gewaltfreien Konkurrenz um ökonomische Machtchancen dort verschränkt, wo die betreffenden sozialen Handlungszusammenhänge formal rationalisiert sind — und zwar je mehr das eine, desto mehr das andere. Das zeigt sich besonders dort, wo Weber die Geldrechnung und ihre sozialen Implikationen behandelt. Geldrechnung und deren rationalste Form — die Kapitalrechnung — gelten ihm als notwendige Bedingung für die *Maximierung* formaler Rationalität.[111]

"*Jede* rationale Geldrechnung und insbesondere jede *Kapital*rechnung ist bei Markterwerb orientiert an Preischancen, die sich durch Interessenkampf (Preis- und Konkurrenzkampf) und Interessenkompromiß auf dem Markt bilden. (...) Die Kapitalrechnung in ihrer *formal* rationalsten Gestalt setzt daher den *Kampf des Menschen mit dem Menschen* voraus. (...) Für *keine* Wirtschaft kann subjektiv vorhandene 'Bedarfsempfindung' gleich effektivem (...) Bedarf sein. (...) Nicht nur, wenn dringlichere *(eigene)* Bedürfnisse, sondern auch, wenn stärkere *(fremde)* Kaufkraft (zu Bedürfnissen *aller* Art) vorgeht, bleibt die Bedarfsdeckung aus. Die Voraussetzung des Kampfes des Menschen mit dem Menschen auf dem Markt als Bedingung der Existenz rationaler Geldrechnung setzt also weiter auch die Überbietungsmöglichkeiten reichlicher mit Geldeinkommen versorgter Konsumenten und die Unterbietungsmöglichkeit vorteilhafter für die Güterbeschaffung ausgestatteter — insbesondere: mit Verfügungsgewalt über beschaffungswichtige Güter oder Geld ausgestatteter — Produzenten absolut voraus." (WuG: 49–50; Hervorhebungen im Original)

---

111 Vgl. zum Beispiel: WuG: 45, 48, 55, 58, 60; GARS I: 4–6. Siehe dazu und zum folgenden die Interpretationen und Kommentare bei Marcuse (1965: 164–171), Bader et al. (1976: 211–293), Kalberg (1978: 149–182), Brubaker (1984: 11–16, 33–45) und Collins (1986b: besonders 11, 14, 23, 24, 36, 37).

Auch in dieser Passage ist implizit völlig offenkundig, daß die Verfügung über ökonomische Güter oder über "Kaufkraft", "effektive Nachfrage" etc. in der Form von Geldchancen von Weber als eine Form sozialer Macht im Sinne seiner Definition betrachtet wird.[112]

Die formale Rationalisierung ökonomischer Handlungszusammenhänge bedeutet daher zugleich eine bestimmte Art der sozialen Machtverteilung (und damit der sozialstrukturellen Bedingungen zweckrationalen Handelns). Zunächst setzt die formale Rationalität der Wirtschaftsordnung die Ausschaltung gewaltsamer Mittel im ökonomischen Konkurrenzkampf voraus — die innergesellschaftliche Pazifizierung, und das heißt: die Monopolisierung der rechtmäßigen Verwendung physischer Gewalt als Machtmittel.

"Ebenso bedarf zwar theoretisch nicht jede Wirtschaft, wohl aber unsere moderne Wirtschaft unter unsern modernen Bedingungen der Garantie der Verfügungsgewalt durch Rechtszwang des *Staates*. Also: durch Androhung eventueller Gewaltsamkeit für die Erhaltung und Durchführung der Garantie formell 'rechtmäßiger' Verfügungsgewalten. Aber die derart gewaltsam geschützte Wirtschaft *ist* nicht Gewaltsamkeit." (WuG: 32; Hervorhebungen im Original)

Schon die Verwendung des Begriffs "Staat" an dieser Stelle beinhaltet die *erfolgreiche* Monopolisierung der rechtmäßigen Gewaltsamkeit in den Händen der politischen Herrschaftsorganisation (vgl. auch WuG: 198 und die Definition in WuG: 29).

"Mit zunehmender Befriedung und Erweiterung des Markts parallel geht (...) auch 1. jene Monopolisierung legitimer Gewaltsamkeit durch den politischen Verband, welche in dem modernen Begriff des *Staats* als der letzten Quelle jeglicher Legitimität physischer Gewalt, und zugleich 2. jene Rationalisierung der Regeln für deren Anwendung, welche in dem Begriff der legitimen Rechtsordnung ihren Abschluß finden." (WuG: 519; Hervorhebung im Original)

Wenn Weber von der formalen Rationalität des Rechts als Vorbedingung größtmöglicher formaler Rationalität der Wirtschaft spricht, ist diese spezifische Voraussetzung immer schon mitgedacht: "die Monopolisierung und Reglementierung aller 'legitimen' Zwangsgewalt durch *eine* universalistische Zwangsanstalt" (WuG: 198) ebenso wie die Monopolisierung der Rechtsschöpfung in deren Obhut (WuG: 416, 423).

Insbesondere ermöglicht erst die Monopolisierung des physischen Zwangs in der Gestalt des "Rechtszwangs" eine Differenzierung von ökonomischer und politischer Macht, die der ersteren den Spielraum gibt, um sich in der spezifi-

---

112 Vgl. WuG: 28. Zur Identifikation von Marktmacht und ökonomischer Macht als Formen sozialer Macht siehe neben den schon zitierten Belegstellen z.B. WuG: 541-544, 439, 440, 531-538. Weber betont allerdings nachdrücklich: "Schon der *Besitz als solcher* wirkt keineswegs *nur* in der Form der Marktmacht machtbegründend." (WuG: 544; meine Hervorhebungen, A.B.)

schen Eigengesetzlichkeit eines *gewaltfreien* Konkurrenzkampfs um Tausch-chancen zu entfalten. Dies wird unter anderem deutlich an der formalen Ver-tragsfreiheit, die Weber als eine weitere spezifische Komponente formaler Rechtsrationalität anführt:

"Das Resultat der Vertragsfreiheit ist (...) in erster Linie: die Eröffnung der Chance, durch kluge Verwendung von Güterbesitz auf dem Markt diesen unbehindert durch Rechtsschranken als Mittel der Erlangung von Macht über andere zu nutzen." (WuG: 439)

"Jede Art von Klassenlage, als vor allem auf der Macht des Besitzes rein als solchen ruhend, kommt *am reinsten* dann zur Wirksamkeit, wenn *alle anderen* Bestimmungs-gründe der gegenseitigen Beziehungen in ihrer Bedeutung möglichst ausgeschaltet sind und so die Verwertung der Macht des Besitzes auf dem Markt möglichst souverän zur Geltung gelangt." (WuG: 534; meine Hervorhebungen, A.B.)

Zu den sozialen Erfordernissen der Entwicklung und formalen Rationalisie-rung der Marktökonomie gehört daher neben der Neutralisierung der Macht-ungleichheiten, die auf physischen Machtmitteln beruhen, auch die Abschaffung jener, die auf der *ständischen* Privilegierung bestimmter Gruppen gründen − d.h. auf der Monopolisierung bestimmter Güter oder Erwerbsmöglichkeiten aufgrund von *anderen* als rein ökonomischen Machtquellen (vgl. WuG: 534-538, 384-385).

Daß diese Ausschaltung *nicht*-ökonomischer Machtressourcen in ihrer Ein-wirkung auf das Marktgeschehen keineswegs mit der Neutralisierung von Machtungleichheiten überhaupt zu verwechseln ist[113], zeigt sich bei der Betrach-tung der weiteren sozialen Bedingungen formaler ökonomischer Rationalität: Die formale Rationalität des Wirtschaftens erreicht ihr mögliches Maximum nur bei der Anwendung von Geldrechnung − und diese wiederum erreicht "ihr Höchstmaß von Rationalität als rechnerisches Orientierungsmittel" nur dann, wenn sie in der Form der Kapitalrechnung erfolgt (WuG: 58, 45). Deren soziale Bedingungen hat Weber folgendermaßen zusammengefaßt:

"Das Höchstmaß von *formaler Rationalität* der Kapitalrechnung von *Beschaffungs-betrieben* ist erreichbar unter den Voraussetzungen:
   1. *vollständiger Appropriation* aller sachlichen Beschaffungsmittel an Besitzer und vollkommenen Fehlens formaler Appropriation von Erwerbschancen auf dem Markt (Gütermarktfreiheit);
   2. *vollkommener Autonomie der Auslese der Leiter durch die Besitzer,* also vollkommenen Fehlens formaler Appropriation der Leitung (Unternehmensfreiheit);
   3. *völligen Fehlens der Appropriation* sowohl *von Arbeitsstellen und Erwerbs-chancen an Arbeiter* wie umgekehrt der Arbeiter an Besitzer (freie Arbeit, Arbeits-marktfreiheit und Freiheit der Arbeiter*auslese);*

---

113 Vgl. zu dieser Frage explizit: WuG: 439-440, 542, ferner 85.

4. völligen Fehlens von materialen Verbrauchs-, Beschaffungs- oder Preisregulierungen oder anderen die freie Vereinbarung der Tauschbedingungen einschränkenden Ordnungen (*materiale wirtschaftliche Vertragsfreiheit*);

5. völliger Berechenbarkeit der technischen Beschaffungsbedingungen (*mechanisch rationale Technik*);

6. *völliger Berechenbarkeit des Funktionierens der Verwaltungs- und Rechtsordnung und verläßlicher rein formaler Garantie aller Vereinbarungen durch die politische Gewalt (formal rationale Verwaltung und formal rationales Recht)*;

7. möglichst vollkommener Trennung des Betriebs und seines Schicksals vom Haushalt und dem Schicksal des Vermögens, insbesondere (...) von der Vermögensausstattung und den Erbschicksalen des Vermögens der Besitzer. (...);

8. möglichst *formaler* rationaler Ordnung des *Geldwesens*."

(WuG: 94; nur die längeren Hervorhebungen über mehr als zwei Wörter von mir, A.B.)

Die unter 1. bis 3. genannten Bedingungen lassen sich unter einem Stichwort zusammenfassen: der "Trennung" der Organisationsmitglieder von den Betriebsmitteln. Für die organisatorische Struktur der ökonomischen ebenso wie der staatlichen Bürokratien gilt im Fall formaler Rationalität die möglichst effektive Konzentration der Verfügungs- und Befehlsgewalt an deren jeweiliger Spitze (vgl. auch WuG: 85, 58; für die staatliche Bürokratie: WuG: 126, 566–567). Ausdrücklich vergleicht Weber die entsprechende Entwicklungstendenz innerhalb der staatlichen Verbände mit ihrem Gegenstück in den großen wirtschaftlichen Unternehmen (vgl. auch GASS: 498–499).

"Die rechtliche 'Trennung' des Beamten von den Verwaltungsmitteln (in Natur- oder Geldform) ist in der Sphäre der politischen und hierokratischen Verbände genauso durchgeführt wie die 'Trennung' des Arbeiters von den Produktionsmitteln in der kapitalistischen Wirtschaft: *sie ist deren völlige Parallele.*" (GARS I: 268; meine Hervorhebung, A.B.)

"Dieser gesamte Rationalisierungsprozeß geht *hier wie überall*, vor allem auch im staatlichen bürokratischen Apparat, mit der Zentralisation der sachlichen Betriebsmittel in der Verfügungsgewalt des Herrn parallel.

So geht mit der Rationalisierung der politischen und ökonomischen Bedarfsdeckung das Umsichgreifen der Disziplinierung als eine *universelle* Erscheinung *unaufhaltsam* vor sich und schränkt die Bedeutung des Charisma und des individuell differenzierten Verhaltens *zunehmend* ein." (WuG: 686–687; meine Hervorhebungen, A.B.)

Weil formale Rationalität die *Monopolisierung* der Kontrolle über die Betriebsmittel — im Falle des Staates insbesondere auch über das Machtmittel der physischen Gewalt — impliziert, genau deswegen ist der Machtkampf zwischen der Führungsspitze der Herrschaftsorganisation einerseits und ihren Funktionären andererseits für das Schicksal der Rationalisierung von ausschlaggebender Bedeutung (vgl. auch GARS I: 271):

"Endlich und namentlich ist die historische Realität auch ein *steter, meist latenter* Kampf zwischen Herrn und Verwaltungsstab um Appropriation oder Expropriation des einen oder des anderen. Entscheidend für *fast die ganze Kulturentwicklung* war

1. der Ausgang dieses Kampfes als solcher,
2. der Charakter derjenigen Schicht von ihm abhängenden Beamten, welche dem Herrn den Kampf gegen feudale oder andere appropriierte Gewalten gewinnen half (...).” (WuG: 154–155; meine Hervorhebungen, A.B.)

Während die eine Voraussetzung zum Höchstmaß entwickelter formaler Rationalität in der Monopolisierung der relevanten Machtquellen *innerhalb* des jeweiligen bürokratischen Verbandes besteht, so besteht die andere in der Konkurrenz *zwischen* verschiedenen bürokratischen Verbänden um gleichartige Machtchancen. ”Materiale” — das heißt hier: soziale — Bedingung der formalen Rationalität der Geldrechnung ist der ”Markt*kampf* (mindestens: relativ) autonomer Wirtschaften” (WuG: 58). Umgekehrt gilt,

”(...) daß *jede,* auch noch so rationale, d.h. an Marktchancen orientierte, *Kartellierung* sofort den Anreiz zur exakten Kalkulation schon auf dem Boden der Kapitalrechnung *herabsetzt, weil nur da und soweit genau kalkuliert wird,* wo und als eine *Nötigung* dafür vorhanden ist.” (WuG: 58; nur die letzte Hervorhebung im Original)

Die Nötigung, von der hier die Rede ist, besteht genau in der Gefahr, in der Konkurrenz mit anderen Unternehmen ins Hintertreffen zu geraten, d.h. seine gegenwärtige Marktmachtposition zu verlieren oder zu verschlechtern. Wo diese Gefahr entfällt, ist der ”Anreiz zur exakten Kalkulation” ”sofort” herabgesetzt.

Weniger nachdrücklich und häufig hat Weber die analoge Bedingung für die Rationalisierung der staatlichen Bürokratie hervorgehoben. Allerdings hat er auch hier den Vergleich gezogen und darin wiederum explizit politische und ökonomische Konkurrenz parallelisiert. Dies dokumentiert am umfassendsten und präzisesten die folgende Belegstelle aus Webers spätester Werkphase:[114]

”Wie die Konkurrenz um den Markt die Rationalisierung der privatwirtschaftlichen Betriebe *erzwang,* so *erzwang* bei uns und in dem China der Teilstaatenzeit die Konkurrenz um die politische Macht die Rationalisierung der staatlichen Wirtschaftspolitik. Und wie andererseits in der Privatwirtschaft *jede* Kartellierung die rationale Kalkulation, die Seele der kapitalistischen Wirtschaft *abschwächt,* so ließ das Aufhören der machtpolitischen Konkurrenz der Staaten miteinander die Rationalisierung des Verwaltungsbetriebs,

---

114 Die Frage der werkgeschichtlichen Phasen und ihrer Unterschiede ist seit Tenbrucks Aufsatz (1975) ein beliebtes Streitthema. Nur deshalb sei hier angemerkt: Die hier zitierte Stelle findet sich ausschließlich in der — um etwa 50 Prozent des Textumfangs erweiterten — *zweiten* Fassung des ’Konfuzianismus’-Aufsatzes, die Weber (wie den gesamten Band I der GARS) noch selbst für die Buchveröffentlichung redigieren konnte. Demzufolge handelt es sich bei der zitierten Passage um einen der autorisierten Texte *letzter Hand* aus seiner Feder. Angesichts des Grads der Überarbeitung darf dies wohl auch für den ganzen ’Konfuzianismus’-Aufsatz gelten — so wie er in GARS I veröffentlicht ist. Vgl. dazu Marianne Webers Vorwort zu GARS III und die Rekonstruktion der Werkgeschichte bei Schluchter (1984: hier 356; 1983: 13–14). Das ist insofern bemerkenswert, als dieser Aufsatz oft als eine Art ”materialistischer” Seitensprung seines Autors bewertet wird — so z.B. bei Alexander (1983: 59–70, 75).

der Finanzwirtschaft und der Wirtschaftspolitik kollabieren. Das Weltreich enthielt dazu keinen *Antrieb* mehr wie er einst bei der Konkurrenz der Teilstaaten bestanden hatte." (GARS I: 348–349; meine Hervorhebungen, A.B.)

Diese Passage ist in mehrerlei Hinsicht von zentraler Bedeutung. Sie demonstriert nämlich zugleich zwei wichtige Aspekte seiner Theorie der gesellschaftlichen Entwicklung. Erstens: Weber hat Prozesse der Steigerung formaler Rationalität *nicht nur* in der Neuzeit und nicht nur in Westeuropa diagnostiziert.[115] Das heißt hier: Er unterstellt sehr wohl *'universale' Triebkräfte* ("Antrieb") und Mechanismen der Rationalisierung, die unabhängig von den Grenzen spezifischer Kulturkreise und historischer Epochen wirksam sind — nämlich sowohl im antiken China der Fürstenstaaten als auch im spätmittelalterlich-frühneuzeitlichen Westeuropa. Zweitens verortet Weber die Quellen solcher Rationalisierungsprozesse keineswegs *immer* in der "Eigengesetzlichkeit" der Entwicklung von Symbolsystemen und insbesondere nicht nur in der Eigendynamik religiöser Weltbilder und Ethiken.

Zusammen mit den zuvor erörterten sozialen Implikationen von formaler Rationalität belegt diese Passage: Was Weber auf der Ebene *ökonomischer und politischer Organisation* unter dem Begriff der formalen Rationalisierung beschreibt, *sind Entwicklungsstrukturen und -tendenzen von sozialen Macht- und Kampfkonstellationen.*

Besonders aufschlußreich ist in diesem Zusammenhang die Rolle, die Weber der Konkurrenz verschiedener Akteure und Bürokratien untereinander zuschreibt. Daran erweist sich nämlich, daß er mit formaler Rationalität nicht etwa nur — wie es zunächst scheinen mag — eine bestimmte Art der *strukturellen* Verteilung von Macht*chancen* in sozialen Handlungszusammenhängen meint, sondern zugleich *auch* eine spezifische Art der bewußten ("subjektiven") *Handlungsorientierung* auf seiten der Akteure. "Konkurrenz" bezeichnet hier nicht nur eine relative Dezentralisierung der Machtschwerpunkte innerhalb eines sozialen Handlungsfeldes, sondern eben auch "Konkurrenz" im Sinne von "Kampf" — im Sinne eines planmäßig auf Machtausübung über andere abzielenden Handelns interdependenter Akteure. Im *Höchstmaß* formal rationalisiertes Wirtschaftshandeln ist identisch mit der konsequenten und lückenlosen Orientierung der ökonomischen Entscheidungen an Geldchancen, an der gegenwärtigen und künftigen Kaufkraftverteilung auf dem Markt. Im extensiven Gebrauch dieses "Mittels" ist aber schon eine eigentümliche Zwecksetzung impliziert: nämlich die Anpassung an die Bedingungen des Konkurrenzkampfs — die

---

115 Wie die Bezugnahme auf die "rationale Kalkulation" im Zitat ausweist, ist hier von *formaler* Rationalisierung die Rede — wenn auch auf einem Entwicklungsniveau, das weit von jenem Grad ihrer Durchsetzung entfernt ist, den Weber für die modernen westlichen Gesellschaften unterstellt hat.

zweckrationale Orientierung am Erhalt und Erwerb ökonomischer Macht. Der Gedanke einer *immanenten* Verschränkung von Geldrechnung und Konkurrenzkampf zieht als roter Faden durch Webers gesamte Wirtschaftssoziologie[116]:

> "*Geldpreise sind Kampf- und Kompromißprodukte, also Erzeugnisse von Machtkonstellationen.* 'Geld' ist keine harmlose 'Anweisung auf unbestimmte Nutzleistungen', welche man ohne grundsätzliche Ausschaltung des durch Kampf von Menschen mit Menschen geprägten Charakters der Preise beliebig umgestalten könnte, sondern primär: Kampfmittel und Kampfpreis, *Rechnungsmittel aber nur in der Form des quantitativen Schätzungsausdrucks von Interessenkampfchancen.*" (WuG: 58; meine Hervorhebungen, A.B.)

Auch in der "Zwischenbetrachtung" seiner religionssoziologischen Aufsätze — einem Text, der zu Recht der neueren Sekundärliteratur als eine der wichtigsten Quellen gilt — äußert sich Weber in genau diesem Sinne:

> "Rationale Wirtschaft ist sachlicher *Betrieb*. Orientiert ist sie an *Geld*preisen, die im Interessenkampf der Menschen untereinander auf dem *Markt* entstehen. Ohne Schätzung in Geldpreisen, also: ohne jenen Kampf, ist keinerlei *Kalkulation* möglich. Geld ist das Abstrakteste und 'Unpersönlichste', was es im Menschenleben gibt. Der Kosmos der modernen rationalen kapitalistischen Wirtschaft wurde daher, je mehr er seinen immanenten Eigengesetzlichkeiten folgte, desto unzugänglicher jeglicher denkbaren Beziehung zu einer religiösen Brüderlichkeitsethik. Und zwar nur immer mehr, je rationaler und damit unpersönlicher er wurde." (GARS I: 544; Hervorhebungen im Original)

Es ist für das Verständnis von Webers Rationalisierungsthese von entscheidender Bedeutung, daß Weber nicht zuerst und nur im Hinblick auf die religiöse Rationalisierung von "Eigengesetzlichkeiten" spricht, sondern auch (und in der zitierten Passage ausschließlich) mit Bezug auf die Eigendynamik der ökonomischen Rationalisierung — eine Eigendynamik, die sowohl "unpersönlich" als auch in hohem Maße von den Wünschen und Intentionen der Beteiligten unabhängig ist. Auch *diese* Unabhängigkeit ist es, die der Pleonasmus der Weberschen Formulierung von den "immanenten Eigengesetzlichkeiten" nachdrücklich unterstreicht. Den *rein Tenbruckschen Ausdruck* "Eigen*logik*" findet man weder in diesem noch in irgendeinem anderen Text Webers[117]. Stattdessen spricht Weber immer wieder von "Eigengesetzlichkeiten" (vgl. etwa GARS I: 541, 547, 551, 552, 553, 554, 566, 555; WuG: 349, 353, 361, 365) und dabei gar nicht vorwiegend mit Bezug auf die Rationalisierung von Ideen. Daß mit diesem Begriff in der oben zitierten Passage aus der "Zwischenbetrachtung" gar

---

116 Siehe auch die oben (S. 122–123) zitierten Belegstellen (GPS: 249, 335 und WuG: 49–50). Ferner auch die letzte Rachfahl-Replik, wo Weber von einem "durch die Natur des unvermeidlichen Mittels" (NB!) "in seiner Richtung determinierte(n) Streben" des Kapitalisten spricht (Weber 1972: 296).

117 Vgl. dieselbe Beobachtung bei Kalberg (1978: 153, Anm. 205) und Riesebrodt (1980: 120). Zum geradezu inflationären Gebrauch dieses scheinbar von Weber übernommenen Begriffs bei Tenbruck siehe Tenbruck (1975: 683, 685, 688, 690).

nichts anderes als die Gesetze des ökonomischen Konkurrenzkampfs gemeint sind, belegt die Parallelstelle in der älteren Version desselben Textes[118] – nämlich dem Abschnitt "Religiöse Ethik und 'Welt'" (§ 11) des religionssoziologischen Teils in *Wirtschaft und Gesellschaft*:

> "Die Versachlichung der Wirtschaft auf der Basis der Marktvergesellschaftung folgt durchweg ihren *eigenen sachlichen Gesetzlichkeiten, deren Nichtbeachtung die Folge des ökonomischen Mißerfolgs, auf die Dauer des ökonomischen Untergangs nach sich zieht.* Rationale ökonomische Vergesellschaftung ist immer Versachlichung *in diesem Sinn,* und einen Kosmos sachlich rationalen Gesellschaftshandelns kann man nicht durch karitative Anforderungen an konkrete Personen beherrschen. Der versachlichte Kosmos des Kapitalismus vollends bietet dafür gar keine Stätte. (...) Es tritt der religiösen Ethik eine Welt interpersonaler Beziehungen entgegen, die sich ihren urwüchsigen Normen gar nicht fügen *kann.*" (WuG: 353; nur die letzte Hervorhebung im Original)

Je konsequenter das ökonomische Handeln formal rationalisiert ist, desto strikter und intensiver ist es an gegenwärtigen und künftig erwartbaren Geldpreisen orientiert – und desto mehr folgt es jener Sinnorientierung, die für die Selbsterhaltung im ökonomischen Kampf optimal ist.

Ganz analog ist es um die formale Rationalisierung der politischen Herrschaftsorganisationen und des Handelns ihrer Funktionäre bestellt[119]:

> "Denn der gesamte Gang der innerpolitischen Funktionen des Staatsapparates in Rechtspflege und Verwaltung reguliert sich *trotz aller 'Sozialpolitik'* letzten Endes *unvermeidlich stets wieder* an der sachlichen Pragmatik der Staatsräson: an dem absoluten – für jede *universalistische* Erlösungsreligion letztlich sinnlos erscheinenden – Selbstzweck der Erhaltung (oder Umgestaltung) der inneren und äußeren Gewaltverteilung. Erst recht galt und gilt dies für die Außenpolitik. (...) Gewalt und Bedrohung mit Gewalt gebiert aber nach einem unentrinnbaren Pragma alles Handelns unvermeidlich stets erneut Gewaltsamkeit. *Die Staatsräson folgt dabei, nach außen wie nach innen, ihren Eigengesetzlichkeiten.* (...) *Alle Politik muß ihr (der religiösen Ethik; A.B.) nur um so brüderlichkeitsfremder gelten, je 'sachlicher' und berechnender, je freier von leidenschaftlichem Gefühl, Zorn und Liebe, sie ist.*" (GARS I: 547–548; meine Hervorhebungen, A.B.)

Es sind genau die empirischen Regelmäßigkeiten und die aus ihnen ableitbaren 'Spielregeln' des politischen und ökonomischen Machtkampfs, die in beiden Handlungssphären eine immanente Tendenz zur formalen Rationalisie-

---

118 Vgl. zur Datierung und Werkgeschichte: Schluchter (1984: hier 352, 364, Anm. 8).

119 Der Kontext, in dem im folgenden Zitat der Begriff "Staatsräson" gebraucht wird, macht deutlich, daß er hier für jenen Aspekt staatlicher Interessen benutzt wird, dem nach Weber mit der formalen Rationalität der bürokratischen Verwaltung am besten gedient ist. Dies macht insbesondere die Abgrenzung von der 'Sozialpolitik' sichtbar, die dem entsprechen würde, was Weber gelegentlich den *materialen* Rationalismus der Fürsten und der Bürokratie nannte (vgl. z.B. WuG: 130, 493–494; GARS I: 436–438). Zwischen politischen "Wohlfahrts"-Idealen und religiöser Ethik gibt es gerade *keinen* prinzipiellen Gegensatz.

rung hervorbringen – überall dort, wo die Spannungen der Konkurrenz sich verschärfen. Und es ist das im Höchstmaß formal rationale Handeln, das dem 'Wettbewerbs'-Charakter der zugrunde liegenden gesellschaftlichen und transnationalen Beziehungen adäquat Rechnung trägt (und dabei möglicherweise die akuten Konkurrenzspannungen noch steigert). Und genau weil das Maximum formaler Rationalität mit dem konsequent und zweckmäßig geführten Konkurrenzkampf koinzidiert, deswegen bedeutet formale Rationalität zugleich das *relative Maß,* in dem alle anderen und insbesondere ethische Entscheidungskriterien des Handelns ausgeschaltet worden sind. Diese würden nämlich Zweckgesichtspunkte in das Handeln hineintragen, die gegenüber dieser Zielorientierung heterogen und – im Falle einer *konsequenten* Brüderlichkeitsethik – direkt unvereinbar wären.

Wenn Weber in diesem Sinne also von einem latenten Potential zu formaler Rationalisierung überall und jederzeit ausgeht – im China der Fürstenstaaten ebenso wie im neuzeitlichen Westeuropa –, wieso bedurfte dann der in höchstem Grade formal rationalisierte Betriebskapitalismus eines Geburtshelfers in Gestalt einer *religiösen Ethik?* Dies ist die berühmte These von Webers frühem Aufsatz über die protestantische Ethik – eine These, an der er bis zum Ende seines Lebens festgehalten hat, nämlich auch in der überarbeiteten zweiten Fassung jenes Aufsatzes. Das ist auf den ersten Blick erstaunlich: hat Weber doch in seinem opus magnum *Wirtschaft und Gesellschaft* ebenso wie in der "Zwischenbetrachtung" der Religionssoziologie eine Beschreibung von formaler Rationalisierung geliefert, die doch gerade die anethische "Versachlichung" sozialer Beziehungen impliziert.

> "Jede rein persönliche Beziehung von Mensch zu Mensch, wie immer sie sei, einschließlich der völligsten Versklavung, kann ethisch reglementiert werden, an sie können ethische Postulate gestellt werden, *da ihre Gestaltung von dem individuellen Willen der Beteiligten abhängt,* also der Entfaltung karitativer Tugend Raum gibt. Nicht so aber geschäftlich rationale Beziehungen, und zwar *je rational differenzierter sie sind, desto weniger.* Die Beziehungen eines Pfandbriefbesitzers zu dem Hypothekenschuldner einer Hypothekenbank, (...) eines industriellen Rohstoffverbrauchers zum Bergarbeiter sind nicht nur faktisch, sondern prinzipiell nicht karitativ reglementiert." (WuG: 353; meine Hervorhebungen, A.B.)

Das Korrelat jener Deethisierung sozialer Beziehungen und Handlungsorientierungen ist – wie man sieht – eine Verengung des *situativen* Freiheitsspielraums, der den Einzelnen innerhalb formal rationalisierter Handlungszusammenhänge zur Verfügung steht.[120] Daß dieser Spielraum nicht immer so eingeschränkt gewesen ist – oder doch in einer ganz *anderen* Weise als durch

---

120 Zu Webers These der Deethisierung (oder: Anethisierung) formal rationalisierter Sozialbeziehungen siehe auch die Argumente und zahlreichen Belege bei Hennis (1987: 100–112, 182–183).

"sachliche Gesetzlichkeiten" –, das ist eine der oft übersehenen Vorausannahmen, die der Weberschen Protestantismus-These zugrunde liegen.

5.5 Die Schlüsselrolle der "Protestantischen Ethik"

Webers Begriff der "immanenten Eigengesetzlichkeiten" der ökonomischen und politischen Rationalisierung beruht auf der Annahme eines *zirkulären* Zusammenhangs zwischen Konkurrenzkampf und formaler Rationalität. Unter bestimmten Bedingungen, die Weber nur im Falle der ökonomischen Rationalisierung näher spezifiziert hat (Berechenbarkeit der Rechtsprechung und der staatlichen Verwaltung, Vertragsfreiheit, Monopolisierung der legalen Gewaltsamkeit, berechenbare Technik u.a.), erzeugen dauerhafte Konkurrenzspannungen zwischen verschiedenen Akteuren einen situativen Zwang, die formale Rationalität der eigenen Handlungen und der Form, in der diese organisiert sind, zu steigern – nämlich um mit den Fortschritten der Konkurrenten in derselben Richtung Schritt zu halten oder diesen zuvorzukommen. In den in der modernen Gesellschaft ausdifferenzierten Handlungssphären sind es die Konkurrenzspannungen zwischen den maßgeblichen Akteuren, die es den Handelnden nahelegen, möglichst alle relevanten Bedingungen ihres Handlungsfelds möglichst umfassend zu kontrollieren. *Das Maß, in dem ihnen dies gelingt und in dem sie dies anstreben, genau das ist das Maß formaler Rationalität.* Deshalb verschärft umgekehrt die formale Rationalisierung der Wirtschaftsbetriebe die Konkurrenzspannungen zwischen den Teilnehmern eines formell gewaltfreien Wettbewerbs um Erwerbschancen. Aus diesem Zusammenhang ergibt sich ein spiralförmiger Prozeßverlauf, der – solange die Konkurrenzspannungen anhalten – zu einer kumulativen Steigerung des Niveaus der langfristigen Planung und 'Kalkulation' führt. Wie die zitierte Passage aus dem Konfuzianismus-Aufsatz zeigt, nimmt Weber eine solche Wechselbeziehung – um nicht zu sagen: Identität – zwischen formaler Rationalisierung und Schärfe des Konkurrenzkampfs auch für die Entwicklung der staatlichen Verwaltungsstruktur und Wirtschaftspolitik an.

Daß Weber die Hypothese eines empirischen Zusammenhangs von formaler Rationalität und Konkurrenzspannung in der beschriebenen Weise *formuliert*, hat natürlich die bereits erörterte theoretisch-begriffliche Voraussetzung: daß Weber im Anschluß an Nietzsche davon überzeugt ist, daß "Rationalität" eben der gedankliche Ausdruck und die historische Erscheinungsform des "Willens zur Macht" ist. Und: daß formale Rationalität genau den Maßstab dafür hergibt, in welchem Grade dieses Streben realisiert werden kann ("Berechenbarkeit") oder planvoll-absichtsvoll verfolgt wird ("Rechenhaftigkeit"). So gesehen, erweist sich dieser Zusammenhang beinahe als trivial: die Machtgewinne der Konkurrenten induzieren die erhöhte Anstrengung, es ihnen gleichzutun, was natürlich auf diese zurückzuwirken pflegt.

Woran aber liegt es dann, daß "wir immer wieder (...) im Okzident, und *nur* dort, bestimmte *Arten* von Rationalisierungen sich entwickeln finden" (GARS I: 15)? Weber hat die Frage in der "Vorbemerkung" seiner religionssoziologischen Aufsätze formuliert, und dort ist unmißverständlich klar, von *welchen* "Arten von Rationalisierungen" dabei die Rede ist: nämlich fast stets von Berechenbarkeit und Kalkulation (vgl. GARS I: 5, 9, 10, 11).

Die religionssoziologischen Aufsätze enthalten zwar nicht die einzige Antwort, die Weber auf jene Frage gibt, aber doch diejenige, auf die er selbst den größten Nachdruck gelegt hat. Sie läßt sich in einem Satz zusammenfassen: Nur in Westeuropa entwickelte sich auf der Grundlage einer besonderen religiösen Ideentradition eine Wirtschaftsmentalität, ein "Ethos" des ökonomischen Handelns, welches geeignet war, eine kontinuierliche und *kumulative* formale Rationalisierung der Wirtschaft *in Gang zu setzen.*

Wie an Webers Beispiel der zwischenstaatlichen Konkurrenz zwischen den frühen chinesischen Teilstaaten zu erkennen ist, kann die Richtung des spiralförmigen Prozeßzusammenhangs von Konkurrenzspannung und Rationalität auch anders verlaufen. Statt einer wechselseitigen Verstärkung beider erhält man dann das Bild einer zunehmenden Abflachung und schließlich einer Umkehrung der Entwicklungskurve.

Die Abschwächung der Konkurrenz vermindert dann "sofort den Anreiz zur exakten Kalkulation (...), weil nur da und soweit genau kalkuliert wird, wo und als eine *Nötigung* dafür vorhanden ist" (WuG: 58). Auch in der "Vorbemerkung", die Weber kurz vor seinem Tode geschrieben hat, nimmt er auf diese Korrelation Bezug:

> "Daß eine wirklich genaue Rechnung und Schätzung ganz unterbleibt: rein schätzungsmäßig oder einfach traditionell und konventionell verfahren wird, kommt in jeder Form von kapitalistischer Unternehmung bis heute vor, *wo immer die Umstände nicht zu genauer Rechnung drängen.*" (GARS I: 5–6; meine Hervorhebung, A.B.)

Die Frage, die Webers religionssoziologische Aufsätze zu beantworten suchen, läßt sich aus dieser Perspektive folgendermaßen umformulieren: Welches waren die Gründe, neben einer sehr besondersartigen Entwicklung von Staat und Rechtsprechung, die dazu führten, daß sich die Spirale von Konkurrenz und Rationalität im spätmittelalterlich-frühmodernen Westeuropa in einer *aufsteigenden* Richtung zu drehen begann und relativ kontinuierlich weiterdrehte?

Das Grundmodell, das in dieser Fragestellung vorausgesetzt ist, habe ich aus den späteren Schriften[121] Webers herausgearbeitet. Was berechtigt uns dazu,

---

121 Dazu gehören auch die ersten *drei* Kapitel von *Wirtschaft und Gesellschaft* (WuG: 1–176), die Weber in den Jahren 1918–1920 geschrieben und noch selbst in den Druck-

diese Fragestellung als Interpretationsfolie auch dem frühen Aufsatz über die protestantische Ethik unterzulegen? Die Antwort mag überraschend klingen: Es ist genau dieses Modell, das Weber bereits in der ersten Fassung des Protestantismus-Aufsatzes für seine Argumentation in Anspruch nimmt. Schon im zweiten Abschnitt der "Problemstellung" entwickelt Weber ein "idealtypisches" Bild (ASS 20: 27, Anm. 1; GARS I: 51, Anm. 1) davon, in welcher Weise er sich das *praktische Wirksamwerden* jener spezifischen Wirtschaftsgesinnung vorstellt, die er mit dem etwas mißverständlichen Namen "Geist des Kapitalismus"[122] bezeichnet und am Beispiel Benjamin Franklins illustriert hat. Zunächst beschreibt er jenes Wirtschaftsleben, in das jener "Geist" in der historischen Gestalt der protestantischen "Wirtschaftsethik" noch nicht eingezogen ist. Und dann konstruiert er ein idealtypisches Modell dessen, was geschieht, wenn er die Szene betreten hat und *wie* er in die soziale und ökonomische Situation der Marktakteure eingreift und diese einschneidend verändert.

Das Stichwort, unter dem Weber die Ausgangssituation charakterisiert, ist das des "Traditionalismus" (ASS 20: 20-29; GARS I: 53-53). "(...) Der Mensch will 'von Natur' nicht Geld und mehr Geld verdienen, sondern einfach leben, so leben wie er zu leben gewohnt ist und soviel erwerben, wie dazu erforderlich ist" (ASS 20: 21; GARS I: 44). Diese wesentlich stationäre Orientierung des ökonomischen Handelns wird gestärkt und gleichsam 'eingefroren' durch entsprechende Konventionen, stereotypierte soziale Normen ethischer Prägung, deren Einhaltung durch die üblichen Formen sozialer Kontrolle in vorindustriellen Gesellschaften — "allgemeine und praktisch fühlbare *Mißbilligung*" (WuG: 17) — und eventuell vielleicht durch die Furcht vor magischen Nachteilen garantiert wird. Wie wir sehen werden, hat die Angst vor übernatürlichen Gefahren für den Neuerer, der die hergebrachte Tradition verletzt, durchaus eine sehr realistische Basis in der Lebenserfahrung der Zeitgenossen.

Wenigstens in den Beziehungen unter den Angehörigen *derselben* sozialen Gemeinschaft ist dieses vormoderne Wirtschaftsleben recht weit von einem scharf und zweckrational geführten Konkurrenzkampf entfernt. Vielmehr herrscht eine "im ganzen relativ große Verträglichkeit der Konkurrenten untereinander". Und es ist das Fehlen jener spezifischen Wirtschaftsmentalität, jener besonderen Persönlichkeitsstruktur, des "kapitalistischen Geistes", die Weber für den gemächlich-behäbigen Gang der Verhältnisse verantwortlich macht. Das

---

Forts. von letzter Seite

    fahnen korrigiert hat: vgl. Roth (1968: XCV), Winckelmann in WuG: XXV, Schluchter (1984: 345) und Marianne Weber (1926: 687-688).

122 Hennis hat mit Recht festgestellt, daß es wohl besser, nämlich unmißverständlicher gewesen wäre, wenn Weber statt des Terminus "Geist" den Begriff des *Habitus* verwendet hätte, um das zu kennzeichnen, was er meinte (Hennis 1987: 17).

Modell des Übergangs, der "Revolutionierung" des Traditionalismus (ASS 20: 27; GARS I: 50), das Weber idealtypisch komponiert, *geht* von einer Situation *aus*, in der die organisatorische "Form" und die materiellen Ressourcen eines rechenhaften und auf formell freier Arbeit beruhenden Betriebskapitalismus bereits sämtlich versammelt sind. In der überarbeiteten Fassung (GARS I: 51) ist sogar die "Art der Buchführung" als bereits vorhandene Voraussetzung angeführt. Die Passage ist wichtig und inhaltlich gedrängt genug, um sie hier ungekürzt zu reproduzieren:

> "Bis gegen die Mitte des vorigen Jahrhunderts war das Leben eines Verlegers wenig-stens in manchen Branchen der kontinentalen Textilindustrie ein für unsere heutigen Begriffe ziemlich gemächliches. Man mag sich seinen Verlauf etwa so vorstellen: Die Bauern kamen mit ihren Geweben − oft (bei Leinen) noch vorwiegend oder ganz aus selbstproduziertem Rohstoffe hergestellt − in die Stadt, in der die Verleger wohnten und erhielten nach sorgsamer − oft amtlicher − Prüfung der Qualität die üblichen Preise dafür gezahlt. Die Kunden der Verleger waren für den Absatz auf alle weiteren Entfernungen Zwischenhändler, die ebenfalls hergereist kamen, nach Mustern oder herkömmlichen Qualitäten vom Lager kauften oder, und dann lange vorher, bestellten − woraufhin dann eventuell weiter bei den Bauern bestellt wurde. Eigenes Bereisen der Kundschaft geschah, wenn überhaupt, dann selten einmal in großen Perioden, sonst genügte Korrespondenz und Musterversendung. Mäßiger Umfang der Komptoirstunden − vielleicht 5-6 am Tage, zeitweise erheblich weniger, in der Campagnezeit, wo es eine solche gab, mehr, − leidlicher, zur anständigen Lebensführung und in guten Zeiten zur Rücklage eines kleinen Vermögens ausreichender Verdienst, *im ganzen relativ große Verträglichkeit der Konkurrenten untereinander* bei großer Übereinstim-mung der 'Geschäftsgrundsätze', ausgiebiger täglicher Besuch der 'Ressource', daneben je nachdem noch Dämmerschoppen, Kränzchen und gemächliches Lebenstempo überhaupt.
>
> Es war eine in jeder Hinsicht 'kapitalistische' F o r m der Organisation, wenn man auf den rein kaufmännisch-geschäftlichen Charakter der Unternehmer, ebenso wenn man auf die Tatsache der Unentbehrlichkeit des Dazwischentretens von Kapitalvorräten, welche in dem Geschäft umgeschlagen wurden, ebenso endlich, wenn man auf die objektive Seite des ökonomischen Hergangs sieht. Aber es war t r a d i t i o n a l i - s t i s c h e Wirtschaft, wenn man auf den G e i s t sieht, der die Unternehmer beseelte: die traditionelle Lebenshaltung, die traditionelle Höhe des Profits, das traditionelle Maß von Arbeit, die traditionelle Art der Geschäftsführung und der Beziehungen zu den Arbeitern und dem wesentlich traditionellen Kundenkreise, der Art der Kundengewinnung und des Absatzes beherrschten den Geschäftsbetrieb, lagen − so kann man geradezu sagen − der 'Ethik' dieses Kreises von Unternehmern zugrunde.
>
> *Irgendwann nun wurde diese Behaglichkeit plötzlich gestört*, und zwar oft ganz ohne daß dabei irgend eine prinzipielle Änderung der Organisations f o r m − etwa Über-gang zum geschlossenen Betrieb, zum Maschinenstuhl und dgl. − stattgefunden hätte. Was geschah, war vielmehr oft lediglich dies: daß irgend ein junger Mann aus einer der beteiligten Verlegerfamilien aus der Stadt auf das Land zog, die Weber für seinen Beruf sorgfältig auswählte, *ihre Abhängigkeit und Kontrolle verschärfte*, sie so aus Bauern zu Arbeitern erzog, andererseits aber den Absatz durch möglichst direktes Herangehen an die letzten Abnehmer: die Detailgeschäfte, ganz in die eigene Hand nahm, Kunden persönlich warb, sie regelmäßig jährlich bereiste, vor allem aber die Qualität der Produkte ausschließlich ihren Bedürfnissen und Wünschen anzupassen, ihnen 'mund-

gerecht' zu machen wußte und zugleich den Grundsatz 'billiger Preis, großer Umsatz' durchzuführen begann. *Alsdann nun wiederholte sich, was immer und überall die Folge eines solchen 'Rationalisierungs'-Prozesses ist: wer nicht hinaufstieg, mußte hinabsteigen.* Die Idylle brach unter dem *beginnenden erbitterten Konkurrenzkampf* zusammen, ansehnliche Vermögen wurden gewonnen und nicht auf Zinsen gelegt, sondern immer wieder im Geschäft investiert, die alte behäbige und behagliche Lebenshaltung wich harter Nüchternheit, bei denen, die mitmachten und hochkamen, weil sie nicht verbrauchen, sondern erwerben w o l l t e n, bei denen, die bei der alten Art blieben, weil sie sich einschränken m u ß t e n. Und — worauf es hier vor allem ankommt — es war in solchen Fällen in der Regel n i c h t etwa ein Zustrom neuen G e l d e s, welcher diese Umwälzung hervorbrachte — mit wenigen Tausenden von Verwandten hergeliehenen Kapitals wurde in manchen mir bekannten Fällen der ganze 'Revolutionierungs-Prozeß' ins Werk gesetzt —, sondern der neue G e i s t, eben der 'Geist des Kapitalismus', der eingezogen war. Die Frage nach den Triebkräften der Entwicklung des Kapitalismus ist nicht in erster Linie eine Frage nach der Herkunft der kapitalistisch verwertbaren G e l d vorräte, sondern nach der Entwicklung des kapitalistischen G e i s t e s. Wo er auflebt und sich auszuwirken vermag, da s c h a f f t e er sich die Geldvorräte als Mittel seines Wirkens, nicht aber umgekehrt. *Aber sein Einzug pflegt kein friedlicher zu sein. Eine Flut von Mißtrauen, gelegentlich von Haß, vor allem von moralischer Entrüstung stemmt sich regelmäßig dem ersten Neuerer entgegen,* oft — mir sind mehrere Fälle derart bekannt — beginnt eine förmliche Legendenbildung über geheimnisvolle Schatten in seinem Vorleben. Es ist so leicht niemand unbefangen genug zu bemerken, daß gerade einen solchen Unternehmer 'neuen Stils' nur ein *ungewöhnlich fester Charakter* vor dem Verlust der *nüchternen Selbstbeherrschung* und vor moralischem wie ökonomischem Schiffbruch bewahren können, daß neben Klarheit des Blickes und Tatkraft, vor allem doch auch ganz bestimmte und sehr ausgeprägte 'e t h i s c h e' Qualitäten es sind, welche bei solchen Neuerungen ihm das schlechthin unentbehrliche Vertrauen der Kunden und der Arbeiter gewinnen und ihm die Spannkraft zur Überwindung der ungezählten Widerstände erhalten, vor allem aber die so unendlich viel intensivere Arbeitsleistung, welche nunmehr von dem Unternehmer gefordert wird und die mit bequemem Lebensgenuß unvereinbar ist, überhaupt ermöglicht haben: — nur eben ethische Qualitäten spezifisch anderer A r t als die dem Traditionalismus der Vergangenheit adäquatesten." (ASS 20: 27-29; vgl. GARS I: 51-53; Hervorhebungen durch Kursivschrift von mir, Hervorhebungen durch Sperrung im Original, A.B.)

Weber stellt ausdrücklich fest, daß dieser, hier an einem Spezialfall veranschaulichte Prozeß der "Revolutionierung, welche dem alten Traditionalismus ein Ende macht, noch in vollem Gange ist" — bis in die Gegenwart (ASS 20: 27; GARS I: 50). Höchstwahrscheinlich — mehrere Hinweise im Text deuten darauf — zeichnet Weber in dieser Passage ein Bild, das ihm aus der westfälischen Textilindustrie des 19. Jahrhunderts bestens vertraut ist, und vermutlich ist einer jener jungen Männer, von denen er berichtet, niemand anderes als sein eigener Onkel. Aber wie dem auch sei, hier sind nahezu alle Elemente vereinigt, die man für eine "invisible hand"-Erklärung nach dem erläuterten Modell von Konkurrenzspannung und formaler Rationalisierung benötigt. Dieses Modell und diese Erklärung sind nicht das *Thema* des Protestantismus-Aufsatzes — aber: sie sind, wie die Belegstelle zeigt, in seiner Grundthese *voraus-*

gesetzt. In seinem idealtypischen Beispiel sind schon in der ersten Version die wichtigsten Elemente der späteren Definition formaler Rationalität enthalten: die konsequent planvolle Orientierung an einer Verbesserung der Unternehmens- bilanz, die Durchorganisierung der ökonomischen Handlungsketten bis in das letzte Glied auf dieses Ziel hin, die "zunehmend"[123] verschärfte "Abhängigkeit und Kontrolle" der formell ungebundenen Arbeitskräfte.

Und als weiteres Element: die "nüchterne Selbstbeherrschung", die die formale Rationalisierung von den Betriebsleitern verlangt — und zwar um so mehr, wenn jene Art der Handlungsorientierung noch auf sehr ernst zu neh- mende Widerstände unter den übrigen Akteuren stößt, wenn sie die hergebrach- te Moral und Sitte verletzt, deren Nichtbeachtung von den Betroffenen und nicht nur von ihnen auf eine Weise geahndet wird, die unter ländlichen und vorindustriellen Verhältnissen in ihrer Wirksamkeit kaum überschätzt werden kann (vgl. dazu: WuG: 18). "Eine Flut von Mißtrauen, gelegentlich von Haß, *vor allem von moralischer Entrüstung* stemmt sich regelmäßig dem ersten Neuerer entgegen" (Hervorhebung von mir, A.B.). Weber zeichnet eine Welt, die von moralischen (und religiösen) Mächten beherrscht wird und jeder Neue- rung prinzipiell feindlich gesonnen ist — erst recht aber einer Neuerung, deren "Einzug (...) kein friedlicher zu sein (pflegt)". Die Unfriedlichkeit dieser Neue- rung ist allerdings schon in ihr selbst begründet: ihrer Natur nach greift sie die durch die eingeschliffene Tradition gestützten, nicht unbedingt *de jure,* aber doch der *Konvention* nach appropriierten Erwerbschancen der übrigen Markt- interessenten an. Man beachte den Akzent, den Weber auf die relative Fried- lichkeit des Ausgangszustandes legt, den er in idealtypischer Übertreibung als "Behaglichkeit" und "Idylle" charakterisiert. Mit dem Auftauchen des "kapitali- stischen Geistes" verwandelt sich das stationär gezeichnete Gleichgewicht der Konkurrenten in einen "beginnenden erbitterten Konkurrenzkampf", und dann wiederholt

"(...) sich, was *immer und überall* die Folge eines solchen 'Rationalisierungs'-Prozesses ist: wer nicht hinaufstieg, mußte hinabsteigen" (ASS 20: 29; GARS I: 52; meine Hervorhebung, A.B.).

In der späteren Phase des Übergangsprozesses gelten veränderte Bedin- gungen: Wer sich den neuen Maßstäben des ökonomischen Verhaltens nicht anpassen will, der wird durch die veränderten Konkurrenzbedingungen entweder dazu genötigt oder vom Markt gedrängt. Genau wie eine umsatzsteigernde oder kostensenkende technische Innovation unter den Bedingungen harten Wett- bewerbs schnell kopiert (oder überholt) wird, stellt Weber sich die Diffusion jener neuen Wirtschaftsgesinnung vor.

---

123 Diese Einfügung ist eine der — für mein Argument unerheblichen — geringfügigen Änderungen dieser Passage in der zweiten Fassung (vgl. GARS I: 52).

John Langton hat aus dieser und anderen Passagen die Schlußfolgerung gezogen, daß Webers "Protestantismus-These" implizit mit einer an Darwin angelehnten Theorie soziokultureller Evolution operiert, in die neben Annahmen über die Auslese konkurrenzwirksamer Innovationen auch Hypothesen über die Wirkungsweise sozialer und psychologischer 'Verstärker' und Sanktionen eingehen (Langton 1982: besonders 347-350). Dieser Deutung kann in der Sache nicht gut widersprochen werden, auch wenn sie nicht unbedingt als ein Argument im Sinne Langtons zu verstehen ist, der Weber aufgrund dieses Befundes in die Ahnengalerie des modernen Behaviorismus einreihen möchte. Randall Collins' Behauptung (1986a: 94; 1986b: 34), das "übergreifende Muster" in Webers Theorie sei nicht gleichzusetzen mit einem Modell natürlicher Selektion der fortgeschrittensten Formen, bedarf daher wenigstens einer Qualifikation: daß genau ein solches Modell eben doch *im Hintergrund* der Weberschen Theorie der formalen Rationalisierung und der okzidentalen Gesellschaftsentwicklung im besonderen steht.

Auch ganz ausdrücklich hat Weber selbst im Protestantismus-Aufsatz an das Konzept der "Auslese" angeknüpft — aber: unter Hinweis darauf, daß dieser Begriff nur dazu taugt, die Fortexistenz und die Diffusion des "kapitalistischen Geistes" auch unter Nicht-Protestanten zu begreifen. Ungeeignet findet er ihn, um die *Entstehung* jener Innovation zu erklären — ganz ebenso, wie sein biologisches Gegenstück für die *Variation* von Erbmerkmalen unzuständig ist.[124]

"Und noch weniger soll natürlich behauptet werden, daß für den h e u t i g e n Kapitalismus die s u b j e k t i v e Aneignung dieser ethischen Maxime (des 'kapitalistischen Geistes'; A.B.) durch seine einzelnen Träger, etwa die Unternehmer oder die Arbeiter der modernen kapitalistischen Betriebe, Bedingung der Fortexistenz sei. Die h e u t i g e kapitalistische Wirtschaftsordnung ist ein ungeheurer Kosmos, in den der einzelne hineingeboren wird und der für ihn, wenigstens als einzelnen, *als faktisch unabänderliches Gehäuse*, in dem er zu leben hat, gegeben ist. *Er zwingt dem einzelnen*, soweit er in den Zusammenhang des 'Marktes' verflochten ist, *die Normen seines wirtschaftlichen Handelns* auf. Der Fabrikant, welcher diesen Normen dauernd entgegenhandelt, wird ökonomisch ebenso *unfehlbar eliminiert*, wie der Arbeiter, der sich ihnen nicht anpassen kann oder will, auf die Straße gesetzt wird.

Der heutige, zur Herrschaft im Wirtschaftsleben gelangte Kapitalismus *also erzieht und schafft sich im Wege der 'ökonomischen A u s l e s e' die Wirtschaftssubjekte — Unternehmer und Arbeiter — deren er bedarf. Allein gerade hier kann man die Schranken des 'Auslese'-Begriffes als Mittel der Erklärung historischer Erscheinungen mit Händen greifen. Damit jene der Eigenart des Kapitalismus 'angepaßte' Art der Lebensführung und Berufsauffassung 'ausgelesen' werden, d.h. über andere den Sieg davontragen konnte, mußte sie offenbar zunächst entstanden sein, und zwar nicht in einzelnen isolierten Individuen, sondern als eine Anschauungsweise, die von Menschen- g r u p p e n getragen wurde. Diese Entstehung ist also das eigentlich zu Erklärende.*"
(ASS 20: 17-18; vgl. GARS I: 36-37; Hervorhebungen durch Kursivschrift von mir; Hervorhebungen durch Sperrung im Original, A.B.)

---

124 Vgl. dazu die analoge Argumentation in GARS III: 88 und WuG: 412.

In der zweiten Fassung hat Weber die Anführungsstriche bei "ökonomischer Auslese" entfallen lassen — wohl kaum zufällig. Gewiß bezeichnet dieser Begriff nicht das *Thema* des Protestantismus-Aufsatzes. Dieses wird vielmehr genau in den beiden letzten Sätzen der zitierten Passage abgegrenzt. Nicht die Diffusion und die Fortexistenz jener Wirtschaftsmentalität, die Weber am Beispiel Benjamin Franklins illustriert, sondern ihre *Genese* bildet den Erklärungsgegenstand seiner Schrift — und zwar "als eine Anschauungsweise, die von Menschen g r u p p e n getragen wurde"[125].

Für den in Gang gekommenen Rationalisierungsprozeß und dessen *interne* Antriebskräfte aber unterstellt Weber eine Eigengesetzlichkeit, für die er in der angeführten und in einer vielzitierten anderen Passage den Ausdruck vom "unabänderlichen Gehäuse" geprägt hat. Die intime Verwandtschaft dieser berühmten, aber wenig verstandenen Metapher mit den 'Gesetzen' der ökonomischen Konkurrenz — ein Zusammenhang, auf den Weber auch an anderen Stellen des Textes zurückkommt (vgl. ASS 20: 31-32; GARS I: 55-56) — braucht hier nicht mehr betont zu werden. Wenn Weber am Ende seines Aufsatzes von dem "Verhängnis" spricht, das die protestantischen "Heiligen" ereilte, so ist damit gar nichts anderes gemeint als die eigendynamische Verselbständigung des ökonomischen Konkurrenzprozesses unter "sachlichen" Eigengesetzlichkeiten.

Mit dieser Verselbständigung gegenüber den Absichten der Akteure hat sich der moderne ökonomische Rationalismus auch — im Prinzip — von seinem religiösen Ursprung emanzipiert:

"Nur wie 'ein dünner Mantel (...)' sollte nach Baxters Ansicht die Sorge um die äußeren Güter um die Schultern seiner Heiligen liegen. Aber aus dem Mantel ließ das

---

125 Auf ein detailliertes Resümee des Protestantismus-Aufsatzes muß und kann ich wohl an dieser Stelle verzichten. Wer nach einer zugleich kurzen und umfassenden Zusammenfassung dieses Textes sucht, sollte am besten auf das betreffende Kapitel bei Abramowski (1966: 17-39) zurückgreifen. Eine gute ausführliche Rekonstruktion der Weberschen Argumentation findet sich bei Marshall (1982: 17-100), aber auch die entsprechenden Abschnitte in Parsons' berühmter Studie (1949: 500-538, 570-578) geben eine sehr klare und meist zuverlässige Darstellung — außer, wo es um die Eigendynamik der internen Entwicklung des Calvinismus und um die *Rolle geteilter Wertvorstellungen* in der sozialen Wirklichkeit überhaupt geht (vgl. etwa Parsons 1949: 670). Wichtige Anregungen in die Richtung, der meine Deutung folgt, enthalten außer den genannten vor allem die Arbeiten von Drehsen (1975: besonders 119-121, 125, 132, 134), Schluchter (1979: 204-255), Langton (1982 und 1984) und Hennis (1987: Kapitel 1 und 2). Nützlich finde ich auch den Aufsatz Bergers (1973), der die soziale Organisationsstruktur der Sekten und die innerhalb ihrer geübte Form der sozialen Kontrolle als ein wichtiges Element der Weberschen "Protestantismus-These" herausarbeitet. Aufschlußreiche Fragegesichtspunkte und Bausteine für die Interpretation liefern ferner die Beiträge von Bellah, Giddens, Dux, Lüthy und Sprondel in dem Sammelwerk von Seyfarth & Sprondel (1973).

Verhängnis ein stahlhartes Gehäuse werden. Indem *die Askese* die Welt umzubauen und in der Welt sich auszuwirken unternahm, gewannen die *äußeren* Güter dieser Welt *zunehmende und schließlich unentrinnbare* Macht über den Menschen, *wie niemals zuvor in der Geschichte.* Heute ist ihr Geist — ob endgültig, wer weiß es? — *aus diesem Gehäuse entwichen.* Der siegreiche Kapitalismus bedarf, seit er auf mechanischer Grundlage ruht, *dieser Stütze nicht mehr..*" (ASS 21: 108; GARS I: 203-204; meine Hervorhebungen, A.B.)

David Beetham kommentiert diese Passage treffend: "It is ironic that *The Protestant Ethic* should have been read as providing a *general* justification for the independent power of ideas in social life, when the conclusion Weber himself drew for *modern* society was precisely the opposite" (Beetham 1974: 221; Hervorhebungen von mir, A.B.).

Anders als viele seiner Kommentatoren (vgl. zum Beispiel Habermas 1981a: 310, 303, 347; Parsons 1949: 670) ist Weber nicht der Auffassung, daß eine wertrationale oder "moralische Verankerung" von Normen des Wirtschaftshandelns eine *strukturelle* Existenzbedingung des rationalen Betriebskapitalismus darstellt. Daß der "kapitalistische Geist" nicht im Gewand einer utilitaristischen Klugheitslehre auf die Bühne der Weltgeschichte treten konnte, gilt ihm vielmehr 'nur' als eine *genetische* Bedingung seines Siegeszuges. In einer Zeit, die von moralischen und religiösen Mächten *beherrscht* wurde, bedurfte der ökonomische Rationalismus der Hilfe einer Anschauung innerlich überzeugter Menschengruppen, die das formal rationale Handeln auch als das moralisch Gute und Geforderte definierte und außerdem darauf "höchst wirksame *psychologische Prämien*" aussetzte. Genau dieses letztere Moment erklärt Weber in einer Fußnote der zweiten Fassung zum eigentlichen Dreh- und Angelpunkt seiner Argumentation. Er antwortet darin auf den Einwand seines Kritikers Sombart, der bereits vor der Reformation in den Schriften des Florentiners Alberti (1404-1472) fast alle charakteristischen Züge zu entdecken glaubt, die Weber in seinem Konzept des "kapitalistischen Geistes" zusammengefaßt hat (vgl. dazu und zum folgenden: Marshall 1982: 97-100). Zunächst kritisiert Weber einzelne Details der Sombartschen Interpretation Albertis. Aber die Emphase seiner Verteidigung ist eine andere:

"Die hierhergehörigen Ausführungen Albertis sind ein sehr geeignetes Paradigma für diejenige Art von — sozusagen immanentem ökonomischen 'Rationalismus', wie er als, in der Tat, 'Widerspiegelung' ökonomischer Zustände, bei rein 'an der Sache selbst' interessierten Schriftstellern sich überall und zu allen Zeiten (...) gefunden hat. (...) Aber wie kann man nur glauben, daß eine solche Literaten*lehre* eine lebensumwälzende Macht entwickeln könne von der Art, wie ein religiöser Glaube, der *Heilsprämien* auf eine bestimmte (in diesem Fall: methodisch-rationale) Lebensführung setzt? (...) Das Entscheidende des Unterschiedes ist (um das vorwegzunehmen): daß eine religiös verankerte Ethik auf das von ihr hervorgerufene Verhalten ganz bestimmte, und so lange der religiöse Glaube lebendig bleibt, höchst wirksame *psychologische Prämien* (*nicht* ökonomischen Charakters) setzt, welche eine bloße Lebenskunstlehre wie die Albertis eben *nicht* zur Verfügung hat. Nur soweit diese Prämien wirken und — vor allem — in derjenigen, oft (das ist das Entscheidende) von der Theologen-*Lehre* (die ihrerseits ja auch nur 'Lehre' ist) weit abweichenden *Richtung,* in der sie wirken, gewinnt sie einen eigengesetzlichen Einfluß auf die Lebensführung und dadurch auf die Wirtschaft: *dies ist, um es deutlich zu sagen, ja die Pointe dieses ganzen Aufsatzes, von der ich nicht erwartet hätte, daß sie so völlig übersehen werden würde.*" (GARS I: 40, Fußn.; nur die letzte Hervorhebung von mir, A.B.)

Zwei Momente sind in dieser Selbstinterpretation Webers von entscheidender Bedeutung. Erstens geht es nicht um die Wirkung von bloßen "Ideen" an sich, sondern um die Wirksamkeit von "Ideen", die mit mächtigen *psychischen Bedürfnissen* — Weber spricht auch vom "ideellen" oder "inneren" *Interesse* (GARS I: 240-241, 242, 252, 253) — *alliiert* sind. Was Weber die *"Wirtschaftsethik"* einer Religion nennt, ist "nicht die ethische *Lehre* einer Religion, sondern dasjenige ethische Verhalten, auf welches durch die Art und Bedingtheit ihrer Heilsgüter *Prämien* gesetzt sind, (dies) ist im soziologischen Sinn des Wortes 'ihr' spezifisches 'Ethos'" (GARS I: 234-235). Es geht ihm um "die in den psychologischen und pragmatischen Zusammenhängen der Religionen gegründeten *praktischen Antriebe zum Handeln*" (GARS I: 238). Im Vordergrund steht im Protestantismus vor allem das religiöse Bedürfnis, sich des eigenen Seelenheils *gewiß zu fühlen,* und die Angst, diese Gewißheit zu verlieren: das "Interesse an der Gewinnung der subjektiven 'certitudo salutis'" (ASS 21: 41; GARS I: 130).

Tatsächlich ist Webers Rekonstruktion des Kausalzusammenhangs zwischen der Lehre Calvins und seiner Nachfolger einerseits und der "Wirtschaftsethik" der Puritaner andererseits um das Problem der Heilsgewißheit zentriert. Dieses für seine Argumentation ausschlaggebende Vermittlungsglied — die Jenseitsinteressen der Gläubigen, die durch ihr religiöses Weltbild geformt und gesteuert werden — ist immer wieder von Webers Kritikern und Kommentatoren übersehen oder doch nur unzureichend verstanden worden.

"(...) selbstverständlich nicht auf das, was etwa in ethischen Kompendien der Zeit theoretisch und offiziell gelehrt wurde, (...) kommt es für uns an, sondern *auf etwas ganz anderes:* auf die Ermittlung derjenigen durch den religiösen Glauben und die Praxis des religiösen Lebens geschaffenen *psychologischen A n t r i e b e,* welche der Lebensführung die Richtung wiesen und das Individuum in ihr festhielten." (GARS I: 86; Hervorhebungen durch Kursivschrift von mir, A.B.; vgl. dazu ASS 21: 3).

Und ausdrücklich betont er in diesem Zusammenhang:

"(...) in einer Zeit, in welcher das Jenseits alles war, (...) sind die in (der seelsorgerischen; A.B.) *Praxis* sich geltend machenden religiösen Mächte die entscheidenden Bildner des 'Volkscharakters'." (ASS 21: 74; GARS I: 163-164).

Dieser Aspekt ist besonders wichtig für die Calvinsche Prädestinationslehre, die das Seelenheil des Individuums von einem seinem Leben vorausgehenden, völlig *unerforschlichen,* dem menschlichen Urteil unzugänglichen Ratschluß eines allmächtigen Gottes abhängig machte:

"(...) das für uns entscheidende Problem ist erst, wie wurde diese Lehre e r t r a -
g e n, in einer Zeit, welcher das Jenseits nicht nur wichtiger, sondern in vieler Hinsicht
auch *sicherer* war als alle Interessen des diesseitigen Lebens? Die eine Frage mußte ja
alsbald für jeden einzelnen Gläubigen entstehen und alle *anderen Interessen* in den
Hintergrund drängen: Bin i c h denn erwählt"? (ASS 21: 17–18; GARS I: 102–103;
Hervorhebungen durch Kursivschrift von mir, A.B.)

Das Entscheidende ist für Weber nicht die manifeste Stellungnahme zum
Gelderwerb in der theologischen *Theorie,* sondern die Art und Weise, wie diese
Lehre die psychischen Bedürfnisse des Gläubigen in einer bestimmten Weise
kanalisiert: nämlich gerade in die Richtung rastloser Berufsarbeit und der
Verachtung jedes überflüssigen Konsums als "Kreaturvergötterung". Daß jene
Lehre dies vermag, beruht auf "höchst wirksamen psychologischen Prämien".
"Nur soweit diese Prämien wirken und (...) in *derjenigen* (...) *Richtung,* in der
sie wirken, gewinnt sie einen *eigengesetzlichen* Einfluß auf die Lebensführung
und dadurch auf die Wirtschaft" (GARS I: 40, Fußnote; meine Hervorhebungen, A.B.)

Wenige Stellen in Webers zweiter Fassung des Protestantismus–Aufsatzes
verdienen mehr konzentrierte Aufmerksamkeit als diese Passage aus einer
überlang geratenen Fußnote. An ihr zeigt sich deutlich, daß Weber die soziale
Wirklichkeit und Wirksamkeit von "Ideen" nicht einfach apriorisch voraussetzt,
sondern beides *in empirischer Einstellung* behandelt: nämlich als kontingente,
d.h. bedingte und auch anders mögliche Tatsachen, deren Behauptung immer
erst der empirischen Untersuchung und Überprüfung am historischen Einzelfall
bedarf.

Anders als etwa Parsons (1966: 9–10, 28, 113) unterstellt Weber nicht eine
allgemein gültige Kontrollhierarchie, in der die menschlichen Symbole ("Ideen",
Kultur) über die übrigen Aspekte menschlichen Daseins regieren, sondern macht
diese ihre Wirksamkeit − und damit Erklärungskraft − von historisch verän-
derlichen Bedingungskonstellationen abhängig. Weber spezifiziert die Bedingungen nicht näher, unter denen religiöse Lehren "psychologische Prämien" und
Sanktionen in ihren Dienst spannen können. Wie oben vermerkt, neigt er dazu,
ihnen diese Fähigkeit in der Epoche des im Sattel sitzenden Kapitalismus
abzusprechen. Jedenfalls macht er die soziologische Wirkungsmächtigkeit von
"Ideen" − das präzise ist seine Pointe gegen Sombarts Alberti-Deutung −
ausschließlich und genau davon abhängig, ob und inwieweit ihnen dies
gelingt. Daß religiöse Ideen die Richtung von massiven "inneren"
Interessen steuern können und daß die Verletzung religiöser Vorschriften durch
sehr spezifische psychische Sanktionen bedroht ist, das genau ist der wichtige
Unterschied, der zwischen ihnen und den Ratschlägen eines Leon Battista
Alberti besteht:

"Was *vollkommen fehlt* (ebenso wie bei Alberti), ist gerade das für uns Entscheidende: die, wie wir später sehen werden, für den asketischen Protestantismus charakte-

ristische Konzeption der *Bewährung* des eigenen Heils, der certitudo salutis, die psychischen *Prämien* also, welche diese Religiosität auf die 'industria' setzte und welche dem Katholizismus notwendig fehlen mußten, da seine Heilsmittel eben andere waren." (GARS I: 58; Fußnote; Hervorhebungen im Original)

Diese Passage, vorwiegend dem Vergleich mit der älteren christlichen Mönchsaskese und nur indirekt Alberti[126] gewidmet, weist außerdem auf ein – auch im innerreligiösen Vergleich – entscheidendes besonderes Merkmal des asketischen Protestantismus hin. Auch die katholische Kirche kennt einen erheblichen "psychischen Zwang", der an das Heilsinteresse der Gläubigen anknüpft und den die Kirchenhierarchie "durch Spendung oder Versagung von Heilsgütern" in ihrem Sinne einsetzen kann (vgl. WuG: 29). Die Monopolisierung dieses Sanktionsmittels – Weber nennt es "legitimen hierokratischen Zwang" – ist nicht zufällig das zentrale Definitionskriterium seines späteren "Kirchen"-Begriffs (WuG: 29). Aber im Katholizismus ist die Beachtung des einzelnen Gebots nur *relativ indirekt* mit dem Seelenheil verknüpft – nämlich über eine Abschlußbilanz, in der Sünden durch gute Taten und ferner durch Geschenke aus dem Gnadenschatz der katholischen Kirche neutralisiert werden können. Dagegen steht und fällt im asketischen Protestantismus der Gnadenstand des Gläubigen im Prinzip mit jeder einzelnen Handlung und mit jedem einzelnen Fehltritt, den er begeht. Das liegt weniger an der *logischen* Systematik der religiösen *Normen* als vielmehr an der besonderen *Art und Weise,* auf die ihre Beachtung *psychologisch* mit dem Seelenheil des Individuums verknüpft ist. Die Auffassung tadellosen Lebenswandels und unerschütterlicher Glaubensgewißheit als *Indiz* der Erlösung und *nicht* als ihr *Realgrund* bedeutet praktisch, daß jede Abweichung von der religiösen Norm zwar nicht als Ursache, aber als *Erkennungssymptom* ewiger Verdammnis gewertet wird. Damit ist zwar nicht *sinngemäß,* aber im psychologischen Effekt *jede* Einzelhandlung mit der ganzen Schwere jener Sanktionsdrohung belastet. Das Resultat ist ein permanenter praktischer Antrieb zu einer absolut konstanten und stetigen Selbstbeherrschung der eigenen Affekte und Triebimpulse. Damit, auch dies ist in seinen Folgen nicht zu unterschätzen, konfrontierte ferner die Lebenspraxis – nicht die Lehre an sich – den normalen Gläubigen mit Anforderungen, die praktisch unerfüll-

---

126 Nur am Rande sei daraufhin gewiesen: Genau an dieser Stelle bietet Webers Argumentation eine ziemlich offene Flanke dar: geht sie doch von der problematischen Voraussetzung aus, die ökonomische Klugheitslehre Albertis hätte nicht *ihrerseits* machtvolle "psychologische Prämien" mobilisieren können. An dieser Stelle droht offenkundig eine *petitio principii:* Weber setzt ohne Begründung einen Vorrang 'religiöser' psychologischer Interessen (sprich: Heilsinteressen) gegenüber andersartigen Interessen voraus. In welcher Richtung Weber vermutlich eine solche Begründung zu entwickeln versucht hätte, zeigen seine in Ansätzen und Andeutungen steckenbleibenden Hinweise auf eine Zeit, "in welcher das Jenseits alles war".

bar bleiben mußten − teils wegen der konsequenten Strenge und ungebroche-
nen Stetigkeit, mit der ihre Erfüllung gefordert war, teils ihres prinzipiell
'paradoxen' Charakters wegen (wie man in der neueren kommunikationstheore-
tischen Forschung sagen würde). Die Forderung, in *keiner* Minute am eigenen
Gnadenstand zu *zweifeln*, läßt sich in ihrer psychologischen Absurdität wohl
nur mit jener neuerdings so beliebten Maxime vergleichen, die man in die
Formel "Sei spontan!" fassen könnte (vgl. Watzlawick et al. 1979: 84-91).

Eine solche Situation − sofern sich der Einzelne ihr nicht zu entziehen vermag − muß in stets vermehrten Schuldgefühlen, einer deshalb um so mächtiger
anschwellenden (vermutlich unterdrückten oder verdrängten) Angst resultieren
− und daher in einem kumulativ verstärkten Antrieb, in der Folge jenen Forderungen des "heiligen" Lebens nur um so penibler und lückenloser nachzu-
kommen (auch dies im Rahmen der Lehre natürlich keine logische Konsequenz
der begangenen Fehltritte!). Wo die katholische Kirche an dieser Stelle das
Ventil ihrer "sakramentalen", in der Sache magischen Heilsmittel anbot, ließ die
Glaubenswelt des Calvinismus den einzelnen Laien mit seinen Schuldgefühlen
allein.

Daß aus all dem ein ungeheuer gebündelter und wuchtiger psychischer
Antrieb zu einer konsistenten Selbstkontrolle des innerweltlichen Handelns
resultierte, hat mit der *logischen* Konsistenz der religiösen Lehre an sich nur
sehr indirekt zu tun. Nämlich insofern, als der Prädestinationsglaube die *de-
skriptive* (nicht eigentlich normativ−ethische) Vorstellung eines allmächtigen,
allwissenden, transzendenten, jeder menschlichen Verständnisfähigkeit entrückten
Schöpfergottes in ihre extremsten logischen Schlußfolgerungen getrieben hat.

Der sich unter Calvins späteren Epigonen[127] vor allem in der seelsorgerischen Praxis entwickelnde Gedanke der Bewährung des eigenen Status als
"Auserwählter" unter Verdammten durch unbefleckten Lebenswandel und durch
den Erfolg im weltlichen Berufsleben − dieser Bewährungsgedanke bereits ist
nur noch als *psychologische,* nicht aber als sinngemäß logische Konsequenz der
Lehre zu verstehen (vgl. GARS I: 103-106). Denn: logisch gesehen ist er mit
dem Dogma von der Unerforschlichkeit des göttlichen Ratschlusses, auf dem
die ganze Konstruktion ruht, schon nicht mehr konsistent vereinbar (vgl. GARS
I: 103-104). Die Entwicklung des Bewährungsgedankens in der Ära nach
Calvin ist nicht die logische Entfaltung der sinngemäßen Implikationen der
Calvinschen Theorie, sondern vielmehr die Antwort der priesterlichen Seelsorge
und Lebensberatung auf die drängenden psychischen Bedürfnisse der Laien, die
sich mit der absoluten Ungewißheit über ihren persönlichen Gnadenstatus nicht
gut arrangieren konnten. Und dies, obgleich und gerade weil die völlige Un-

---

127 Weber nennt Theodor Beza als ersten unter ihnen, der diese Konzeption vertreten hat
   (GARS I: 104).

kenntnis der göttlichen Entscheidung und die Unbegreiflichkeit ihrer Gründe zum sachlichen Kernbestand der orthodoxen Lehre gehörten. Nicht die "Eigenlogik" der theologischen Idee, sondern die Dynamik des "inneren" Interesses der Gläubigen trieb die protestantische "Wirtschaftsethik" in die Richtung jener Typik des ökonomischen Handelns, die Weber als "kapitalistischen Geist" charakterisiert.

Es ist gerade die Weigerung der Prädestinationslehre, das Jenseitsschicksal als Folge der freien Willensentscheidung des Einzelnen zu interpretieren, die das tägliche Handeln des Calvinisten zu "einer zu *jeder Zeit* vor der Alternative: erwählt oder verworfen? stehenden *systematischen* Selbst*kontrolle*" anhält (GARS I: 111; Hervorhebungen im Original; vgl. auch 116, 117, 123 − Anm. 1, 127, 167 − Anm. 2, 194).

"Der Gott des Calvinismus verlangte von den Seinigen nicht einzelne 'gute Werke', sondern eine zum *System* gesteigerte Werkheiligkeit" (GARS I: 114; vgl. auch 115, 116, 123, 124, 136, 146). Dies galt nicht vom Katholizismus, und es galt auch nicht vom lutherischen Protestantismus. Dem Luthertum

"fehlte (...), und zwar infolge seiner Gnadenlehre, der *psychologische Antrieb* zum Systematischen in der Lebensführung, der ihre methodische Rationalisierung erzwingt." (GARS I: 128; meine Hervorhebung, A.B.)

Weber neigt gelegentlich dazu, dieses Motiv zur Methodisierung der Lebensführung, zu "beständiger Selbst*kontrolle*" (GARS I: 116; Hervorhebung im Original), zu einem "durch konstante Reflexion" geleiteten Handeln (GARS I: 115), "zur *plan*mäßigen Reglementierung des eigenen Lebens" (GARS I: 127) mit der logischen Konsistenz der Calvinschen Gnadenwahllehre zu korrelieren (vgl. GARS I: 128). Aber er fügt sogleich hinzu:

"Dieser Antrieb (...) *konnte* an sich zweifellos durch verschieden geartete religiöse Motive erzeugt werden: die Prädestinationslehre des Calvinismus war nur *eine* von verschiedenen Möglichkeiten. (...) Wo trotz andersartiger Glaubensfundamentierung dennoch die gleiche asketische Konsequenz auftrat, war dies regelmäßig Folge der Kirchen*verfassung*, von der im andern Zusammenhang zu reden ist." (GARS I: 128; Hervorhebungen im Original)

An dieser Stelle verweist Weber per Anmerkung auf seinen Sektenaufsatz − das heißt aber: auf *die Form der sozialen Kontrolle,* die "Kirchenzucht", die innerhalb der enggeknüpften Gemeinschaften der asketisch-protestantischen Sekten geübt wurde (vgl. GARS I: 207-236, insbesondere 234-236; siehe dazu Berger 1973). Auch daran wird deutlich, daß es Weber um die Art und Weise geht, in der die religiösen Bedürfnisse der Laien und (insbesondere im Falle der Sekten) ihr Bedürfnis nach sozialer Anerkennung im Kreis der Glaubensgenossen organisiert und kanalisiert wurden − im einen Fall durch die 'Ideen' der jeweiligen Lehre, im anderen aber durch die soziale Struktur der religiösen Gemeinschaften. Über die Sekten schreibt er:

"Ein stärkeres Anzüchtungsmittel (der asketischen Lebensweise; A.B.) als eine solche Notwendigkeit der sozialen Selbstbehauptung im Kreise der Genossen gibt es nach aller Erfahrung nicht (...). Die allerstärksten *individuellen* Interessen der sozialen Selbstachtung wurden von ihnen in den Dienst jener Anzüchtung (...) gestellt. Dies ist das absolut Entscheidende für die Penetranz und Wucht der Wirkung. Denn − um es zu wiederholen − nicht die ethische *Lehre* einer Religion, sondern dasjenige Verhalten, auf welches durch die Art und Bedingtheit ihrer Heilsgüter *Prämien* gesetzt sind, ist im soziologischen Sinn des Wortes 'ihr' spezifisches 'Ethos'." (GARS I: 234−235; Hervorhebungen im Original)

Weil die Lehre Calvins und seiner Nachfolger ebenso wie die "Kirchenverfassung" der Sekten höchst massive *Interessen* − und nur von letzteren ist im obigen Zitat die Rede! − an die konsistente, methodische, zum Lebenssystem gesteigerte Beobachtung bestimmter Verhaltensregeln binden konnte und kann, "solange der religiöse Glaube lebendig bleibt" (GARS I: 40, Fußnote), deshalb vermochte jener Komplex von Ideen eine so mächtige Wirkung auf die Gestaltung der Lebensführung und der Berufsarbeit der Menschen auszuüben. Daß dieser Einfluß in die Richtung eines sparsamen konsumfeindlichen Lebens und einer konsequent planvollen und aktiven Verfolgung der eigenen Berufsinteressen wies, hat − wenn wir dem oben entwickelten Modell der Selektion und Diffusion des "kapitalistischen Geistes" folgen − allerdings entscheidend zur Nachhaltigkeit jener Wirkung beigetragen.

"Der heutige, zur Herrschaft im Wirtschaftsleben gelangte Kapitalismus (...) erzieht und schafft sich im Wege der ökonomischen *Auslese* die Wirtschaftssubjekte − Unternehmer und Arbeiter − deren er bedarf" (GARS I: 37). Nicht so der junge, auf schwachen Beinen stehende ökonomische Rationalismus. Bevor der Konkurrenzprozeß dauerhaft in Gang gekommen ist, fehlen jene situativen Zwänge, die autonom die dem rationalen Betriebskapitalismus funktional angepaßten ("wahlverwandten") "Wirtschaftssubjekte" erzeugen könnten. Wie − das war die Ausgangsfragestellung im ersten Teil des Weberschen Aufsatzes − kann unter solchen Bedingungen der eigengesetzliche Prozeß der ökonomischen Rationalisierung in Gang kommen? Die Antwort auf diese Frage liefert die "Protestantische Ethik": durch die Formung mächtiger "innerer" Bedürfnisse ganzer Menschengruppen in die Gestalt einer ebensolchen Charakterstruktur.

Rogers Brubaker hat den strukturellen Zusammenhang, der als Kernhypothese der Weberschen Protestantismus-Kapitalismus-These zugrunde liegt, in folgender Weise triftig formuliert:

"The calculable, disciplined control over men exercised by capitalism and bureaucracy was established with the (unwitting) help of the ethos of rigorous *self-control* derived from Puritanism. By emphasizing the historical connection between new forms of institutionalized control over men and a new ethos of self-control, between institutionalized discipline and self-discipline, Weber supplements institutional with social pychological analysis (...)" (Brubaker 1984: 34−35; Hervorhebung im Original).

Aus dieser Perspektive erschließt sich der heimliche Zusammenhang zwischen Webers zentralen Rationalitätsbegriffen, der den Begriff der Wertrationalität mit einschließt. Weil seine Idee der "Rationalität" auf die eine oder andere Weise stets die Beherrschung von Wirklichkeit zum Maßstab nimmt, deshalb gibt es eine innere Verwandtschaft zwischen seinen heterogenen Rationalitätsbegriffen. Vor allen Dingen, weil sie jeweils auf verschiedene Aspekte und Bereiche der Wirklichkeit abzielen und weil die Sachgesetzlichkeiten jedes spezifischen Gegenstandsbereichs unterschiedliche sind, deshalb divergieren die verschiedenen Rationalitätsmaßstäbe *im Prinzip* untereinander. Indem er *das ihnen allen dennoch Gemeinsame* auf den Begriff bringt, bezeichnet der Terminus der "formalen Rationalität" dabei aber die Zone, in der die untereinander heterogenen Rationalisierungstendenzen der ökonomischen und der politischen Handlungszusammenhänge miteinander konvergieren und sich *praktisch* miteinander verschränken können. Ganz offenkundig ist dieser Begriff in Webers Gebrauch um das idealtypische Bild eines Zustands zentriert, der durch eine Wirtschaftsordnung nach dem klassischen Modell des freien Marktes einerseits und einen bürokratisierten Rechtsstaat andererseits gekennzeichnet ist — eines Staates und einer Rechtsprechung, die sich der materialen, konkret zweckgerichteten Intervention in das Wirtschaftsleben enthalten und nur die allgemeinen ("formalen") Bedingungen aufrechterhalten, die eine möglichst weitgehende Berechenbarkeit der ökonomischen Prozesse und ihrer 'nicht-ökonomischen' Umwelt garantieren. Das gilt aber in anderer Weise auch für jene "Wirtschaftsethik", für die Orientierung und Typik des ökonomischen Handelns, die Weber den "kapitalistischen Geist" nennt und die er vor allem in der historischen Gestalt der protestantischen Wirtschaftsmentalität verwirklicht sieht.

Auch wenn die wertrationale Orientierung in idealtypisch reiner Ausprägung dem "rein" zweckrationalen Handeln polar entgegengesetzt ist, so gibt es dennoch die Möglichkeit einer *faktischen* Kongruenz beider. Diese Möglichkeit als solche beruht im Prinzip darauf, daß die konsistente, wertrationale Orientierung des Handelnden an konstant gesetzten, nämlich als heilig akzeptierten, "letzten" Zweckgesichtspunkten und Normen eine *Berechenbarkeit* verleiht, die anders nur bei konstanter Interessenlage und "rein" zweckrationaler Orientierung resultieren würde. Wenn dann die operationalisierten Handlungszwecke der wertrationalen Orientierung mit den 'äußeren' Interessen zusammenfallen — und genau dies trifft bei der protestantischen Ethik zu —, dann unterscheidet sich das konsistent wertrationale Handeln nur noch 'innerlich' von einem "rein" zweckrational orientierten wertungläubigen Handeln. Der höchste "Wert", an dem sich das innerweltliche Handeln der Puritaner orientierte, war die Gewinnung der 'certitudo salutis'. Und in einer merkwürdigen Wendung hatte die priesterliche Seelsorge den beruflichen Erfolg zu dem ausgezeichneten (obgleich nicht sinngemäßen) Mittel für die Erlangung jenes letzten Zieles erklärt. Die so erzeugte 'äußere' Überschneidung des frommen mit dem im Höchstmaß formal rationalen Wirtschaftshandeln lieferte das fehlende subjektive 'Paßstück' für die formale Rationalisierung der ökonomischen Handlungszusammenhänge — der 'Goldene Schnitt' von Religiosität und funktional adäquatem Wirtschaftsverhalten war gefunden (vgl. Drehsen 1975: 132).

Diese Überschneidung resultierte daher in einer Legierung von verschiedenen Rationalisierungsprozessen, die sich bislang relativ unabhängig voneinander entwickelt hatten, an einem Punkt, an dem sie erfolgreich im Sinne des ökonomischen Rationalismus kombiniert werden konnten. Die protestantische Gesinnungsethik lieferte der Herauslösung, der Ausdifferenzierung des ökonomischen Handelns aus den "sachfremden" ethischen Bindungen eines feindlichen Traditionalismus eine schlagkräftige und massenhaft Verbreitung findende Form der ethischen Legitimation. Daß dies möglich war, dazu trug unter anderem der besondere Charakter der puritanischen Religiosität bei. Diese hatte nämlich den Standpunkt einer universalistischen Brüderlichkeitsethik preisgegeben zugunsten einer Aufteilung der Menschen in solche, die von der göttlichen Vorsehung "verworfen", und solche, die von ihr zum ewigen Leben ausersehen waren.

"Der Spannung (zwischen religiöser und ökonomischer Rationalisierung; A.B.) prinzipiell und *innerlich* zu entgehen, gab es nur zwei konsequente Wege. Einmal die Paradoxie der puritanischen Berufsethik, welche, als Virtuosenreligiosität, auf den Universalismus der Liebe verzichtete, alles Wirken in der Welt als Dienst in Gottes, in seinem letzten Sinn ganz unverständlichen, aber nun einmal allein erkennbaren positiven Willen und Erprobung des Gnadenstandes rational versachlichte und damit auch die Versachlichung des mit der ganzen Welt als kreatürlich und verderbt entwerteten ökonomischen Kosmos als gottgewollt und Material der Pflichterfüllung hinnahm. Das war im letzten Grunde der prinzipielle Verzicht auf Erlösung als ein durch Menschen und für jeden Menschen erreichbares Ziel zugunsten der grundlosen, aber stets nur partikulären Gnade. *Eine eigentliche 'Erlösungsreligion' war dieser Standpunkt der Unbrüderlichkeit in Wahrheit nicht mehr.* Für eine solche gab es nur die Übersteigerung der Brüderlichkeit (...)" (GARS I: 545-546; nur die letzte Hervorhebung von mir, A.B.).

Damit stellte die protestantische Berufsethik dem formalen, seiner eigenen Tendenz nach anethischen ökonomischen Rationalismus die passende Form der 'Subjektivität' zur Verfügung, nämlich eine "wahlverwandte" und unter den Bedingungen seines Aufstiegs durchsetzungsfähige — weil mit religiösen Weihen und Motiven gerüstete — Form der Wirtschaftsmentalität (vgl. GARS I: 37, 189-190, 198-199, 200; vgl. Drehsen 1975: 132, 137-140).

"Eine derart machtvolle, unbewußt raffinierte Veranstaltung zur Züchtung kapitalistischer *Individuen* hat es in keiner anderen Kirche oder Religion gegeben (...)" (Wirtschaftsgeschichte: 314; Hervorhebung von mir, A.B.).

Daß die protestantische "Wirtschaftsethik" zur *genetischen* Bedingung für den Sieg des modernen Betriebskapitalismus werden konnte, das begründet Weber selbst in der folgenden Weise:

"Denn wie von rationaler Technik und rationalem Recht, so ist der ökonomische Rationalismus in seiner Entstehung auch von der *Fähigkeit und Disposition* der Menschen zu
bestimmten Arten praktisch-rationaler L e b e n s f ü h r u n g überhaupt abhängig.
Wo diese durch Hemmungen seelischer Art obstruiert war, da stieß auch die Entwicklung einer w i r t s c h a f t l i c h rationalen Lebensführung auf schwere innere
Hemmnisse. Zu den wichtigsten formenden Elementen der Lebensführung nun gehörten
in der Vergangenheit überall die magischen und religiösen Mächte und die *am Glauben
an sie verankerten* ethischen Pflichtvorstellungen." (GARS I: 12; Hervorhebungen durch
Kursivschrift von mir, A.B.)

Um sich konsequent durchzusetzen, bedarf der formal rationale Betriebskapitalismus nicht nur einer berechenbaren Technik und mathematisierten Wissenschaft, eines berechenbaren Staatsapparats und einer berechenbaren Rechtsprechung, sondern auch der berechenbaren und rechenhaft handelnden Menschen. Schon in der ersten Fassung seines Aufsatzes beschreibt Weber dies als
das ausschlaggebende Merkmal der puritanischen Wirtschaftsmentalität.

"Der Puritanismus (...) verwandelte jene 'Rechenhaftigkeit' (wie Sombart jenen 'spirit'
nennt), die in der Tat für den Kapitalismus konstitutiv ist, aus einem Mittel der Wirtschaft in ein *Prinzip* der ganzen *Lebensführung*." (ASS 21: 77, Anm. 7; GARS I: 167,
Anm. 2; Hervorhebungen im Original)

Man wird wohl recht in der Annahme gehen, daß Weber hier zuerst die
zentrale Konzeption der "Rechenhaftigkeit" bei Sombart kennengelernt, übernommen und später zum Kernmerkmal seiner eigenen Definition formaler
Rationalität ausgearbeitet hat (vgl. Marshall 1982: 36-39).

Die psychologischen und erst recht die sozialen Konsequenzen, die die
puritanische Frömmigkeit nach Webers Analyse zeitigte, stehen dabei in einem
merkwürdig ambivalenten Verhältnis zur ursprünglichen Lehre Calvins. Schon
die Wirkung eines rastlosen Aktivismus verhält sich logisch inkonsistent zum
älteren Gnadenwahldogma:

"*Logisch* wäre natürlich der Fatalismus als Konsequenz der Prädestination deduzierbar.
Die *psychologische Wirkung* war aber infolge der Einschaltung des 'Bewährungs'-
Gedankens die gerade umgekehrte." (ASS 21: 25, Anm. 48; GARS I: 111, Anm. 4;
Hervorhebungen im Original)

Vor allem aber die zwanghafte Verselbständigung der Berufspflicht unter
den sachlichen "Eigengesetzlichkeiten" des ökonomischen Überlebenskampfes
mußte den Intentionen Calvins und seiner Epigonen zuwiderlaufen. Denn: Die
Ausbreitung des "kapitalistischen Geistes" führte eine Situation herbei, die
Weber so beschrieben hat:

"Die religiöse Wurzel des modernen ökonomischen Menschentums ist abgestorben.
Heute steht der Berufsbegriff als *caput mortuum* in der Welt. Die asketische Religiosität
wurde durch eine pessimistisch-realistische Einstellung gegenüber Welt und Mensch
abgelöst, wie sie etwa Mandevilles Bienenfabel vertritt, daß auch private Laster unter
Umständen von Vorteil für die Gesamtheit sein können." (Wirtschaftsgeschichte: 314)

Auch wenn dieses Zitat einer Vorlesungsnachschrift entstammt, kann kein Zweifel daran bestehen, daß dies genau Webers Diagnose ist. Die "Gehäuse"-Passagen und andere Stellen seines Aufsatzes enthalten zahlreiche Aussagen derselben Richtung (vgl. ASS 20: 30, 108; GARS I: 54, 203-204; Weber 1972: 296-297). Dasselbe ist impliziert, wenn er von dem "stetige(n) Fortschreiten jenes charakeristischen 'Säkularisations'-Prozesses" spricht, "dem solche aus religiösen Konzeptionen geborene Erscheinungen in moderner Zeit überall verfallen" (GARS I: 212; meine Hervorhebung, A.B.). Oder: von der "Auflösung" der puritanischen Askese "in den reinen Utilitarismus" (ASS 21: 109; GARS I: 205).

> "(...) als ein Gespenst ehemals religiöser Glaubensinhalte geht der Gedanke der 'Berufs-pflicht' in unserem Leben um." (ASS 21: 108; GARS I: 204)

Daß der "Geist", der das "Triebwerk" des modernen Wirtschaftslebens in Bewegung setzte, mittlerweile "aus diesem Gehäuse entwichen" ist (ASS 21: 108; GARS I: 203-204) — das ist nicht zuletzt eine naheliegende Schlußfolgerung aus jenem Modell der Diffusion der kapitalistischen Wirtschaftsmentalität, welches am Anfang dieses Abschnitts rekonstruiert wurde. Es ist zugleich und vor allem aber eine Implikation des Begriffs, unter dem Weber die bislang dominante Entwicklungsdynamik und -richtung der modernen kapitalistischen Wirtschaft beschreibt: des Begriffs formaler Rationalität nämlich.

Aber dieser Prozeß ist nicht nur für die Religion selbst folgenreich. Er bedeutet außerdem, daß jene mächtigen Motive, die einst den Forderungen ethischer Maximen wirkungsvoll Nachdruck verliehen, schwächer geworden sind oder doch ihre Gestalt und Wirkungsrichtung gewechselt haben. Schon aus Webers Annahmen über die Art und Weise, wie "Ideen" psychologisch und praktisch wirksam werden können, läßt sich diese Schlußfolgerung begründen — nämlich über die Vermittlung eines höchst ausgeprägten und "alle anderen Interessen" in den Hintergrund drängenden Bedürfnisses nach Heilsgewißheit. Es ist daher nur konsequent, wenn Weber die moderne bürokratisch-kapitalistische Gesellschaftsordnung in einer Weise beschreibt, die heute selbst ein treuer Schüler Talcott Parsons' so charakterisiert:

> "In most of his broad characterizations of modern society rationality has lost its normative and voluntary quality, order its internal reference to complexes of meaning." (Alexander 1983: 100).

Was Weber im ersten Teil seiner Untersuchung noch vorsichtig hypothetisch formuliert, ist am Schluß seiner Darstellung zur Gewißheit geworden:

> "(...) ethische Reformprogramme sind bei keinem der 'Reformatoren' (...) jemals der zentrale Gesichtspunkt gewesen. Sie sind keine Gründer von Gesellschaften für 'ethische Kultur' oder Vertreter humanitärer sozialer Reformprogramme oder Kulturideale. Das Seelenheil und dies allein ist der Angelpunkt ihres Lebens und Wirkens. Ihre ethischen Ziele und die praktischen Wirkungen ihrer Lehre sind alle hier verankert und Konsequenzen rein religiöser Motive. Und wir werden deshalb darauf gefaßt sein müssen, daß

die Kulturwirkungen der Reformation zum guten Teil − vielleicht sogar für unsere speziellen Gesichtspunkte überwiegend − *unvorhergesehene und geradezu ungewollte Konsequenzen der Arbeit der Reformatoren waren,* oft weit abliegend oder geradezu im Gegensatz stehend zu Allem, was ihnen selbst vorschwebte." (ASS 20: 53; GARS I: 82; nur die letzte Hervorhebung von mir, A.B.)

Weber begreift die formale Rationalisierung der Wirtschaft als eine *nicht-intendierte psychologische und soziale* Konsequenz der deterministischen Prädestinationslehre. Es ist deshalb eine in mehreren Hinsichten mißverständliche Formulierung, wenn etwa Jürgen Habermas in diesem Kontext von der "institutionellen Verkörperung" oder gar von der "Implementierung" moralisch-praktischer Bewußtseinsstrukturen spricht (Habermas 1981a: 238; vgl. auch 221, 223, 260, 299, 303, 305, 317, 323, 331, 332, 341, 353; ebenso Habermas 1981c: 139, 140). Eine solche Deutung würde, wenn man sie als hermeneutisch zuverlässige Interpretation mißversteht[128], die Finesse und die Komplexität des Weberschen Arguments gerade verfehlen. Vor allem stellt sich Weber die 'Übernahme' jener "Wirtschaftsethik" durch Nicht-Protestanten wie Lutheraner keineswegs nach dem Muster der vernünftigen Einsicht in überlegene moralisch-praktische Grundsätze vor. Sondern: vor allem über den stummen Zwang der von jenem "Ethos" geschaffenen Verhältnisse.

(Vielleicht müßte in diesem Zusammenhang auch einmal die Frage gestellt werden, ob jene deterministische *Lehre,* die ursprüngliche Neuerung Calvins, überhaupt ein Gedankengebilde von *formal normativem* Charakter gewesen ist − also etwas Ähnliches wie ein System ethischer oder moralischer Regeln − oder nicht vielmehr vor allem *eine (metaphysische) Deskription einer als real vorgestellten Wirklichkeit* mit allerdings höchst fühlbaren Konsequenzen für das, was die Menschen als ihre gottgewollte Pflicht ansahen. Von einer säuberlichen Trennung von Sein und Sollen im Sinne einer "Dezentrierung von Weltperspektiven" jedenfalls scheinen er und seine Nachfolger nicht viel gewußt zu haben.)

Daß dieses deterministische Weltbild bei seinen Anhängern − logisch inkonsequent − zu einem rastlosen innerweltlichen Aktivismus führte, wurde allerdings durch einen bestimmten Zug der jüdisch-christlichen Religionsgeschichte sehr begünstigt, der auf die Idee eines transzendenten, allmächtigen Schöpfergottes zurückverweist: nämlich durch den asketischen Einschlag vieler Formen der Heilsmethodik, die in dieser Tradition entwickelt worden waren. Zwar wurden innerhalb dieser Tradition auch mitunter Heilswege propagiert, die nach einer mystisch-kontemplativen *Vereinigung* mit dem Göttlichen strebten, aber die Entfernung eines vollkommenen Himmelsherrschers von der durch ihn regierten unvollkommenen Erdenwelt plazierte auf solche Konzeptio-

---

128 Diesen Anspruch will Habermas offenbar auch nicht erheben: vgl. Habermas (1981c: 154−155). Natürlich ist jene Deutung vor allem der vorbereitende Zug für eine Kritik der Weberschen Rationalisierungstheorie.

nen ein schweres Handikap. Insofern lag der Versuch, die verdorbene Welt "in majorem gloriam Dei" durch innerweltliches *Handeln* zu bewältigen und zu verwalten, auf der Linie der möglichen logischen — oder besser: teleologischen — Konsequenzen einer derartigen Gottesvorstellung. Denn: Calvins unbarmherziger und sein Antlitz vor den Menschen verhüllender Gott war eine — allerdings recht eigentümliche und auf ihre Art konsequente Variante jener Gotteskonzeption.

5.6 Ein Rückblick auf das Konzept der formalen Rationalität

Erst in *Wirtschaft und Gesellschaft* hat Weber den Terminus der formalen Rationalität eingeführt und zu definieren versucht. Aber schon in der ersten Fassung des Protestantismus-Aufsatzes gebraucht er implizit genau diesen Begriff — das heißt: die mit dem sprachlichen Ausdruck verknüpfte Vorstellung, jedoch ohne den Ausdruck selbst zu benutzen. Und zwar verwendet er ihn dort gerade nicht oder zumindest nicht vorrangig auf der Ebene von 'Institutionen', von "sozialen Systemen", wie es neuhochdeutsch heißen würde; nicht, um damit die gleichsam 'synchronen' Verflechtungen von Handlungen *verschiedener* Akteure zu charakterisieren. Sondern er benutzt diesen Begriff als Maßstab für die Qualitäten von Handlungsketten, die durch die Handlungen *ein und desselben* Akteurs jeweils gebildet werden. Das heißt: Weber verwendet hier formale Rationalität als einen Maßstab für die Rationalität von Personen bzw. von Persönlichkeitsstrukturen.[129] Es ist für Webers Protestantismusthese von entscheidender Bedeutung, in welchem Grade sich die *ganze* Lebensführung des Einzelnen, und nicht nur seine je einzelne Handlung, an das Ideal der Rechenhaftigkeit und Berechenbarkeit annähert. Das ist es, was mit der Rede von der "Systematisierung" und "Methodisierung der Lebensführung" gemeint ist.

Wir haben oben (in Abschnitt 5.2) den Begriff formaler Rationalität als einen 'objektiven' Rationalitätsbegriff kennengelernt — als einen Begriff, mit dem Weber spezifische Struktureigentümlichkeiten des modernen westlichen Wirtschaftssystems ebenso wie der modernen Formen der staatlichen Verwal-

---

129 Weber spricht in diesem Zusammenhang meist von "Lebensführung". Die zentrale Relevanz und die Bedeutung dieses Ausdrucks hat neuerdings Hennis (1987: 3–114, besonders 33, 17, 69) eindrucksvoll herausgearbeitet — allerdings unter Akzentuierung dieses 'Themas' *gegen* die Rationalisierungsproblematik. Eine solche Trennung der beiden 'Themata' erscheint mir im Lichte des hier Ausgeführten weder sachlich angemessen noch zu Zwecken der wissenschaftlichen Kommunikation (oder der "Darstellung") ratsam. Die Verwendung des Persönlichkeitsbegriffs an dieser Stelle werde ich weiter unten noch näher rechtfertigen.

tung, der Rechtsschöpfung und Rechtsprechung kennzeichnet. Und vor allem: als einen dezidiert gesellschaftstheoretischen Begriff, der die wechselseitige Angewiesenheit und Abgestimmtheit dieser Formen untereinander zum Ausdruck bringen soll, ihre prekäre Balance und Verzahnung, ihre historisch unwahrscheinliche *und* evolutionär folgenreiche Symbiose. Hier aber begegnet uns dieser Begriff als eine Kategorie von seelischer Verfassung, als ein Modell der 'subjektiven' Handlungsorientierung. Diese Bedeutungsschicht des Begriffs genau ist es, die Weber im Protestantismus–Aufsatz im Anschluß an Sombart mit dem rätselhaft erscheinenden Namen "Geist des Kapitalismus" tauft. Der Geist des Kapitalismus ist der Geist der Rechenhaftigkeit. Mit anderen Worten: damit ist die 'subjektive' Handlungsorientierung gemeint, die mit dem im Höchstmaß formal rationalisierten Wirtschaften korrespondiert. Hätte Weber den Terminus der formalen Rationalität früher geprägt als den des kapitalistischen Geistes, dann könnte man sagen: Das genau ist die Stelle, an der dieser zweideutig definierte Begriff von einem 'objektiven' in einen 'subjektiven' Rationalitätsbegriff hinübergleitet, nämlich sich aus einem Maßstab des Beobachters in einen Typus der seelischen Verfassung des beobachteten Akteurs verwandelt. In dieser letzteren Eigenschaft aber liefert er zur Handlungstypologie aus den *Soziologischen Grundbegriffen* eine Art Ergänzung oder Fortsetzung, die zwar nicht ganz auf derselben, aber doch auf einer vergleichbaren Ebene der Problematik angesiedelt ist. Wie aber verhält sich dieser Typus zu den vier klassischen Typen der Handlungsorientierung, insbesondere natürlich zur zweck- und zur wertrationalen Orientierung?

Zunächst ist festzuhalten: Der Geist des Kapitalismus — oder: die 'subjektive' Dimension des Begriffs formaler Rationalität — bezieht sich nicht wie jene vier Typen auf die Steuerung einer isoliert gedachten Einzelhandlung, sondern auf die Kette der Handlungen eines Menschen, die seine Lebensführung ausmacht. Hier ist also die Rede nicht von einer einzelnen Intention, die eine einzelne Handlung begleitet, sondern von der Gesamtverfassung des Betreffenden, von seinem Charakter, seiner Persönlichkeit, seiner Mentalität oder seinem Habitus — wie wir dies heute nennen würden (vgl. Hennis 1987: 17, 69). Schon Weber selbst hat die Bedeutungsidentität seines Ausdrucks 'Geist' mit 'Habitus' ausdrücklich festgestellt (Weber 1972: 157).

Sicherlich ist dieser Typus eng verwandt mit dem der zweckrationalen Orientierung. Aber die bewußte Zweckrationalität erscheint hier in einer spezifisch gesteigerten, sozusagen potenzierten Form — gesteigert in Richtung auf umfassende, langfristige, möglichst alle Lebensäußerungen miteinbeziehende Planung. Es geht hier nicht um die Erfolgsorientierung und Kalkulation der einzelnen, isoliert aufgefaßten Handlung, sondern um die Berechnung und Zielgerichtetheit aller jetzigen und künftigen Handlungen der Person, eben um die Rationalität der Lebensführung.[130] Mit dieser Erweiterung des Gegenstands kommt aber anderes und mehr ins Spiel, als sich aus Webers Definition des zweckrationalen Handelns in den *Soziologischen Grundbegriffen* ablesen läßt. Wer nicht bloß einmal, nicht bloß kurzfristig zweckrational handeln will, sondern dies *langfristig* tun will, also wiederholt und immer wieder und in einer für ihn selbst vorausberechenbaren Art und Weise, der muß vor allen Dingen eines tun: nämlich sich der Kontrolle über die benötigten Mittel des Handelns versichern und diese soweit als möglich ausbauen. Nur die Kontrolle der Bedingungen des Handelns aber verwandelt diese in 'Mittel',[131] und nur die Verfügung über Mittel macht die vorausplanende Kalkulation der eigenen Handlungssequenzen möglich und sinnvoll. Brubaker hat deshalb zu Recht festgestellt:

> "(...) the notion of formal rationality underscores what is 'specific and peculiar' about the rationality of the modern Western social order: the fact that the 'end' in terms of which the social order is rationalized − maximum calculability − is not really an end at all but a *generalized means* that indiscriminately facilitates the purposeful pursuit of all substantive ends." (Brubaker 1984: 37)

Döbert (1985: 524−525, 528−529) geht einen Schritt weiter, wenn er in diesem Zusammenhang von den *"notwendigen Meta-Interessen"* spricht, die Akteure unausweichlich dann verfolgen müssen, wenn sie formal rational oder *langfristig zweckrational* agieren wollen. Diese Formulierungen − Brubakers "generalized means" und Döberts "Meta-Interessen" − umkreisen den Sachverhalt, aber sie treffen nur ungenau. Was gemeint ist, ist dies: der vorauskalkulierende Unternehmer muß vor allen Dingen eines vorauskalkulieren: nämlich seine künftigen ökonomischen Machtchancen. Und er muß sein Handeln − genauer: die ganze Kette seiner Handlungen − daran orientieren, daß er sich diese Machtchancen erhält und, wo dies möglich ist, vergrößert. In anderer Form aber ist diese Orientierung an der Konservierung und Erweiterung der eigenen Machtchancen auch das Grundprinzip der formal rationalisierten staatlichen Bürokratie. Im Wirtschaftsleben und unter den Bedingungen der Marktwirtschaft erscheinen die Machtchancen des Akteurs natürlich vor allem als Geldchancen − und in dieser Form sind sie auch am einfachsten kalkulierbar. Auf den ersten Blick geht es beim Maßstab formaler Rationalität darum, wie *beliebige* Mittel mit *beliebigen* Zwecken relationiert werden können − nämlich auf dem Wege der Berechnung. Aber die Steigerung dieses Rationalitätsaspekts, wie sie beispielsweise der kapitalistische 'Geist' beinhaltet, bedeutet in der Konsequenz, daß sich der Spielraum für die Wahl der Zwecke drastisch einschränkt: übrig bleiben nur jene Handlungszwecke, deren Realisierung die

---

130 Vgl. oben, Anm. 36 (Seite 53).

131 Vgl. oben, Anm. 91 (Seite 107).

zukünftige Verfügung über "generalisierte Mittel" nicht beeinträchtigt. Eine solche Beeinträchtigung würde nämlich sowohl die künftigen Chancen erfolgsorientierten Handelns als auch die künftigen Möglichkeiten der Anwendung von Rechnung beschädigen. Im Resultat führt die Verabsolutierung der Rationalität der Mittelverwendung daher zu jener "für das unbefangene Empfinden schlechthin sinnlose(n) Umkehrung des, wie wir sagen würden, 'natürlichen' Sachverhalts" (GARS I: 36), nämlich der Verkehrung der Mittel des Handelns in seinen letzten Zweck.

Wie verhält sich aber die formale Rationalität, der Geist der Rechenhaftigkeit, in Webers Theorie zu jenem konkurrierenden Begriff, der sich, wie ich unten zeigen werde, ebenfalls auf die Lebensführung oder die Persönlichkeit des Akteurs bezieht: zum Begriff der Wertrationalität? Nur dies soll an dieser Stelle vorweggeschickt werden: Das ambivalente Verhältnis der beiden Begriffe spiegelt sich in der problematischen Beziehung, die Weber zwischen dem "Geist des Kapitalismus" einerseits und der protestantischen Ethik andererseits feststellt.

5.7 Der Begriff der Wertrationalität und die Eigendynamik der religiösen Evolution

Anders als viele seiner Kommentatoren glaubt Weber nicht daran, daß die formale Rationalität ökonomischer Handlungszusammenhänge einer "wertrationalen Verankerung" auf seiten der Akteure in Gestalt des Glaubens an unverbrüchliche Normen ethischer Dignität bedarf. Die *nicht-kontraktuellen* Grundlagen des Kontrakts rekonstruiert er vielmehr aus den 'informellen', nämlich bloß in den Vertragstexten *nicht formulierten,* funktionalen Bedingungen konkreter Tauschvorgänge. Diese funktionalen Voraussetzungen werden in seinem idealtypischen Modell der Marktvergesellschaftung wiederum nur aus reinen Zweckmäßigkeitsgründen erfüllt, das heißt: aus Motiven der zweckrationalen Verfolgung von Eigeninteressen (vgl. dazu auch WuG: 192-193):

"Die Garantie der Legalität des Tauschpartners beruht *letztlich* auf der beiderseits *normalerweise mit Recht* gemachten Voraussetzung, daß jeder von beiden an der Fortsetzung der Tauschbeziehungen, *sei es mit diesem, sei es mit anderen* Tauschpartnern auch für die Zukunft ein *Interesse* habe, daher gegebene Zusagen halten und mindestens eklatante Verletzungen von Treu und Glauben unterlassen werde. *Soweit jenes Interesse besteht, gilt der Satz: 'honesty is the best policy',* der natürlich keineswegs universale rationale Richtigkeit und *daher* auch schwankende empirische Geltung besitzt, *die höchste natürlich für rationale Betriebe mit dauernd gegebenem Kundenkreis.*" (WuG: 383; meine Hervorhebungen, A.B.)

Weber hat unter anderem in der "Protestantischen Ethik" darauf hingewiesen, daß die dem rationalen Betriebskapitalismus adäquate Persönlichkeitsstruktur nicht mit "Geldgier" schlechthin verwechselt werden sollte (vgl. ASS 20:

19–20; GARS I: 41–42). Obgleich das "'summum bonum' dieser 'Ethik' der *Erwerb von Geld* und immer mehr Geld ist" (ASS 20: 16; vgl. GARS I: 35), kennzeichnet die dem modernen, rechenhaften Betriebskapitalismus angepaßte Wirtschaftsmentalität doch gerade eine gewisse Kontrolliertheit des Strebens nach Erwerbschancen. "Kapitalismus *kann* geradezu identisch sein mit Bändigung, mindestens mit rationaler Temperierung, dieses irrationalen Triebes" (GARS I: 4).

Die Gründe, warum gerade die Mäßigung des Erwerbsstrebens diejenige Art von Wirtschaftsgesinnung sein soll, die — Weber zufolge — nicht nur der Protestantismus, sondern später auch der zum Sieg gelangte Kapitalismus den "Wirtschaftssubjekten" anerzieht,[132] hat Weber im Protestantismus–Aufsatz angedeutet. Vor allem die zweite Hälfte des Franklin–Zitats, mit dem er den "Geist des Kapitalismus" dokumentiert, betont ganz nachdrücklich die Bedeutung der Kreditwürdigkeit für den erfolgreichen Geschäftsmann und läßt sich in der Devise "honesty is the best policy" zusammenfassen (vgl. ASS 20: 13–16; GARS I: 32–35). Weber kommt in diesem Zusammenhang selbst zu dem Schluß, daß für Franklin die darin zusammengefaßten ethischen Grundsätze "*nur soweit* Tugenden sind, als sie in concreto dem einzelnen nützlich sind" (GARS I: 34–35; vgl. ASS 20: 16).

Weber setzt voraus, daß die Aufrechterhaltung zumindest des Scheins von Ehrlichkeit und "Gerechtigkeit" im Geschäftsleben (GARS I: 32, 34; ASS 20: 13, 16) zu den *zweckrationalen* Maximen des normalen kapitalistischen Geschäftsmannes gehört. Die Beachtung dieser "ethischen" Tugenden gehört für ihn zu den Erfolgsbedingungen im ökonomischen Konkurrenzkampf. Diese Auffassung hat Weber im Ansatz schon in seinem frühen Aufsatz über die Börse und in der älteren Fassung des Sekten-Aufsatzes entwickelt (vgl. dazu Weber 1973: 384–385; GARS I: 208, 212, 531; siehe dazu Bendix 1964: 25–30).

"Honesty is the best policy" — abgesehen von wirtschaftlichen "Übermenschen" — "(...) in der breiten *darunter* liegenden Schicht kapitalistischen Gebarens gilt jener Satz noch heute" (ASS 21: 71, Anm. 139; GARS I: 160, Anm. 2). Wie wir gesehen haben, hat diese Maxime Weber zufolge *"schwankende empirische Geltung"* und die "höchste" für rationale Dauerbetriebe "mit dauernd gegebenem Kundenkreis". Allerdings: Der erhöhte Anteil solcher Betriebsformen mit "stehendem" Kapital gehört für ihn zu den hervorstechenden Merkmalen des modernen, auf Produktion für den Massenabsatz begründeten Kapitalismus (WuG: 643, 88; GPS: 323). "Die an Chancen des *Gütermarktes,* nicht an gewaltpolitischen oder an irrationalen Spekulationschancen, orientierte, rationale Betriebsorganisation ist (...) nicht die einzige Sondererscheinung

---

132 Vgl. die bereits zitierten Passagen im Abschnitt 5.5.

des okzidentalen Kapitalismus" (GARS I: 7–8), aber die in diesem Zusammenhang ausschlaggebende Komponente des modernen Wirtschaftssystems.

Wie erläutert, betrachtet Weber also eine 'innere' ethische Bindung der Wirtschaftssubjekte nicht als eine strukturelle Bedingung des modernen formal rationalisierten Kapitalismus, nimmt aber an, daß die — mindestens 'äußerliche' — Konformität mit bestimmten ethischen Prinzipien durchaus mit den konkreten Interessen der Marktakteure zusammentreffen kann. Vor allen Dingen aber kann eine Bindung des Handelnden an bestimmte 'letzte' Entscheidungskriterien seinen Handlungen jene Berechenbarkeit verleihen, die in der Tat eine Funktionsbedingung formal rationalisierter Institutionen darstellt (vgl. explizit: WuG: 263).

Anders als die Begriffe der formalen Rationalität und der Zweckrationalität weist Webers Konzept der Wertrationalität aber auf einen anderen Maßstab hin als den der Berechenbarkeit 'äußerer' Prozesse. Vielmehr steht in seinem Mittelpunkt die Selbstkontrolle der handelnden Individuen über sich selbst. Der 'ideale' Maßstab, den dieser Begriff unterstellt, tritt am deutlichsten in Webers Begriff der "Persönlichkeit" zutage (vgl. zum folgenden auch GAWL: 152 und die Interpretationen bei Brubaker 1984: 91–105; Hennis 1987: 98–110).

> "Je 'freier', d.h. je mehr auf Grund 'eigener', durch 'äußeren' Zwang oder unwiderstehliche 'Affekte' nicht getrübter 'Erwägungen', der Entschluß des Handelnden einsetzt, (...), d.h. je *weniger* es den Charakter des *'naturhaften' Geschehens* an sich trägt, desto mehr tritt damit endlich auch derjenige Begriff der 'Persönlichkeit' in Kraft, welcher ihr 'Wesen' in der *Konstanz ihres inneren Verhältnisses zu bestimmten letzten* 'Werten' und Lebens-'Bedeutungen' findet, die sich in ihrem Tun zu Zwecken ausmünzen (...)" (GAWL: 132; meine Hervorhebungen, A.B.).

Die Vision, die sich mit diesem Persönlichkeitsbegriff verbindet, hat Weber auch mit den folgenden Worten umschrieben:

> "Die aller menschlichen Bequemlichkeit unwillkommene, aber unvermeidliche Frucht vom Baum der Erkenntnis ist gar keine andere als eben die: (...) daß jede einzelne wichtige Handlung und daß vollends das Leben als Ganzes, *wenn es nicht wie ein Naturereignis dahingleiten,* sondern bewußt geführt werden soll, *eine Kette letzter Entscheidungen bedeutet,* durch welche die Seele, wie bei Platon, ihr eigenes Schicksal: — den Sinn ihres Tuns und Seins heißt das — *wählt."* (GAWL: 507–508; meine Hervorhebung, A.B.)

Der Begriff der Persönlichkeit und der der Wertrationalität stehen bei Weber für die größtmögliche Entfernung des menschlichen Lebens von dem Urzustand eines blinden Naturgeschehens, das heißt: für die bewußte Beherrschung des bewußtlosen Seins durch dessen Verwandlung in eine "Kette letzter *Entscheidungen"* (meine Hervorhebung). Die Nähe wie die Spannung zu einer "rein" zweckrationalen Orientierung wird hier unmittelbar deutlich. Der idealtypische Grenzfall des wertungläubigen, zweckrationalen Handelns kennt zwar die Entscheidung, aber keine "letzten" Entscheidungen, keine "Konstanz" des inneren Verhältnisses zu situationsunabhängigen Entscheidungskriterien. Ein

Leben, das nur aus einer Folge solcher Handlungen bestände, würde aber in eine bloße Reihung von situationsinduzierten 'Reaktionen' ohne inneren Zusammenhang zerfallen und sich damit auf der Ebene des *Lebenslaufs* wieder in blindes, naturhaftes Geschehen auflösen. "While the ever-widening reach of the formally rational mechanisms of capitalism and bureaucracy threaten to curtail individual freedom from without, the steady diffusion of the *zweckrational* orientation threatens to subvert individual autonomy from within. This idea is not explicity developed by Weber, but it is implicit in the structure of his moral thought." (Brubaker 1984: 104) Tatsächlich hat Weber am Beispiel der konfuzianischen Beamtenmoral die Zerstörung der 'personalen Integration' durch eine rein utilitaristische Gesinnung diagnostiziert — also auch: für möglich gehalten. Es besteht kaum ein Zweifel, daß er darin ein Bild dessen gezeichnet hat, was er für die Zukunft der westlichen Gesellschaften befürchtete.[133]

"Der Konfuzianismus ist im Sinne des Fehlens jeder Metaphysik und fast aller Reste religiöser Verankerung: — so weitgehend, daß er an der äußersten Grenze dessen steht, was man überhaupt allenfalls noch eine 'religiöse' Ethik nennen kann, — so rationalistisch und zugleich, im Sinne des Fehlens und der Verwerfung aller nicht utilitarischen Maßstäbe, so nüchtern, wie kein anderes der ethischen Systeme außer etwa demjenigen J. Benthams." (GARS I: 266)

Die Wirkungen, die Weber dieser Art von ethischem Rationalismus zuschreibt, sind die folgenden:

"Eine echte Prophetie schafft eine systematische Orientierung der Lebensführung an *einem* Wertmaßstab von innen heraus, der gegenüber die 'Welt' als das nach der Norm ethisch zu formende Material gilt. Der Konfuzianismus war umgekehrt Anpassung nach außen hin, an die Bedingungen der 'Welt'. Ein optimal angepaßter, *nur im Maße der Anpassungsfähigkeit in seiner Lebensführung rationalisierter Mensch ist aber keine systematische Einheit, sondern eine Kombination nützlicher Einzelqualitäten.* (...) Wo alles Hinausgreifen über die Welt fehlte, mußte auch das Eigengewicht ihr gegenüber fehlen. (...) (Der Konfuzianismus, A.B.) konnte jenes Streben nach Einheit von innen heraus, das wir mit dem Begriff *'Persönlichkeit'* verbinden, nicht entstehen lassen. Das Leben blieb eine Serie von Vorgängen, kein methodisch unter ein transzendentes Ziel gestelltes Ganzes." (GARS I: 521; Hervorhebungen von mir, A.B.)

Diese höchst kondensierte, mindestens drei zentrale Grundgedanken Webers zusammenfassende Passage zeigt ganz deutlich, daß Weber die logische Systematisierung, die Hierarchisierung und konsistente Verknüpfung deskriptiver und ethischer Vorstellungen mit der Stabilisierungskraft einer "Ethik" für die Persönlichkeitsstruktur korreliert. Entscheidend ist dabei aber nicht nur die formale Gestalt der logischen Systematik, sondern auch die Art der 'Werte', der 'obersten' Axiome, auf denen eine 'Ethik' gegründet ist. Wo ein über das Gegebene

---

133 Ringer (1983: 167-169) vermutet wohl zutreffend, daß Weber mit der Lebenshaltung und dem Weltbild des konfuzianischen Beamtentums auch die preußische Bürokratie seiner eigenen Zeit beschrieb.

hinausgreifender Bezugspunkt fehlt, ein in diesem Sinne 'transzendenter' Maßstab, an dem die 'Persönlichkeit' sich als konstant bewähren kann, muß — so
Webers Annahme — die Autonomie gegenüber der Umwelt eine höchst be-
grenzte bleiben. Die beiden zuletzt zitierten Passagen gehören zu den schlagendsten Belegen dafür, wie weitgehend in Webers Werk die *Dialektik der Aufklärung* in ihren Grundthesen antizipiert ist. Tatsächlich braucht man nur die
Passage aus dem Schlußabschnitt des Konfuzianismus–Aufsatzes mit der These
von der "Auflösung" der protestantischen Askese "in den reinen Utilitarismus"
zu verbinden (ASS 21: 109; GARS I: 205), und man erhält: den "Niedergang
des Individuums" im Horkheimerschen Sinne.

Darin vor allem, daß die jüdische Religion mit der Vorstellung eines allmächtigen Himmelsgottes die Möglichkeit einer radikalen Spannung zwischen
Jenseits und Diesseits schuf — eine Spannung, die sich im Laufe der israeliti-
schen Geschichte aufgrund besonderer Umstände fortlaufend verschärfte —,
sieht Weber die Besonderheit der okzidentalen Religionsentwicklung verankert.
Die Idee des transzendenten Schöpfergottes fern der gegebenen Erdenwelt lieferte gleichsam den Archimedischen Punkt, von dem aus die Protestanten die
'Welt' aus den Angeln heben konnten (vgl. zu dieser Deutung schon Parsons
1949: 573-575).

Wie unter anderem der Konfuzianismus–Aufsatz zeigt, behauptet Weber
aber keineswegs, daß die religiöse Evolution überall zu einer solchen Spannung
zwischen den letzten Axiomen eines logisch vereinheitlichten Weltbilds und der
irdischen Wirklichkeit führen muß. Sie kann ganz im Gegenteil eben auch zu
einer opportunistischen 'Ethik' des Sichabfindens mit den Tatsachen führen.
Dieselbe praktische Konsequenz zeitigte aus anderen Gründen die hinduistische
Karmalehre, eine "durch ihre Konsequenz" — also durch den Grad ihrer logischen Rationalität "hervorragende Form der Theodicee" (GARS I: 573). Nicht
in die Richtung einer Ethisierung des Weltbilds, sondern nur in die einer logisch geschlossenen und umfassenden Deutung des Weltsinns weist die Eigengesetzlichkeit der religiösen Entwicklung.

Entweder in die Richtung des Vornehmheitsideals und der klugen Welt-
anpassung konfuzianischer Prägung oder in die Weltflucht einer mystischen
Erlösung aus dem Kreislauf von Wiedergeburt und Vergeltung wurden die
Formen der asiatischen Religiosität rationalisiert, sofern sie nicht einfach eine
Mischung beider Prinzipien und außerdem ein Amalgam mit konventionellen
Normen und ritualistischer Alltagsmagie bildeten (GARS II: 377):

"Aus diesen beiden Komponenten ist aber ein wesentlicher Teil aller asiatischen Intellek-
tuellenkultur zusammengesetzt. Der Gedanke, durch schlichtes Handeln gemäß der
'Forderung des Tages' jene Beziehung zur realen Welt zu gewinnen, welche allem
spezifisch occidentalen Sinn von 'Persönlichkeit' zugrunde liegt, bleibt ihr ebenso fern
wie der rein sachliche Rationalismus des Westens, der die Welt praktisch durch Aufdek-
ken ihrer eigenen unpersönlichen Gesetzlichkeiten zu meistern trachtet." (GARS II: 377)

Es ist wichtig, sich klarzumachen, daß Weber keine generelle Entwicklungsdynamik der religiösen 'Ethik' (im zuvor präzisierten Sinne des Wortes) in
Richtung auf eine *ethische* Rationalisierung der Lebensführung behauptet. Zwar
zielt die Entwicklung der Heilmethodik, d.h. desjenigen Verhaltens, auf welches
das jeweilige Weltbild psychologische Prämien aussetzte, der Tendenz nach
immer auf eine Vereinheitlichung des Handelns unter bestimmten 'letzten'
Zweckgesichtspunkten, aber diese Systematisierung kann wie im Konfuzianismus auch zu einem Kanon von zweckrationalen ('technischen') Nützlichkeits-
maximen, oder − wie in der indischen Mystik − zu einer technischen Rationalisierung von im Kern magischen Praktiken führen. Die "Wertrationalisierung" der religiösen 'Ethik' mag also durchaus in einem System von 'technischen' Regeln zur Erlangung des jeweils als heilig gewerteten Zustands kulmi-
nieren − und nicht in einer Reglementierung des Lebens unter moralischen
oder ethischen Normen. Die Befolgung jener Regeln empfiehlt sich dann einfach dem individuellen Heilsinteresse des Gläubigen, der auf diesem Wege die
'Erlösung' für sich selbst und für sich allein anstrebt. "Die eigene certitudo
salutis, nicht das Ergehen des 'Nächsten', steht in Frage." (GARS II: 223).
Deutlich formuliert Weber den Gegensatz zwischen verschiedenen Möglichkeiten
der religiösen Rationalisierung im Falle der alten buddhistischen Mönchsethik:

> "In Wahrheit klafft der Widerspruch: *Ethik des Handelns* und: *Kunstlehre der Kontem-
> plation unlösbar* und nur die letztere gibt die Erlösung. Die buddhistische Mönchsethik
> ist eben nicht, wie die spätere christliche, ein auf besondere Gnadengaben gestütztes
> rational-ethisches Überbieten des in den sozialen Ordnungen verlaufenden, 'innerwelt-
> lichen' ethischen Handelns, sondern sie verläuft nach der *gerade entgegengesetzten,
> prinzipiell asozialen, Richtung*. (...) Immer blieb jedenfalls der Satz bestehen: 'wer
> schöne Taten verrichten will, werde kein Mönch'." (GARS II: 235-236; meine Hervor-
> hebungen, A.B.)

Die durch das Heilsinteresse und durch das Bedürfnis nach systematischer,
logisch kohärenter Weltauslegung ("Theodicee") angetriebene religiöse Evolution führt sozusagen nur im Ausnahmefall zu einer Steigerung der *ethischen*
Anforderungen an die Lebensführung. Wohl aber weist die Entwicklung der
Heilmethodik im Regelfall in die Richtung gesteigerter Selbstkontrolle:

> "Immer mehr wird die Methodik dabei zu einer Kombination physischer und psychi-
> scher Hygienik mit ebenso methodischer Regulierung alles Denkens und Tuns, nach Art
> und Inhalt, im Sinn der vollkommensten *wachen*, willensmäßigen und triebfeindliche
> *Beherrschung* der eigenen körperlichen und seelischen Vorgänge und einer systemati-
> schen Lebensreglementierung unter dem religiösen Zweck. Der Weg zu diesem Ziel und
> der nähere Inhalt des Zieles selbst sind an sich nicht eindeutig (...)" (WuG: 327;
> Hervorhebungen im Original, A.B.).

Wie wir sehen werden, besteht eine der Grundannahmen Webers darin, daß
es sozusagen keinen der *religiösen* Entwicklung *immanenten* evolutionären
Maßstab gibt, der gestatten würde, zwischen den verschiedenen möglichen
Richtungen der religiös motivierten Selbstkontrolle eine evolutionäre Rangfolge

zu konstruieren. Konsistent mit seiner Auffassung vom unentscheidbaren Pluralismus letzter Werte stehen die letzten Zweckgesichtspunkte der Heilsmethodik, die jeweiligen Konzeptionen von "Erlösung" und von Heilsgewißheit, gleichberechtigt nebeneinander.

"Weber ist interested in systems of religious ideas as *differentiating* elements in social development. Underlying this interest is his basic thesis that the process of religious rationalization is not predetermined by its immanent nature in *one* particular direction, but that it can proceed in a limited number of possible directions according to various circumstances. Though the subtypes are numerous, the major directions can be reduced to two (...)" (Parsons 1949: 567). Die beiden Grundrichtungen der Entwicklung der Heilsmethodik, die Weber annimmt, sind bekanntermaßen durch die beiden Modelle der "Askese" und der "Mystik" (oder "Kontemplation") bezeichnet (vgl. GARS I: 538-540). Weber differenziert mit dieser Unterscheidung die religiöse Methodik der Selbstkontrolle im Hinblick darauf, ob sie diese in Richtung auf Reglementierung des *Handelns* oder auf die Erlangung eines als heilig gewerteten Zustands ausrichtet, der als eine Art "Haben" oder "Besitz" des Göttlichen definiert ist. Im Hintergrund dieser Begriffsbildung und der Alternative, die Weber damit hervorhebt, steht offenkundig die Frage, ob das religiöse Heilsbedürfnis aktiv nach 'außen' oder passiv nach 'innen' gelenkt wird. Im letzteren Falle führt die Heilsmethode naturgemäß von der rationalen Kontrolle der 'Außenwelt' fort — das heißt: zur Weltflucht und damit zu einer Richtung der Lebensführung, die mit der bewußten erfolgsorientierten Beherrschung der Umwelt der Tendenz nach unvereinbar ist. Anders im Falle der Askese. In der Gestalt der "innerweltlichen Askese" — das heißt: der Laienaskese im Unterschied zur Mönchsaskese — gelangt sie mit dem zweckrational orientierten Alltagshandeln zu 'äußerer' Kongruenz und großenteils auch zu 'innerer' Übereinstimmung — nämlich in der Art und Weise, wie konkrete Handlungsziele und Mittel bewußt miteinander verknüpft werden.

Die Differenzierung zwischen Askese und Kontemplation ebenso wie die zwischen Mönchsaskese und "innerweltlicher" Laienaskese sind bestimmt von der Fragestellung, welche Formen religiöser Heilssuche eine Persönlichkeitsstruktur schaffen können, die dem ökonomischen Rationalismus "wahlverwandt" — das heißt: funktional adäquat — wäre. Dieser Gesichtspunkt ist für die Konstruktion der begrifflichen Instrumente, mit denen Weber die Entwicklung der verschiedenen Weltreligionen untersucht und vergleicht, von absolutem Vorrang. Das zeigt sich auch und gerade dann, wenn man die Dimensionen des Rationalitätsbegriffs näher betrachtet, den Weber in diesem Kontext verwendet. Er selbst hat die beiden zentralen Maßstäbe dieses Rationalitätsbegriffs am Schluß des Konfuzianismus-Aufsatzes erläutert. Anläßlich des Vergleichs von "konfuzianischem Rationalismus — denn dieser Name gebührt ihm" (GARS I: 512) — mit dem protestantischen Rationalismus stellt Weber fest:

"Für die *Stufe der Rationalisierung*, welche eine Religion repräsentiert, gibt es vor allem zwei, übrigens miteinander in vielfacher inniger Verbindung stehende Maßstäbe. Einmal der Grad, in welchem sie die *Magie* abgestreift hat. Dann der Grad systematischer Einheitlichkeit, in welche das Verhältnis Gott und Welt und demgemäß die eigene ethische Beziehung zur Welt von ihr gebracht ist.

In der ersten Hinsicht stellt der asketische Protestantismus in seinen verschiedenen Ausprägungen eine *letzte* Stufe dar. Seine am meisten charakteristischen Ausprägungen haben der Magie am vollständigsten den Garaus gemacht. Auch in der sublimierten Form der Sakramente und Symbole wurde sie prinzipiell ausgerottet (...) Die gänzliche *Entzauberung der Welt* war nur hier in alle Konsequenzen durchgeführt. (...) während der Konfuzianismus die Magie in ihrer *positiven* Heilsbedeutung unangetastet ließ, war hier alles Magische *teuflisch* geworden, religiös wertvoll dagegen nur das rational Ethische geblieben (...)" (GARS I: 512-513; nur die erste Hervorhebung von mir, A.B.).

Während der Protestantismus also systematisch alle magischen Heilsmittel eliminierte, gehörte die Erhaltung des "Zaubergartens" der volkstümlichen und taoistischen Magie "zu den intimsten Tendenzen der konfuzianischen Ethik" (GARS I: 513; vgl. auch 515, 527). Der Protestantismus verwarf jede Heiligkeit der Tradition als religiös gesehen illegitim, weil "heilig" nur der unzweideutig erkennbare Wille des überweltlichen Gottes war und jede Verehrung menschengeschaffener Gebilde und Gebote demgegenüber allenfalls als irrelevant, schlimmstenfalls aber als "Kreaturvergötterung" galt. Im Gegensatz dazu heiligte der orthodoxe Konfuzianer die Ahnen ebenso wie die Pietätspflichten gegenüber dem weltlichen Herrscher und gegenüber der eigenen Sippe. Die kluge utilitaristische Weltanpassung resultierte in der "Unverbrüchlichkeit der Tradition", deren Verletzung nur eine Störung der stabilen, bürokratisch regulierten Ordnung von Frieden und Wohlfahrt bedeuten konnte (GARS I: 527, 514, 523).

"*Irgendwelche Spannung zwischen Natur und Gottheit*, ethischen Anforderungen und menschlicher Unzulänglichkeit, Sündenbewußtsein und Erlösungsbedürfnis, diesseitigen Taten und jenseitiger Vergeltung, religiöser Pflicht und politisch-sozialen Realitäten fehlte eben dieser Ethik vollständig und daher auch jede Handhabe zur Beeinflussung der Lebensführung durch innere Gewalten, *die nicht rein traditionell und konventionell gebunden waren*." (GARS I: 522; meine Hervorhebungen, A.B.)

Unter diesen traditionellen Gewalten, die der Konfuzianismus akzeptierte oder doch zumindest hinnahm, ist nach Webers Kriterium die volkstümliche Magie eine der ausschlaggebenden Kräfte. Denn: das Bild der Welt als eines Zaubergartens 'heiliger' Wesenheiten habe der kognitiven, technischen und ökonomisch rationalen Kontrolle der Natur erhebliche Widerstände entgegengesetzt (vgl. GARS I: 513).

Vorrangig wird die Relevanz dieses Rationalitätskriteriums − der "Entzauberung der Welt" − für Weber aber dadurch begründet, daß das religiöse Heilsinteresse innerhalb eines magisch geprägten Weltbilds auf die fiktive Beeinflussung der Geister und sonstigen Mächte gelenkt wird, auf die Beachtung ihrer zahlreichen und divergierenden Gebote, nicht aber in die Bahn einer systematischen Heilsmethodik, einer verstetigten Selbstkontrolle, die mit aktivem innerweltlichen Handeln verknüpft ist. Wie gegenüber dem Katholizismus, so ist es auch gegenüber dem konfuzianischen Rationalismus insbesondere diese Eigenheit, die für Weber das herausragende Rationalitätsmerkmal des Protestantismus darstellt: "die Ablehnung der sakramentalen Magie *als Heilsweg*" (GARS I: 94, insbesondere Anm. 3; meine Hervorhebung, A.B.).

Nirgendwo anders als im Vergleich mit dem doch höchst utilitaristischen Konfuzianismus wird so deutlich, daß Webers Maßstab der religiösen Rationalisierung einzig auf den 'idealen' Grenzfall einer 'Ethik' zugeschnitten ist, die eine im Höchstmaß gesteigerte Selbstbeherrschung mit der aktiven Kontrolle der 'äußeren' Wirklichkeit *verbindet*.

Dieser Grenzfall bleibt für Weber aber allein in der protestantischen 'Ethik' verwirklicht:

"(...) dieser rücksichtslose, religiös systematisierte, in der jeder rationalisierten Askese eigentümlichen Art 'in' der Welt und doch nicht 'von' der Welt lebende Utilitarismus (NB! – A.B.) hat jene überlegenen rationalen Fähigkeiten und damit jenen 'Geist' des Berufsmenschentums schaffen helfen, welche dem Konfuzianismus und seiner weltangepaßten, das bedeutet aber: zwar rational, aber von außen nach innen, nicht wie beim Puritanismus, von innen nach außen determinierten Lebensführung letztlich verschlossen blieb. (...) nur die ü b e r weltlich orientierte puritanische rationale Ethik *führte den i n n e r weltlichen ökonomischen Rationalismus in seine Konsequenzen durch, gerade weil ihr nichts ferner lag als eben dies* (...). *Der konfuzianische Rationalismus bedeutete rationale Anpassung an die Welt. Der puritanische Rationalismus: rationale B e h e r r - s c h u n g der Welt.* (...) die rationale 'Nüchternheit' des Puritaners ruhte auf dem Untergrund eines mächtigen Pathos, welches dem Konfuzianer völlig fehlte, des gleichen Pathos, welches das Mönchtum des Okzidents beseelte. *Denn die Weltablehnung der okzidentalen Askese war bei ihm mit dem Verlangen nach Weltbeherrschung als ihrer Kehrseite unauflöslich verbunden,* weil ihre Forderungen im Namen eines überweltlichen Gottes an den Mönch und, in abgewandelter und gemilderter Form, an die Welt ergingen. Dem konfuzianischen Vornehmheitsideal widerstritt nichts so sehr, als der Gedanke des 'Berufs'. Der 'fürstliche' Mann war ästhetischer Wert und daher a u c h n i c h t 'Werkzeug' eines G o t t e s. Der echte Christ, der – außer- oder innerweltliche – Asket vollends, wollte gar nichts anderes sein als eben dies. Denn gerade nur darin suchte er seine Würde. Und weil er dies sein wollte, war er ein brauchbares Instrument, die Welt rational umzuwälzen und zu beherrschen." (GARS I: 533-535; nur die Hervorhebungen in Kursivschrift von mir, A.B.)

Gerade weil der radikale Gegensatz von transzendentem Schöpfergott und verworfener Welt die letztere restlos entwertete, verwandelte sich die abgelehnte Welt in ein bloßes Reich von Mitteln, in eine in sich selbst 'unheilige' Materie – bloßes Objekt der Beherrschung in Seinem Namen. Nur als Werkzeug Seines Willens konnte der Puritaner seinem Leben eine Würde verleihen, die der Konfuzianer im 'Heiligtum' der eigenen Person – in der literarischen Geistesbildung und in den vollendeten Manieren – verwirklicht sah.

Auch der "Konfuzianismus erforderte stetige wache Selbstbeherrschung" (GARS I: 527) — aber eben im Dienst jener vornehmen Selbstkultivierung, nicht im Dienste der Umwälzung und Umgestaltung der 'äußeren' Wirklichkeit. So kristallisiert sich in merkwürdiger Verkehrung[134] auch hier der innere Gegensatz von wertrationaler und zweckrationaler Orientierung heraus. Die Wertrationalisierung strebt an sich nur nach der Kontrolle der 'Innenwelt'. Aber der besondere 'Wert' der Askese — ihre spezifische Art der erstrebten Heilszuständlichkeit: das "Werkzeuggefühl"[135] — bog jene immanente Tendenz der religiösen Rationalisierung in die Richtung der "Weltbeherrschung" um.

Auch wo es sich um die Beherrschung der 'Innenwelt' handelt, geht Weber keineswegs davon aus, daß Fortschritte in der bewußten Kontrolle dieses Daseinsbereichs notwendig mit Fortschritten in der Beherrschung anderer "Sphären" der Welt harmonieren oder auch nur mit ihnen vereinbar sein müßten. Im Gegenteil: Auch die Ethik des alten Buddhismus "ist 'rational' im Sinn einer stetigen wachen Beherrschung aller natürlichen Triebhaftigkeit, aber mit gänzlich anderem Ziel." (WuG: 377) Aber als Religiosität mit einem kontemplativen Heilsgut ist hier die Selbstkontrolle vereinigt mit und steht im Dienst der Flucht vor dem Bereich des zweckrationalen Handelns als solchem (GARS II: 240).

Einzig die Askese des Puritanismus kombiniert eine im Höchstmaß gesteigerte Selbstkontrolle auch der normalen Glaubensanhänger mit der Beherrschung der 'äußeren' Wirklichkeit. Diese Interpretation der Protestantismus-These Webers, die sich ansatzweise schon bei Parsons[136] findet, liefert einen wichtigen Vergleichspunkt zur Eliasschen "Triade der Grundkontrollen" ebenso wie zu den Annahmen der Dialektik der Aufklärung. Auch Webers These von der Schlüsselstellung der puritanischen 'Ethik' liegt eine Grundannahme analoger Art zugrunde. Folgenreich für die Entwicklung der Wirtschaft zum formal rationalisierten System können nur die Zweige der religiösen Evolution sein, die in der Kanalisierung religiöser Bedürfnisse einen Weg einschlagen, der der Interdependenz von Naturbeherrschung, sozialer Kontrolle und Selbstbeherrschung gerecht wird. Das geschieht Weber zufolge dort, wo die Entwicklung der Heilsmethode in eine "innerweltliche" Askese und in eine massenwirksame "Entzauberung der Welt" einmündet. Nach seiner Analyse ist dies im Prinzip

---

134 Seiner subjektiven Orientierung nach entsprach der Konfuzianer in Webers Augen wohl viel eher dem "rein zweckrationalen" Handeln. Auch dies bedeutete für Weber eines jener wiederkehrenden Beispiele für die "Paradoxie der Wirkung gegenüber dem Wollen".

135 So kennzeichnet Weber gelegentlich den psychischen Zustand, den der Puritaner anstrebte, weil er in ihm die Heilsgewißheit verspürte.

136 Vgl. Parsons (1949: 575, 570-571; 1965: lii); siehe auch die übereinstimmenden Deutungen der Weberschen Diagnose des Protestantismus bei Drehsen (1975: 134) und Schluchter (1979: 209, 225, 230-255; 1980: 14, 17-20).

nur auf der jüdisch–christlichen Entwicklungslinie der religiösen 'Ethik' eingetreten. Dies war nur eine unter mehreren Linien religiöser Evolution, die alle
von dem 'inneren' Bedürfnis der Menschen nach einer logisch konsistenten
Auslegung des Welt*sinns* getragen wurden, an der sie ihre "Kette letzter Entscheidungen" orientieren konnten.

5.8   Webers Theorie der sozialen Evolution

Es liegt nahe, Webers Rationalisierungsthese in dem Sinn zu verstehen, daß sie
eine quantitative Zunahme des zweckrational orientierten Handelns gegenüber
den Formen der Handlungsorientierung behauptet, die durch die Modelle des
wertrationalen, des affektuellen und des traditionalen Handelns markiert sind
(vgl. zum Beispiel: Topitsch 1965: 21; Vogel 1973: 563–567; Tyrell 1979:
17–18). Einer solchen Deutung haben einige namhafte Kommentatoren nachdrücklich widersprochen: unter anderem mit dem Argument, eine Theorie der
unilinearen und *eindeutig* gerichteten historischen Entwicklung sei aus Webers
Arbeiten nicht ablesbar. In diesem Zusammenhang berufen sie sich stets auf die
von Weber betonte Vieldeutigkeit, den "Perspektivismus" des Rationalitätsbegriffs (vgl. zum Beispiel Bendix 1964: 403–404; Anm. 34; Bendix 1972:
53–54; Kalberg 1978: 28–39; Kalberg 1981: 13, 23; Levine 1981: 15).

   Diese Kritik enthält zwar einen wahren Kern, aber sie vermittelt insgesamt
eben doch ein unzutreffendes Bild von Webers Annahmen über den "Intellektualisierungsprozeß, dem wir seit Jahrtausenden unterliegen" (GAWL: 593; Kasus
abgeändert, A.B.). Zunächst einmal ist festzuhalten, daß Weber "für die Früh-
zeit auch der Menschen" durchaus vor einer schlechthin überragenden Bedeutung einer *instinktiven* Verhaltenssteuerung ausgeht (WuG: 8). "Alles 'traditionale' Handeln (§ 2) und breite Schichten des 'Charisma' (...) stehen solchen nur
biologisch begreifbaren (...) Hergängen mit unmerklichen Übergängen sehr
nahe" (WuG: 8). Ausdrücklich stellt Weber im ersten, jüngsten Teil von *Wirtschaft und Gesellschaft* fest:

> "In vorrationalistischen Epochen teilen Tradition und Charisma *nahezu die Gesamtheit*
> der Orientierungsrichtungen des Handelns unter sich auf." (WuG: 142; meine Hervor-
> hebung, A.B.; vgl auch GAWL: 483).

   Allerdings geht Weber auch für die Gegenwart davon aus, daß ein großer
oder der überwiegende Teil des Handelns in ähnlicher Weise gesteuert wird:
"Die Masse alles eingelebten Alltagshandelns nähert sich diesem Typus (des
traditionalen Handelns; A.B.)." (WuG: 12).

   Für die europäische Neuzeit aber nimmt Weber eine (bislang) stetig zunehmende Rolle des zweckrational orientierten Handelns an — nicht in *allen* Handlungssphären, aber unter anderem insbesondere im Bereich des ökonomischen
und politischen Handelns. Am klarsten hat er dies in seinem Aufsatz über die

Grenznutzenlehre formuliert. Überraschenderweise spricht Weber an dieser Stelle, und nicht erst, wie Tenbruck (1975: 682) glaubt, in der späteren "Zwischenbetrachtung", von einer *Annäherung der Wirklichkeit an die idealtypischen Begriffe und Modelle* — nämlich an die, welche die Wirtschaftstheorie und insbesondere die Grenznutzenlehre bereitstellt. Es ist völlig offenkundig, daß damit Modelle eines "rein" zweckrational orientierten Handelns gemeint sind.[137] Ausdrücklich bezeichnet Weber hier die Lehrsätze der ökonomischen Theorie als "eine Summe 'idealtypischer' Begriffe" (GAWL: 396). Und er betont:

> "Als eine *Kaufmannsseele*, welche die 'Intensität' ihrer Bedürfnisse ziffernmäßig einschätzen kann und ebenso die möglichen Mittel zu deren Deckung, behandelt die Grenznutzenlehre für ihre Zwecke die 'Psyche' aller, auch des von allem Kauf und Verkauf ausgeschlossenen, isoliert *gedachten* Menschen." (GAWL: 394; Hervorhebungen im Original, A.B.)

Nachdem Weber, wie so oft, betont hat, daß die Wirklichkeit jeweils nur eine "sehr verschieden große 'Annäherung' an den theoretisch konstruierten Ablauf des streng rationalen Handelns" zeigt, formuliert er die folgende Aussage:

> "Allein: *die historische Eigenart der kapitalistischen Epoche, und damit die Bedeutung der Grenznutzenlehre (wie jeder ökonomischen Werttheorie) für das Verständnis dieser Epoche beruht darauf, daß* — während man nicht mit Unrecht die Wirtschaftsgeschichte mancher Epoche der Vergangenheit als 'Geschichte der U n wirtschaftlichkeit' bezeichnet hat — unter den heutigen Lebensbedingungen jene Annäherung der Wirklichkeit an die theoretischen Sätze *eine s t e t i g   z u n e h m e n d e, das Schicksal immer breiterer Schichten der Menschheit in sich verstrickende, gewesen ist* und, soweit abzusehen, noch immer weiter sein wird. Auf dieser k u l t u r h i s t o r i s c h e n Tatsache (...) beruht die heuristische Bedeutung der Grenznutzenlehre." (GAWL: 395; die Hervorhebungen durch Kursivschrift von mir, Hervorhebungen durch Sperrung im Original, A.B.)

Vermutlich wird man gegen diesen Beleg einwenden, daß er aus einem relativ frühen Aufsatz — von 1908 — stammt. Allein: die "Vieldeutigkeit" des Rationalitätsbegriffs hat Weber schon 1905 im Protestantismus-Aufsatz betont (vgl. ASS 20: 35): "Man kann eben das Leben unter höchst verschiedenen letzten Gesichtspunkten und nach sehr verschiedenen Richtungen hin 'rationalisieren' (...)" (ASS 20: 35). Aber Weber kennzeichnet eben doch ziemlich präzise, welches die spezifische Richtung ist, in der das moderne Wirtschaftsleben und die bürokratischen Gebilde der westlichen Gesellschaften rationalisiert worden sind und seiner Prognose nach, "soweit abzusehen, noch immer weiter" rationalisiert werden. Das ist, wie ich gezeigt habe, die Richtung hin zu einer

---

137 Vgl. dazu die Ausführungen in WuG: 15 und 13, wo genau in diesem Zusammenhang eines streng zweckrational orientierten Handelns auf das "Prinzip des Grenznutzens" und auf die Entstehung der Wirtschaftswissenschaften Bezug genommen wird.

zunehmenden formalen Rationalität der sozialen Handlungszusammenhänge, aus denen soziale 'Institutionen' wie zum Beispiel der Markt und die staatliche Bürokratie bestehen. In jenen Bereichen, in denen eine solche formale Rationalisierung möglich ist — insbesondere denen der Wirtschaft und der Politik —, bedeutet diese Entwicklung zugleich einen zunehmenden Anteil des "rein" zweckrational orientierten Handelns und eine fortschreitende Herauslösung der Handelnden aus der 'inneren' Bindung durch traditionale oder wertrational geglaubte Normen.

Diese Entwicklung bedeutet keineswegs ein Verschwinden der Handlungsorientierungen, die durch die drei anderen Idealtypen Webers modellhaft konzipiert sind — aber eben doch eine relative Zunahme der Handlungen, die dem zweckrationalen Typus am nächsten stehen. Diese Hypothese ist deutlich in der Art und Weise enthalten, wie Weber den Terminus der formalen Rationalität benutzt — der ja im Gegensatz zur materialen Rationalität "eindeutig wenigstens in dem Sinn (ist), daß die Geldform das Maximum dieser formalen Rechenhaftigkeit darstellt" (WuG: 45). Wie wir gesehen haben, verbirgt sich hinter diesem relativ eindeutigen Rationalitätsmaßstab ein höchst spezifisches Bild dessen, was als dessen optimale Realisierung zu gelten hätte — wenigstens Webers Ausführungen zufolge.

Der Begriff der formalen Rationalität — "Berechenbarkeit" — bezeichnet ja gerade die strukturellen Bedingungen für eine maximale Ausbreitung effizienten zweckrationalen Handelns, und darüber hinaus — als "Rechenhaftigkeit" — ist er selbst das Maß, in dem die jeweiligen Akteure die dauerhafte Ermöglichung und Gewährleistung von Chancen zweckrationalen Handelns zu einem Prinzip ihrer Lebensführung gemacht haben. Warum Weber vor allem für die Bereiche ökonomischen und politischen Handelns von einer Tendenz der formalen Rationalisierung und damit der Ausbreitung zweckrational orientierten Handelns ausgeht, habe ich systematisch rekonstruiert: *eben weil hier insbesondere der situative Druck von Konkurrenzspannungen wirksam und fühlbar ist,* bei deren Abschwächung sofort die Neigung zu exakter Kalkulation und disziplinierter Selbstkontrolle des Handelns abnimmt. Genau auf der Annahme, daß der letztere Sachverhalt in Zukunft eintreten könnte, beruhen Webers Prognosen über eine drohende Wiederauferstehung von Tendenzen materialer Rationalisierung im Wirtschaftsleben ebenso wie in der Gesetzgebung und staatlichen Verwaltung.

Vor allem deshalb ist die Entwicklungstendenz formaler Rationalisierung auf bestimmte Handlungssphären konzentriert. Für andere Lebensbereiche — insbesondere die Religiosität und die Erotik — nimmt Weber geradezu eine — mit der Rationalisierung von Politik, Ökonomie und Wissenschaft komplementäre — "Irrationalisierung" des Handelns an (vgl. zum Beispiel GAWL: 433; GARS I: 564, 571, 558-561, 555; WuG: 362). *Diese "Irrationalisierung" bestimmter Handlungsbereiche ist selbst eine Teilerscheinung einer von Weber durchaus eindeutig und − wenn man so will − "unilinear" charakterisierten Entwicklung.* Sie ist eine Komponente der von ihm diagnostizierten zunehmenden Differenzierung der verschiedenartigen Handlungsbereiche nach ihren "immanenten Eigengesetzlichkeiten", die unter anderem auch die Konfliktpotentiale zwischen diesen gesellschaftlichen Teilbereichen verschärft (vgl. GARS I: 541-542, 544, 548, 555, 560, 564, 571; WuG: 348, 349, 365-367).

In diesem und keinem anderen Sinne ist es zu verstehen, wenn Weber im Kategorien-Aufsatz bemerkt:

> "(...) es trifft (...) nicht universell zu, daß das Handeln des 'Zivilisierten' durchweg subjektiv zweckrationaler ablaufe. Dies liegt vielmehr *für die einzelnen Sphären des Handelns verschieden* (...)" (GAWL: 473; meine Hervorhebung, A.B.)

Allerdings haben Bendix, Kalberg und Levine wenigstens in dem Sinne recht, daß Weber die Entwicklungstendenz zunehmender formaler Rationalisierung und Differenzierung nicht als eine naturgesetzliche und absolut unumkehrbare Richtung des Geschichtsprozesses betrachtet. Dagegen finden sich in seinem Werk zahlreiche Aussagen, in denen eine zunehmende *faktische* Irreversibilität des Bürokratisierungsprozesses insbesondere impliziert ist.[138]

Im Grundsatz vermischen die erwähnten Kommentatoren zwei völlig heterogene Probleme − nämlich die Frage der Definition und Gebrauchsmöglichkeiten verschiedener Rationalitätsbegriffe und die ganz andere Frage danach, *welche* von diesen verschiedenen *möglichen* Begriffen in welcher kontextabhängigen Bedeutung Weber jeweils *verwendet,* um die Verlaufsrichtung und Entwicklungstendenz historischer Prozesse zu charakterisieren. In der Tat gilt die "unilineare" Tendenz, von der hier die Rede ist, in Webers Augen primär nur für die neuzeitlich-okzidentale Entwicklung, hier aber in höchst eindeutiger Weise. Eine gewisse Bedeutungsbandbreite wird in die betreffenden Weberschen Aussagen vor allem dadurch hineingetragen, daß er nicht immer die kontextspezifischen Varianten von "formaler Rationalität" und deren Unterschiede genau erläutert. "Formale Rationalität" bedeutet in der Tat etwas Unterschiedliches, wenn damit entweder die Rationalisierung der staatlichen Verwaltung, der wirtschaftlichen Betriebe oder aber die logische Rationalisierung des Rechts gemeint ist. Insbesondere hat Weber selbst nicht immer beachtet, daß die im logischen Sinne formale Rationalität des *Symbolsystems* "Recht" nicht unmittelbar dasselbe bedeutet wie die Berechenbarkeit der Rechtsprechung − also des

---

138 Siehe z.B. die berühmte "Vorbemerkung", wo er von der "absolut unentrinnbare(n) Gebanntheit unserer ganzen Existenz (...) in das Gehäuse einer fachgeschulten Beamten-*organisation*" redet (GARS I: 3), und die mehrfach bereits zitierten Belegstellen.

sozialen *Handlungszusammenhangs,* innerhalb dessen Gesetzgebung, Rechtsprechung und die exekutive Durchsetzung von Rechtsnormen stattfinden.[139]

Alle diese kontextspezifischen Verwendungsweisen des Terminus der formalen Rationalität sind jedoch unmißverständlich auf eine bestimmte Struktur der
sozialen Handlungszusammenhänge zugeschnitten – auf das idealtypische Bild
einer Gesellschaftsordnung, die ein konkurrenzkapitalistisches Marktsystem mit
einem bürokratisierten Rechtsstaat und ferner mit einem Rechtssystem kontinen-
taleuropäischer Art verbindet, außerdem aber mit einer funktionalen Differenzierung der sozialen Handlungssphären nach 'Sachgesichtspunkten' und insbesondere mit einer Säkularisierung der Rechtsprechung und der politischen Herrschaft.
Wie wir gesehen haben, gilt das gleiche auch für Webers Maßstab der religiösen Rationalisierung und insbesondere für dessen Komponente der "Entzauberung" – obwohl er hier den Terminus formaler Rationalität selbst nicht benutzt.

Im Hintergrund dieser Analyse der *okzidentalen* Entwicklung und der auf
sie zugeschnittenen Begriffsinstrumente steht nun allerdings die Annahme, daß
die Entwicklungstendenzen der *undifferenzierten* politischen, ökonomischen und
religiösen Handlungszusammenhänge nicht *per se* schon in eine Richtung weisen, die zu einer erfolgreichen Verzahnung verschiedener Rationalisierungsprozesse und in Konsequenz dessen zu einer Entfesselung der Tendenz formaler
Rationalisierung in eigengesetzlich differenzierten Teilsphären führt.

Diese Annahme zeigt sich am deutlichsten in der Legierung von materialer
Wertrationalität und ökonomischem Rationalismus, die durch die protestantische
'Ethik' repräsentiert wird. In den verschiedenartigen *materialen* Rationalisierungen, die die divergierenden Entwicklungsstränge der religiösen Evolution
repräsentieren, spiegelt sich die Vieldeutigkeit des Begriffs *materialer* Rationalität, für die der Pluralismus der religiösen Wertrationalitäten ein hervorragendes
Beispiel liefert.

Dem gleichen Sachverhalt begegnen wir aber auch im Verhältnis der materialen Rationalisierungstendenzen von Ökonomie und Politik. Auch hier führt nur
eine besondersartige geschichtliche Entwicklung zur Entstehung eines 'Kompro-

---

139 Das ist verwunderlich angesichts des Nachdrucks, mit dem Weber selbst immer wieder
auf den Unterschied zwischen diesen beiden ganz verschiedenen Bedeutungen des *Wortes*
"Recht" hingewiesen hat (vgl. GAWL: 355, 347–348; WuG: 181–182, 194, 16–17;
GASS: 477–479). In der Vernachlässigung dieser von ihm selbst vertretenen Unterscheidung scheinen mir zum größten Teil die Schwierigkeiten begründet zu sein, denen seine
Analyse der englischen Rechtsentwicklung begegnet. Der Fall des angelsächsischen
Rechts zeigt eben, daß die logische Rationalität der *Rechtsnormen* nicht einfach identisch
mit der formalen Rationalität der *Rechtsprechung* ist. Beide Dimensionen der Rechtsrationalität können offenbar in Grenzen unabhängig voneinander variieren (vgl. dazu Trubek
1984: 187–190).

misses' verschiedener Zielsetzungen, der unter anderem in der formalen Rationalisierung des Rechts seinen Ausdruck findet. Dieser 'Kompromiß' verschiedener materialer Rationalisierungstendenzen ist nach Webers Theorie eine weitere *notwendige* historische Bedingung für die Genese des modernen Kapitalismus in Westeuropa. Weber sieht die entsprechende Eigentümlichkeit der
okzidentalen Entwicklung darin verankert, daß nur in Westeuropa die kapitalistische Erwerbswirtschaft bzw. deren soziale Trägerschichten genügend relative
Autonomie gegenüber den politischen Machthabern erlangten, um einer so weit-
gehenden Rationalisierung der Ökonomie Raum zu geben. Grundlage für diese
Autonomisierung der ökonomischen Sphäre war das "große historische Bündnis" (WuG: 571) zwischen den miteinander in scharfer Konkurrenz liegenden
Fürstenstaaten der Neuzeit einerseits und den von ihnen als Finanz- und
Steuerquellen benötigten Kapitalmächten andererseits, "welches zu den wichtigsten Geburtshelfern der modernen kapitalistischen Entwicklung gehörte" (WuG:
211). Die "sehr eigenartige politische Konkurrenz- und 'Gleichgewichts'-Situa-
tion der europäischen Staatenwelt des letzten halben Jahrtausends" (ebd.) zwang
die Staatsmächte zum Wetteifer um die Gunst der Kapitaleigentümer und
ermöglichte so ein Zusammenspiel von politischer und ökonomischer Rationalisierung, das gerade die Eigendynamik der ökonomischen Sphäre freisetzte.[140]
Das Medium der Differenzierung der Ökonomie gegen die Intervention der
politischen Mächte bildet das formale Recht, dessen Formalismus den Kompromiß beider repräsentiert und institutionalisiert (vgl. WuG: 468f.).

Daher zählt eben dieses Bündnis auf Basis einer historisch spezifischen
Machtkonstellation im Europa der Neuzeit "zu den wichtigsten treibenden
Kräften formaler Rechtsrationalisierung" (WuG: 487).

> "Wo dies Bündnis fehlte, ist die Säkularisation des Rechts und die Herausdifferenzierung
> eines streng formal juristischen Denkens entweder in den Anfängen steckengeblieben,
> oder es ist ihr geradezu entgegengewirkt worden." (WuG: 468)

Immer wieder kommt Weber auf dieses "historische Bündnis" zurück —
eine jener Bedingungen der okzidentalen Entwicklung, die oft von der Sekundärliteratur übersehen oder vernachlässigt werden (vgl. zum Beispiel auch
GARS I: 56, 437-438; GARS II: 129). Damit ist kein 'formelles' Bündnis
zwischen Fürsten und Bürgern gemeint, sondern eine spezifische Art der
Machtkonstellation zwischen den Herrschern und den Stadtbürgern, die beide in
eine mehr oder minder unfreiwillige Allianz drängte (vgl. als Beleg: WuG:

---

140 Mit Bezug auf diesen Zusammenhang begründet auch Wallerstein den Entwicklungsvorteil
einer "Weltökonomie" (mit einem *höheren*, nämlich transnationalen, Integrationsgrad auf
der ökonomischen *als* auf der politischen Ebene) gegenüber "Weltreichen" (mit mehr
oder weniger paralleler Integration in bezug auf Ökonomie und Politik): mit dem relativen Machtgewinn der ökonomischen Interessen (vgl. Wallerstein 1974: 127).

487–488, 804). Sie beruht im wesentlichen auf einer Situation der Konkurrenz der Fürstenmacht mit anderen 'politischen' Kräften, insbesondere etwa den großen Vasallen und der Kirche, außerdem aber und vor allen Dingen mit anderen Zentralherrschern. Diese Art von Machtkonstellation bringt die Fürsten in eine relativ erhöhte Abhängigkeit von der Steuerkraft der Träger ökonomischer Funktionen und insbesondere des städtischen Bürgertums. Die Solidarität der Stadtbewohner, im Okzident durch die christliche Glaubensgemeinschaft gefördert, spielt hier wie auch sonst eine weitere wichtige Rolle als Machtfaktor in der Stärkebalance zwischen Fürsten und Bürgern. Aber diese Art von "Bündnis" ist in jedem Fall nur möglich unter der Bedingung einer relativ gespannten *Konkurrenzsituation* zwischen verschiedenen Herrschern. Daß eine solche "Konkurrenz- und 'Gleichgewichts'-Situation" in der europäischen Staatenwelt über ein halbes Jahrtausend hin *dauernd* bestand, das hatte nach Webers Worten "schon Rankes Erstlingsschrift als das ihr *welthistorisch Spezifische* erkannt" (WuG: 211; meine Hervorhebung, A.B.).

Wie im Falle des 'Bündnisses' von religiöser und ökonomischer Rationalisierung identifiziert Weber auch hier das historisch *kontingente* Zusammentreffen verschiedener *genereller* Entwicklungstendenzen als die spezifische Besonderheit der abendländischen Zivilisation.

Dieses Beispiel zeigt paradigmatisch, wie sich in Webers Analysen die Annahme von *transkulturell generalisierbaren Erfahrungsregeln* untrennbar mit der Beschreibung und Erklärung von historisch einzigartigen Entwicklungen verschränkt. Man kann das "welthistorisch Spezifische" der abendländischen Geschichte nur dann wirklich begreifen, ja überhaupt nur beschreiben, wenn man dabei zugleich die Ähnlichkeiten mit dem Schicksal der frühen chinesischen Fürstenstaaten im Auge behält. In beiden Fällen, wir erinnern uns, hat Weber den Schub zur Rationalisierung der fürstlichen Verwaltung und Finanzwirtschaft auf eine vergleichbare Art der Macht- und Kampfkonstellation zurückgeführt.

Dieselbe empirische Regelmäßigkeit beobachtet Weber genauso in Indien:

> "Die Kapitalmacht war auch hier groß, so oft zahlreiche Kleinfürsten sich um die Unterstützung durch ihre Finanzkraft bewarben: den Großkönigtümern gegenüber konnte sie sich dauernd nicht behaupten, — *ein im Kleinen wie im Großen überall sich wiederholender Vorgang.*" (GARS II: 89; meine Hervorhebung, A.B.)

Was sich in dem historisch wechselnden Autonomiespielraum und Einfluß der "Kapitalmacht" äußert, ist der folgende, von Weber angenommene Zusammenhang: Unter der Bedingung, daß die Herrschaftseinheiten in sich hinreichend stabilisiert sind — durch die dauerhafte Monopolisierung der Kontrolle über die 'Betriebsmittel', fördert die Konkurrenz *zwischen* den Herrschaftseinheiten im Regelfall deren formale Rationalisierung. Die Entstehung einer monopolistischen Situation zum Beispiel in Form eines Großkönigtums mit fester Hegemonialposition bremst denselben Prozeß oder führt zu einem Rückfall unter das bereits realisierte Maß formaler Rationalität.

Dieselbe Hypothese bezieht Weber auch auf die ökonomischen Bürokratien im Zeitalter des modernen Kapitalismus. Schon die Bildung privatwirtschaftlicher Monopolunternehmen bedroht die Rechenhaftigkeit des Wirtschaftshandelns und die formale Rationalität der Preisbildung. Erst recht gilt dies, wenn die politischen und ökonomischen Machtzentralen zu einem umfassenden staatlich-wirtschaftlichen Machtmonopol fusioniert werden, wie es der sowjetische Staatssozialismus realisiert hat. Wie Weber in seinem Vortrag über den Sozialismus und im zweiten Kapitel von *Wirtschaft und Gesellschaft* zu begründen sucht, würde eine solche Konstellation nicht nur die Abhängigkeit der Arbeiter von den 'Arbeitgebern' ungleich steigern, die Unternehmerfunktionen gleichsam auch noch mit den spezifischen Machtmitteln des Staates ("Gewaltmonopol") ausstatten, sie würde zugleich mit der 'freien' Preisbildung auf Basis der ökonomischen Konkurrenz um Erwerbschancen und Arbeitsplätze das erreichte Niveau formaler Rationalität im Wirtschaftsleben beseitigen (vgl. WuG: besonders 60, 72, 79; GASS: 503-504).

Monopolisierung der Kontrolle über die 'Betriebsmittel' *innerhalb* der Bürokratien, Konkurrenz zwischen den politischen und ökonomischen Bürokratien um die Beeinflussung der gesellschaftlichen Ordnung, endlich die wirtschaftliche Konkurrenz von Privatunternehmen untereinander und die internationale Machtkonkurrenz von verschiedenen Herrschaftseinheiten — diese Bedingungen zusammen bilden nach Weber heute die notwendige Voraussetzung für den Fortbestand der im Konkurrenzkapitalismus verwirklichten Stufe formaler Rationalisierung. Die gleiche Erfahrungsregel, die Webers Prognosen zugrundeliegt, bildet ein wesentliches Fundament seiner Erklärung für die Genese des westlichen Kapitalismus. Immer wieder weist er auch und gerade in seinen religionssoziologischen Aufsätzen auf das Vorliegen von Interessen- und Machtkonstellationen hin, die im Falle Chinas und Indiens allein schon die Entstehung oder doch die siegreiche Ausbreitung des Geistes der Rechenhaftigkeit unwahrscheinlich gemacht oder verhindert hätten. Diese 'äußeren' Hindernisse lassen sich im wesentlichen darin negativ zusammenfassen, daß dort eine dem "historischen Bündnis" analoge Lage im Kräfteverhältnis von Stadtbürgertum und Territorialherrschern niemals für längere Zeit gegeben war — vor allem nicht jene fünfhundertjährige Konkurrenz— und Gleichgewichtssituation mehrerer Herrschaftseinheiten untereinander, die immer wieder die Aufmerksamkeit von Historikern wie Ranke, Gerschenkron oder Wallerstein auf sich gezogen hat.

Randall Collins hat diesen Aspekt von Webers Theorie der Rationalisierung so beschrieben:

"(...) Weber's constant theme is that the *pattern of relations among the various factors* is crucial in determining their effect upon economic rationalization. (...) The possibility of the follower-societies of the non-Western world to acquire the dynamism of industrial capitalism depends on there being a balance among class forces, and among political forces and cultural forces as well. In the highly industrialized societies also, the continuation of capitalism depends on continuation of the same conflicts. The victory of any one side would spell the doom of the system." (Collins 1986b: 34, 36-37)

Wie das Beispiel des "historischen Bündnisses" demonstriert, können nach Webers Theorie nicht nur religiöse Ideensysteme als differenzierende Elemente der gesellschaftlichen Entwicklung in Erscheinung treten, wie Parsons (1949: 567) herausgestellt hat, sondern auch historisch eigentümliche Lagen der sozialen Machtverteilung. Innerhalb dieser Machtkonstellationen spielen die in einer Menschengruppe vorherrschenden religiösen Vorstellungen und die ihnen entsprechenden sozialen Organisationsformen des religiösen Lebens oft eine maßgebliche und aktive, mitbestimmende und mitgestaltende Rolle. Verfolgt man die ins Unendliche reichenden 'Kausal'-Verflechtungen von Ideen und Interessen, läßt sich nie eine primäre 'Ursache', ein tiefster 'Grund', ein Anfang, der alles andere erklärt, ausmachen. Auch bei der Geburt jener gleichsam axiomatischen Ideen, die das gedankliche Fundament der verschiedenen Weltreligionen bilden, standen die recht profanen Bedürfnisse oder Interessen bestimmter sozialer Gruppen Pate. Diese letztlich unbegründbaren und in diesem Sinne irrationalen Grundlagen, nämlich die 'letzten' Ziele oder "Werte", denen jene Gedankensysteme dienten und auf die hin sie logisch rationalisiert bzw. systematisiert wurden, müssen Weber zufolge wiederum mit Rücksicht auf ihre sozialen Trägerschichten in der Zeit ihrer Entstehung erklärt werden:

"(...) die einzelnen großen Typen der rational methodischen Lebensführung (wurden) vor allem durch diejenigen irrationalen, als schlechthin gegeben hingenommenen, Voraussetzungen charakterisiert, die sie in sich aufgenommen hatten (das heißt: durch die 'letzten' Zweckgesichtspunkte, denen ihre je spezifische Rationalität folgte; A.B.). Welches diese waren, das gerade ist es nun, was in zum mindesten sehr starken Maße rein historisch und sozial bestimmt wurde durch die Eigenart, das heißt aber hier: die äußere, sozial, und die innere, psychologisch, bedingte *Interessenlage* derjenigen Schichten, welche Träger der betreffenden Lebensmethodik in der entscheidenden Zeit ihrer Prägung waren." (GARS I: 253; Hervorhebung im Original)

Diese These wiederholt und präzisiert Weber in seiner großen Untersuchung über Hinduismus und Buddhismus. Beim Vergleich von Indien, China und Hellas erwähnt er, daß die *Weltablehnung* eine sehr weitverbreitete Neigung unter jenen historisch höchst unterschiedlichen Intellektuellenschichten darstellt, die zum ursprünglichen Träger religiöser Weltbilder und Lebensführungsideale wurden. Bei der Aufzählung der verschiedenen Formen der religiösen Weltablehnung bemerkt er:

"Es sind dies eben Vorstellungen, die *jeglicher* vornehmen Intellektuellenschicht sehr naheliegen. Die Unterschiede der Entwicklung sind durch solche der *Interessenrichtung* und diese durch politische Umstände bestimmt." (GARS II: 136; Anm. 1; meine Hervorhebungen, A.B.)

Man beachte, daß in den beiden zuletzt zitierten Passagen der Akzent
Webers gerade auf der Interessenlage der sozialen Träger religiöser Ideen liegt.
Die Interessenspannungen zwischen diesen Intellektuellenschichten, den Zaube-
rern, Propheten, Priestern, einerseits und der Laienanhängerschaft andererseits, jener Gruppen untereinander und die Konkurrenz zwischen verschiedenen
Religionsgemeinschaften bilden im Grunde das Dauerthema des langen religionssoziologischen Kapitels von *Wirtschaft und Gesellschaft*[141]. Niemals stehen
die Gedankengebilde und ihre Wandlungen für sich alleine da und wirken wie
aus dem Vakuum in die soziale Wirklichkeit der Handlungen hinein. Stets sind
sie eingebunden und einverflochten in eine Wirklichkeit, die nicht nur aus
Gedanken besteht, und in der Gedanken nur als *geglaubte* und Anerkennung
findende Überzeugungen Realität besitzen.

Aus Webers konkreten Analysen — auch und gerade seinen religionssoziologischen Arbeiten — läßt sich stets nur eine grundsätzliche Annahme der
"Faktoreninterdependenz" ablesen, wie etwa Roth (Bendix/Roth 1971: 240),
Winckelmann (1980: 31–42) und Riesebrodt (1980: 120–123) zu Recht betont
haben. In diesem Sinne hat Weber ausdrücklich eine "immanent evolutionisti-
sche" Erklärung der jüdischen Religionsentwicklung abgelehnt, die er beispielsweise Julius Wellhausen zuschreibt und selbst so erläutert: "Die eigenen, inneren Entwicklungstendenzen der Jahwereligion bestimmen, wenn auch natürlich
unter dem Einfluß der allgemeinen Schicksale des Volkes, den Gang der Entwicklung" (GARS III: 2–3, Fußnote). *Weber qualifiziert diese Grundannahme
Wellhausens als eine "letztlich doch wohl religiös bedingte Prämisse"* (ebd.;
Kasus geändert, A.B.).

---

141 Eine ausführliche Diskussion der Rolle der intellektuellen Trägerschichten in Webers
     Religionssoziologie muß ich mir an dieser Stelle versagen. Dazu sind seine vielen Einzel-
     studien zu materialreich, zu komplex, aber auch zu fruchtbar, als daß sie eine Behand-
     lung in der hier erforderlichen Knappheit gestatten würden. Gute Vorarbeiten für eine
     differenzierte Bearbeitung dieses Interpretationsthemas haben Hubert Treiber (1984) und,
     in einem älteren, jetzt in englischer Sprache neuveröffentlichten, Aufsatz Pierre Bourdieu
     (1987) vorgelegt. Vielversprechend sind vor allem die deutlichen Parallelen, die Treiber
     zwischen Webers Analysen der religiösen und der Rechtsrationalisierung herausarbeitet.
     Sie geben Grund zu der Hoffnung, daß sich eine gemeinsame Forschungs- und Erklä-
     rungsstrategie rekonstruieren läßt, die Weber sowohl in der Rechts- als auch in der
     Religionssoziologie einsetzt. Bourdieu versteht seinen Beitrag eher als eine Art immanen-
     ter Kritik denn als eine Interpretation herkömmlichen Stils — kommt aber dennoch, wie
     mir scheint, dem Buchstaben und Geist Webers näher als die meisten orthodoxen
     Weberianer. Etliche lohnende Hinweise enthalten auch die beiden Werke Bryan Turners
     (1974 und 1981), die leider zu spät meine Aufmerksamkeit erregten, um in dieser Schrift
     Berücksichtigung zu finden. Turner nimmt darin einen zentralen Teil der in meiner
     Arbeit formulierten Thesen und Argumente vorweg — wie ich hier nicht ohne Neid
     anerkennen möchte.

Eine Interpretation der Weberschen Religionssoziologie nach Art Well-hausens, die die immanenten Entwicklungstendenzen religiöser Ideen in den Mittelpunkt rückt, hat vor einiger Zeit Friedrich Tenbruck vorgeschlagen und damit einiges Aufsehen erregt. Die übrigens keineswegs originelle[142] These Tenbrucks lautet: die autonome Entwicklungslogik religiöser Ideen ist der strukturierende Faktor in Webers Theorie der gesellschaftlichen Evolution. Seine Argumentation hat er unter anderem in folgender Weise zusammengefaßt:

> "Ungeachtet der Tatsache, daß menschliches Handeln *unmittelbar* von Interessen ange-trieben wird, finden sich in der Geschichte *langfristige* Abläufe, deren *Richtung* von 'Ideen' bestimmt worden ist, so daß hier gewissermaßen die Menschen sich für ihre Interessen abrackern und damit *langfristig* doch nur das Wasser der Geschichte auf die Mühlen der Ideen leiten, mit ihrem Tun in deren Bann verbleiben." (Tenbruck 1975: 684; meine Hervorhebungen, A.B.)

Und an anderer Stelle formuliert er seine Grundthese wie folgt:

> "Webers gesamtes Werk zeugt für seine Auffassung, daß aus Interessen keine *umfassen-den* und *kontinuierlichen* Rationalisierungen der Wirklichkeit hervorgehen können. (...) So ist für Weber die Welt voll von *partiellen* Rationalisierungen, die unter jeweiligen Umständen aus Interessen zustande kamen, wirtschaftlichen, technischen, militärischen, verwaltungsmäßigen. (...) Eine umfassende Rationalisierung der Wirklichkeit, wie sie die europäische Neuzeit gebracht hat, konnte nur aus einer *Disziplinierung der Interessen* im Sinne einer rational methodischen Lebensführung entstehen." (Tenbruck 1975: 689; meine Hervorhebungen, A.B)

Tenbrucks Argument lautet: Trotz der Faktoreninterdependenz im je konkre-ten Einzelfall setzt sich nach Webers Auffassung in der sozialen Evolution im ganzen der Richtungssinn von Ideen durch — gleichsam als ein resultierender Vektor divergierender Partialkräfte. Zwar könnten auch ökonomische, politische und sonstige Interessen den Anlaß zu Rationalisierungsprozessen geben, aber die Triebkraft und Richtung, die geschichtliche Ereignisfolgen aus dieser Quelle erhielten, sei zu fragmentarisch, zu "partiell" und "divergent", um zu "umfas-senden und kontinuierlichen" Rationalisierungsprozessen zu führen (vgl. Tenbruck 1975: 684-691 und im Anschluß an Tenbrucks Deutung: Küenzlen 1980: 108-109, 114-116, 118-124). Langfristige Tendenzen, ein kohärenter Richtungssinn, "ein sich durchhaltendes 'Muster'" (so Küenzlen 1980: 124) aber würden der sozialen Evolution nur durch die "Eigenlogik" von Ideen verliehen. Tenbruck spricht in diesem Zusammenhang in Anlehnung an Hegel ausdrücklich von einer "List der Ideen", die sich der *unmittelbar* das Handeln

---

142 Es ist erstaunlich, wie wenigen unter den Kommentatoren, die auf seine Thesen in der einen oder anderen Weise reagiert haben, aufgefallen ist, daß fast alle Argumente und Belege Tenbrucks schon bei Talcott Parsons versammelt sind. Man vergleiche etwa Tenbrucks Ausführungen über den multilinearen Stammbaum der religiösen Evolution und über die zentrale Bedeutung des Theodizee-Problems mit den entsprechenden Passagen in Parsons (1965: insbesondere xxvii, xlvi-xlviii, li, lx-lxi und 1949: 571-572).

der Menschen steuernden Interessen gleichsam nur bediene (Tenbruck 1975: 684).

In gewisser Hinsicht nun kommen Tenbrucks Thesen in der Tat sehr nahe an eine authentische Interpretation der Weberschen Religionssoziologie heran. Webers Erklärung des spezifisch okzidentalen Rationalisierungsprozesses, dessen Resultat eine in ihren wesentlichen Komponenten formal rationalisierte Gesellschaftsordnung bildet, beruht ja auf der faktisch einzigartigen Kombination von verschiedenartigen und voneinander relativ unabhängigen Teilprozessen, die sich erst in der Neuzeit zu einem gleichsam symbiotischen Ganzen zusammenschließen.

In der Regel sind die Richtungen, in die ökonomische und andere Interessen Rationalisierungsschübe meist *material-rationaler* Prägung drängen können, zu divergent und die Kraft der einzelnen, situativ variierenden Interessen ist meist zu schwach, um eine langdauernde, kontinuierlich gerichtete Entwicklungssequenz hervorzubringen. Die zweckrational verfolgten Interessen des konfuzianischen Beamten drängten ihn dazu, die geheiligten traditionellen Rituale zu akzeptieren und die Volksmassen in ihrer, für ihn selbst verachtungswürdigen, Befangenheit in bäuerlicher Magie zu belassen. Sorgten jene hergebrachten traditionalen Mächte doch für Ruhe und Frieden in der Bevölkerung und beförderten so den Gehorsam gegenüber der Obrigkeit. Ebenso verstieß der mittelalterliche Handelskapitalist allzu sehr gegen seine eigenen Interessen, wenn er die Opposition und den 'sozialen Boykott' seiner Konkurrenten heraufbeschwor.

Webers Skepsis gegenüber der selbständigen Rationalisierungsfähigkeit ökonomischer Interessen tritt zum Beispiel deutlich hervor bei seiner Interpretation der Klugheitslehre Albertis, in der sein Kritiker Sombart ja schon alle Elemente des kapitalistischen Geistes aufspüren wollte. *Auf diesem Abstraktionsniveau* teilt Weber die Tenbrucksche Annahme einer *randomness of interests* in der Geschichte. Er teilt sie zum Beispiel nicht, wo es um das entfaltete System des modernen Kapitalismus geht, wenn die sachlichen "Eigengesetzlichkeiten" des rationalen Zweckhandelns entfesselt sind und in den ausdifferenzierten Sphären des sozialen Konkurrenzkampfs "die äußeren Güter dieser Welt zunehmende und schließlich unentrinnbare Macht über den Menschen (gewinnen), wie niemals zuvor in der Geschichte." (GARS I: 203-204; Tempus geändert, A.B.)

Weber geht also nicht davon aus, daß politische und ökonomische Interessenkonstellationen für sich allein im Regelfall zu *kontinuierlichen, langfristigen* Entwicklungssequenzen im Sinne *formaler* Rationalisierung führen können. Aber: Wenn Interessen— und Machtkonstellationen in der bisherigen Geschichte fast nur kurzfristige und partikulare Entwicklungsschübe formaler Rationalisierung erzeugt haben, so liegt dies für Weber gerade nicht an einer *schwachen* Korrelation von 'Interessen' und formaler Rationalisierung. Sondern daran, daß meist immer nur für relativ kurze Perioden jene Art von Konstellation historisch vorlag, für die Weber einen positiven Zusammenhang mit der Steigerung formaler Rationalität annimmt. Konkret: Regelmäßig wurde der Zustand verschärfter Machtkonkurrenz zwischen mehreren Herrschaftsgebilden durch eine Monopolisierung wieder aufgesogen, der Dynamik des angestrengten Wettbewerbs folgte die Stagnation der Weltreiche — wenigstens solange, bis diese sich wieder auflösten und das Spiel von neuem anfing. Für Monopolsituationen nimmt Weber umgekehrt eine signifikante negative Korrelation mit formaler Rationalisierung an. *Tenbrucks Interpretation summiert gleichsam diese beiden signifikanten Korrelationen, die Weber in seinen Analysen behauptet, zu einer nichtsignifikanten Beziehung von 'Interessen' und Rationalisierung auf.* Die Plausibilität dieser Deutung lebt ausschließlich davon, daß Tenbruck nur ganz pauschal und abstrakt von 'Interessen' redet und jede weitere Differenzierung der damit bezeichneten Kategorie von Bedingungsfaktoren vermeidet. Die von Tenbruck behauptete *randomness of interests* in bezug auf formale Rationalisierung löst sich sofort auf, wenn man Monopolsituationen von Konstellationen angespannter Konkurrenz unterscheidet.

Wenn man einmal davon absieht, daß schon mit diesem Gegenargument Tenbrucks Begründungskette an einem entscheidenden Punkt zusammenbricht, so kann man ihm aber zugestehen, daß er einen zentralen Aspekt der Weberschen Rationalisierungstheorie erfaßt hat.

Und mehr noch: Die Verlagerung der Problemstellung von individuellen Kausalbeziehungen auf die Ebene der *Strukturiertheit* historischer Prozesse bedeutet einen wichtigen Fortschritt gegenüber jenen Interpretationen, die auf konkrete Ursache-Wirkungs-Beziehungen fixiert bleiben. Auf der letzteren Ebene kann man bei Weber in der Tat nur eine generelle Annahme der "Faktoreninterdependenz" konstatieren. Das eigentlich schwierige Interpretationsproblem stellt sich aber erst, wenn man nach den Komponenten der gesellschaftlich-geschichtlichen Wirklichkeit fragt, von denen aus *generelle Muster* und *gerichtete Sequenzen* von historischen Prozessen diagnostiziert und erklärt werden können: eben eine der intersubjektiven Erkenntnis zugängliche *Strukturiertheit*.

Die Probleme mit Tenbrucks Weber-Interpretation verschärfen sich jedoch noch weiter, wenn man die Begriffe näher betrachtet, mit denen er die Strukturiertheit historischer Prozesse zu symbolisieren sucht. Vielleicht ist es der größte Fehler der Tenbruckschen Deutung, daß er es versäumt hat, seinen eigenen Zentralbegriff, nämlich den der "Eigenlogik" von Rationalisierungsprozessen wirklich an Webers Texten zu überprüfen. Er wäre dann nämlich darauf gekommen, daß Weber immer nur von "Eigengesetzlichkeiten" spricht[143] —

---

143 Vgl. auch oben, S. 129–130.

und damit in den allermeisten Beispielen etwas anderes meint als die Entwicklungsdynamik von Gedankensystemen: die 'Gesetze' der Konkurrenz um Machtchancen nämlich. Aber auch bei der Eigendynamik der Entwicklung religiöser Weltbilder übersieht Tenbruck die Rolle, die Weber dabei einer *bestimmten* Kategorie von Interessen zuschreibt: jenen, die er mit dem etwas mißverständlichen Namen der "ideellen Interessen" bezeichnet. Sehen wir uns die wichtigste Passage noch einmal an, auf die Tenbruck wie viele andere vor ihm seine Interpretation stützt.

Erinnern wir uns noch? An das religiöse Bedürfnis nach dem *Gefühl* der *certitudo salutis?* An die "höchst wirksamen psychologischen Prämien", die der weltlichen Klugheitslehre Albertis fehlten – im Unterschied zur Calvinschen Lehre? An "die innere, psychologisch, bedingte *Interessenlage"* der intellektuellen Trägerschichten, der Weber maßgeblichen Einfluß auf die 'letzten' irrationalen Voraussetzungen religiöser Weltbilder zuschreibt (GARS I: 253)? Dann haben wir nämlich alles beisammen, was wir für die Interpretation der folgenden Passage brauchen, die die Kommentatoren so oft mißverstanden haben.

"Interessen *(materielle und ideelle), nicht: Ideen* beherrschen *unmittelbar* das Handeln der Menschen. Aber: die *'Weltbilder',* welche *durch 'Ideen' geschaffen* wurden, haben sehr oft als Weichensteller die Bahnen bestimmt, *in denen die Dynamik der Interessen das Handeln fortbewegte.* Nach dem Weltbild richtete es sich ja: 'wovon' und 'wozu' man 'erlöst' sein wollte und – nicht zu vergessen: – konnte. Ob von politischer und sozialer Knechtschaft zu einem diesseitigen messianischen Zukunftsreich. *Oder* von der Befleckung durch das rituell Unreine oder von der Unreinheit der Einkerkerung in den Körper überhaupt zur Reinheit eines seelisch-leiblich-schönen oder eines rein geistigen Seins. *Oder* von dem ewigen sinnlosen Spiel menschlicher Leidenschaften und Begehrungen zur stillen Ruhe des reinen Schauens des Göttlichen. (...) *Oder* von dem Kreislauf der Wiedergeburten mit ihrer unerbittlichen Vergeltung von Handlungen abgelebter Zeiten zur ewigen Ruhe. (...) Der Möglichkeiten gab es noch weit mehr. Stets steckte dahinter eine Stellungnahme zu etwas, was an der realen Welt als spezifisch 'sinnlos' empfunden wurde und also die Forderung: daß das Weltgefüge in seiner Gesamtheit ein irgendwie sinnvoller 'Kosmos' sei: oder werden könne und solle. Dies *Verlangen* aber, das Kernprodukt des eigentlich religiösen Rationalismus, wurde durchaus von *Intellektuellenschichten* getragen. Wege und Ergebnisse *dieses metaphysischen Bedürfnisses* und auch das Maß seiner Wirksamkeit waren dabei sehr verschieden. (...)" (GARS I: 252–253); Hervorhebungen von mir, A.B.)

Der Kontext der vielzitierten Passage macht klar, was gemeint ist, wenn Weber von "ideellen" oder "inneren" Interessen redet: nämlich vor allem das *Heilsinteresse* der Menschen, ihr Bedürfnis nach Erlösung und nach der *Gewißheit,* daß *ihre* Erlösung bevorsteht – und: das darauf gegründete "metaphysische Bedürfnis".

Tenbrucks Deutung ist um das Theodizee-Problem zentriert: um das Problem der Erklärung des Leidens im Rahmen eines Weltbilds, das doch die Welt als ein *sinnvoll* geordnetes Ganzes darstellen und dem menschlichen Verstand zugänglich machen soll. Welches aber ist der Sinn des Leidens? Das ist der

Kern des Theodizee-Problems: Wie erklärt ein rationalisiertes Ideensystem die Existenz und den *Sinn* derjenigen Tatsachenerscheinungen, die *von demselben System aus gesehen* "als spezifisch 'sinnlos' empfunden wurde(n)"? Und wie wird im Zusammenhang und in eins mit der Sinndeutung des Leidens derjenige Weg konzipiert, der die Menschen zur Überwindung des Leidens führt — eben zur 'Erlösung'?

In dieser Problematik, in der praktisch unvermeidlichen *Spannung* zwischen dem Wunsch, die Welt wenigstens im Denken zu beherrschen, ihre Zusammenhänge und Wechselfälle nach sinnhaften Regeln zu ordnen, einerseits und der widerständigen Natur andererseits — hier genau verortet Tenbruck den Kern dessen, was er mit der Formel von der "Eigenlogik der Ideen" bezeichnet. "(...) unter dem Druck dieser Anforderungen" werden die religiösen Weltbilder "zu immer umfassenderen und einheitlicheren Erklärungen der Welt (...) fortgetrieben" (Tenbruck 1975: 684).

Aber genau an diesem Punkt macht sich bemerkbar, daß Tenbruck die "Dynamik der Interessen" mit einer "Eigenlogik der Ideen" verwechselt. Der Kontext der berühmten Stelle über das Verhältnis von Ideen und Interessen zeigt unmißverständlich, welche Kategorie von Interessen Weber dabei vor allem, obgleich nicht ausschließlich (NB!), im Hinterkopf hat. Jene nämlich, auf die er in der *Protestantischen Ethik* mit dem Begriff der "Heilsprämien" oder der "psychologischen Prämien" hingewiesen hat.

Und natürlich: Das Verlangen nach einer kohärenten Weltauslegung, die das als sinnlos empfundene Leiden als sinnvoll, nämlich als vereinbar mit der Perspektive seiner Überwindung, erklärt — es ist gar nichts anderes als *die* ausgezeichnete Erscheinungsform des "Willens zur Macht", in dem Weber mit Nietzsche die naturwüchsige Substanz aller Rationalität identifiziert.[144]

In der Vorgeschichte der Rationalisierung fundiert das Bedürfnis die Logik — nicht umgekehrt. Es ist der Wunsch nach der Bewältigung des Leidens, der das Interesse an rationaler Sinndeutung des Sinnlosen entstehen läßt — und mit ihm jene Regeln sprachlicher Kommunikation, die wir "Logik" nennen. Daß etwas als "sinnlos" und nicht nur bloß als schmerzhaft erfahren wird, das

---

144 Wie sonst soll man es verstehen, wenn Weber feststellt, schon "an der Schwelle ihres Auftretens zeigte die Askese das Doppelgesicht: Weltablehnung einerseits, Weltbeherrschung kraft der dadurch erlangten magischen Kräfte andererseits" (GARS I: 540; Interpunktion geändert, A.B.)? Schon der Magier, "der entwicklungsgeschichtliche Vorläufer des Propheten" (ebd.), steht im Zeichen jenes Willens, der doch erst in der entzauberten Welt der neuzeitlichen Wissenschaft triumphiert (vgl. auch WuG: 245, 259). Die Weltablehnung der Askese aber ist nach Weber Vorbedingung jenes Siegeszuges: Vorbedingung für die radikale Entwertung der Welt, für ihre Entkleidung von allem Heiligen, das heißt: ihre Entzauberung.

allerdings hat eine irgendwie logische Weltkonstruktion immer schon zur Voraussetzung.

Wenn in der zitierten Passage von "Ideen" die Rede ist, dann handelt es sich dabei nicht um einfache Gedanken oder "Ideen", wie man diesen Ausdruck heute versteht. Wie Tenbruck selbst erläutert:

"(...) Weber gebraucht den Begriff im herkömmlichen Sinn des vorigen Jahrhunderts. Ideen z.B. sind jene zu *überpersönlicher* Geltung gelangten Auffassungen, in denen *grundlegende* Aspekte des menschlichen Verhältnisses zur Welt artikuliert werden. Im weiteren Sinne also sind sie 'Weltbilder', im engeren besonders solche, die sich dem Bedürfnis und der Anstrengung einer kohärenten Weltauslegung verdanken und also vor allem von Religionsstiftern, Propheten, Intellektuellen geschaffen worden sind." (Tenbruck 1975: 685; meine Hervorhebungen, A.B.) Man geht an der eigentlichen Pointe der Weberschen Aussage vorbei, wenn man "Ideen" hier einfach mit einer x-beliebigen geistigen Vorstellung oder Intention gleichsetzt, wie sie bei jedem Handeln vorausgesetzt ist. Weber ist hier weit davon entfernt, eine sogenannte 'Gleichursprünglichkeit' von Interessen und Ideen zu behaupten, wie beispielsweise Schluchter annimmt (1979: 206).

Webers These über das Verhältnis von Ideen und Interessen bezieht sich ausschließlich auf religiöse Ideen, die in der Lage sind, sehr spezielle psychische Prämien und Sanktionen als Antriebskräfte menschlichen Handelns zu mobilisieren. Nur soweit der handlungsbestimmende Einfluß der diesen Prämien und Sanktionen korrespondierenden Interessen reicht, nur soweit reicht der Einfluß der 'Ideen' auf die Lebensführung (vgl. GARS I: 40, Fußnote, sowie die weiteren im Abschnitt 5.5 angeführten Belege). Dies ist Webers *petitio principii*, die er in der Auseinandersetzung mit Sombart um die Albertische Klugheitslehre offengelegt hat. Verknüpft man diese Voraussetzung mit der hier entwickelten Interpretation des Theodizee-Motivs, so klärt sich die Frage auf, warum Weber niemals von einer "Eigenlogik" der Ideen spricht. Wo Tenbruck die vereinheitlichende Kraft einer universalen Eigenlogik der religiösen Evolution entdeckt, nämlich bei der Theodizee-Problematik, geht es bei Weber um die *Dynamik eines psychischen Bedürfnisses und seiner niemals ganz befriedigenden Erfüllungen*. Nur dies läßt sich als universale Struktur jenseits aller kulturspezifischen Unterschiede der Heilsideen konstatieren, wenn nur die Stufe eines 'Weltbilds', d.h. einer systematisierten Sinndeutung der Welt als ganzer, erreicht ist. Dann wird die unausgleichliche Diskrepanz zwischen 'Ideen' und Wirklichkeit zu einem fortwährenden Stachel, der stets einen der Antriebe bildet, welche die einmal geschaffenen metaphysischen Gedankengebäude im Fluß halten. Das ist der Sinn der von Tenbruck zitierten These aus der *Zwischenbetrachtung*:

"Auch das Rationale im Sinne der logischen oder teleologischen 'Konsequenz' einer intellektuell-theoretischen oder praktisch-ethischen Stellungnahme hat nun einmal (und hatte von jeher) Gewalt über die Menschen, so begrenzt und labil diese Macht auch gegenüber andern Mächten des historischen Lebens überall war und ist." (GARS I: 537)

Tenbrucks Deutung vernachlässigt an dieser Stelle das, was man mit Recht den "Perspektivismus" des Rationalitätsbegriffs genannt hat. Konstant ist an der Rationalität der Ideen nichts — außer ihrer Tendenz zur gedanklichen Beherrschung des 'Leidens' und den diesem Streben immer wieder begegnenden Reibungsverlusten im Umgang mit der 'Welt', die sich unter anderem auch in den logischen Defiziten der Weltbilder offenbaren. Die Heterogenität von Gedanke und Realität haben die Menschen in immer wieder erneuerten Anläufen zu logischer Systematisierung zu überwinden getrachtet — noch stets mit unvollkommenem Erfolg.

Die Konstanz und Universalität des Theodizee-Bedürfnisses in der Geschichte der Weltreligionen ist es, die den zahlreichen heterogenen Verzweigungen der Ideenevolution ein gewisses Maß an einheitlicher Tendenz, an ähnlichen Mustern und daher an Vergleichbarkeit gewährt. Auszeichnendes Merkmal der Schriftreligionen ist ihre Durchbildung zum logisch geschlossenen 'System', das hohe Maß, in dem sie gerade diesem inneren Interesse an der Sinndeutung des als 'sinnlos' empfundenen, einschließlich ihrer eigenen internen Widersprüche, zu genügen suchen. Dieses Verlangen, das für Intellektuellenschichten typische Derivat des menschlichen Wunsches nach Überwindung des Leidens, hat die Entwicklung der religiösen Weltbilder aber in höchst verschiedenartigen Bahnen vorangetrieben, insbesondere und in der überwiegenden Mehrzahl der Fälle in ganz anderen Bahnen als in der einer kontinuierlichen und umfassenden Rationalisierung der 'Welt'. Tenbrucks Interpretation läßt vergessen, daß Weber, weit mehr als eine *randomness of interests* in der Geschichte, einen radikalen Pluralismus 'letzter' Wertideen behauptet und gepredigt hat.

Die protestantische Lehre war in der Befriedigung jenes ebenso universalen wie unstillbaren Bedürfnisses ja nicht konsequenter und erfolgreicher als die indische Religiosität mit ihrer in sich absolut konsistenten Karmalehre. Aber — sie lenkte *unbeabsichtigt* das Streben nach Erlösung in eine Bahn, in der es erfolgreich mit dem Streben nach 'äußeren' Gütern verschmolzen werden konnte. Aus der Perspektive der Eigengesetzlichkeit religiöser Sinndeutungen gesehen, war jene folgenreiche Kongruenz von Selbstkontrolle und "Weltbeherrschung", die der asketische Protestantismus hervorbrachte, ein historischer Zufall. Diese Kongruenz stellte sich demgemäß nur auf der okzidentalen Entwicklungslinie der religiösen 'Ethik' ein, nicht in den anderen Entwicklungslinien, die doch ganz ebenso jener "Eigenlogik" des Theodizee-Bedürfnisses folgten. Die evolutionäre Relevanz dieser Innovation aber begründet sich für Weber, wie wir gesehen haben, aus ganz anderen Überlegungen — nämlich aus den "Gesetzlichkeiten" des innerweltlichen Überlebenskampfes und aus der diesen 'Gesetzen' angepaßten Kombination von Selbstkontrolle und Herrschaftstechnik, welche die protestantische 'Ethik' verwirklichte.

"Kein Mittelglied führte (...) vom Konfuzianismus und seiner ganz ebenso fest wie das Christentum verankerten Ethik zu einer *bürgerlichen* Lebens*methodik* hinüber. Auf *diese* allein kam es aber an. *Sie* hat der Puritanismus — durchaus gegen seinen Willen — geschaffen. Die Paradoxie der Wirkung gegenüber dem Wollen: — Mensch und Schicksal (Schicksal als *Folge* seines Handelns gegenüber seiner *Absicht*) in diesem Sinn: *das* kann uns diese nur auf den allerersten oberflächlichen Blick seltsame scheinbare Umkehr des 'Natürlichen' lehren." (GARS I: 524; Hervorhebungen im Original)

Die "innerweltliche", bürgerliche Lebensmethodik war nur als Möglichkeit in der chistlichen Askese angelegt. Daß der Prädestinationsglaube Calvins dem anethischen ökonomischen Konkurrenzkampf auf die Beine half, bis er allein zu 'laufen' gelernt hatte, war keine *logische* Folge jenes deterministischen Weltbilds mit seinem übermächtigen Schöpfergott. Wir erinnern uns an die Rolle, die bei dieser *scheinbaren* Verkehrung des 'Natürlichen' die psychischen Bedürfnisse der Gläubigen gespielt hatten. *Ihnen* folgte die priesterliche Seelsorge auf dem Weg zum Bewährungsgedanken. Eben deswegen, weil Interessen unmittelbar das Handeln bestimmen, können "Ideen" regelmäßig nur auf paradoxem Wege Wirkung erlangen. In gar nichts anderem ist die *"'Tragik' jedes Realisationsversuchs von Ideen in der Wirklichkeit" (GASS: 445)* begründet, an die Weber stets geglaubt hat.

Begreift man dieses tragische oder, wenn man so will, ironische Motiv als die Grundmelodie des Weberschen Werks, so läßt sich die Erkenntnis kaum vermeiden, daß Weber sein Thema der nicht-intentionalen Verflechtungen von Intentionen und 'Ideen' vor allem in einem konflikttheoretischen Bezugsrahmen formuliert hat, für den die Begriffe der Macht, des Kampfes und der Auslese die zentralen Analysegesichtspunkte liefern. Wie ich an einer näheren Untersuchung der Art und Weise belegt habe, in der Weber seine verschiedenen Rationalitätskonzepte definiert *und* handhabt — und wie die darin konvergierenden neueren Studien über die Beziehung der Weberschen Soziologie zum Denken Nietzsches plausibel machen –, liegt aber das Machtthema auch schon dem Weberschen Rationalitätsbegriff in seinem innersten Kern zugrunde.

Wie sehr die hier vorgelegte Deutung mit einer unbefangenen Lektüre Webers konvergiert, mag das folgende Zitat aus einer Interpretation Wolfgang Mommsens belegen. Es stimmt nicht ganz, sondern nur in der Tendenz mit den hier vorgestellten Thesen überein. Gerade die nicht unerheblichen Differenzen — bei der Rolle der "ideellen" oder "inneren" Interessen oder auch bei der Differenzierung der Zusammenhänge von Interessenkonstellationen und Rationalisierung — lassen aber vielleicht die wichtigsten Thesen dieses Kapitels noch einmal deutlich hervortreten:

"Die Ansatzpunkte der Rationalisierung liegen *vornehmlich* auf den Gebieten der Wirtschaft und der Politik. Die 'Eigengesetzlichkeiten des wirtschaftlichen und politischen Handelns' wirken sich *in aller Regel* zugunsten fortschreitender Rationalisierung aus. Der Kapitalismus ist bekanntlich, einmal entstanden, auf das Vorhandensein einer ihm adäquaten Wirtschaftsgesinnung nicht mehr angewiesen; kraft der ihm innewohnenden Dynamik zwingt er den modernen Menschen dazu, Berufsmensch zu sein, mag er dies nun wollen oder nicht." (Mommsen 1974a: 125-126; meine Hervorhebungen, A.B.)

Das Schicksal der Rationalisierung wird, nicht erst im entfalteten Konkurrenzkapitalismus, sondern auch schon in der vorherigen Geschichte und in anderen 'Kulturkreisen', in der Regel von der Dynamik der Interessen bestimmt. Nur eben: meist gerade nicht im Sinne einer langdauernden kumulativen Steigerung formaler Rationalität – sondern oft im Sinne des geraden Gegenteils. Webers Evolutionstheorie kann unter diesem Gesichtspunkt geradezu als eine Theorie der *Unwahrscheinlichkeit* formaler Rationalität betrachtet werden, als eine Theorie der Hemmungen und Hindernisse der Rationalisierung.[145] Das liegt daran, daß die "sachlichen" Eigengesetzlichkeiten von Ökonomie und Politik, von Wissenschaft und Religion erst unter einer recht spezifischen Art von Bedingungskonstellation ungestört und ohne Übermaß wechselseitiger Interferenzen sichtbar werden. Das kann man auch so formulieren, daß diese generellen Entwicklungstendenzen nur unter besondersartigen Bedingungen entfesselt und wirksam wurden – wenn man sich dabei des metaphorischen Charakters dieser Sprechweise bewußt bleibt.

Mancher aufmerksame Leser mag an dieser Stelle bemerken, daß meine Interpretation Webers Werk sozusagen unter einem 'nomologischen'[146] Gesichtspunkt befragt – nämlich: was sind die mehr oder minder generalisierbaren *Erfahrungsregeln* und die idealtypischen Modelle, die Webers konkreten historischen Analysen zugrundeliegen? Es würde hier zu weit führen, die Legitimität dieser Herangehensweise im Kontext der Weberschen Wissenschaftslehre zu begründen. Nur dies sei an dieser Stelle bemerkt: *Es sind genau diese Aspekte, auf die sich stets die Streitfragen der Sekundärliteratur konzentriert haben* – vielleicht von der im engeren Sinne historischen Sekundärliteratur und Kritik zum Protestantismus-Aufsatz abgesehen. Das gilt auch und gerade für den Aufsatz Tenbrucks, der ja ganz allgemein das Verhältnis von 'Interessen' und religiösen Weltbildern in der Geschichte zur Diskussion stellt – ohne jede

---

145   Diese treffende Formel verwendete Hartmann Tyrell in einem persönlichen Gespräch.

146   Ich setze hier 'nomologisch' in Anführungszeichen, weil ich nicht behaupten möchte, daß die als Analyseinstrumente für eine *Vielzahl* von Einzelfällen brauchbaren idealtypischen Modelle Webers mit "generellen Erfahrungsregeln" oder "Gesetzen" verwechselt werden dürfen, obgleich sie diese implizit voraussetzen. Überhaupt scheint mir, daß auch und gerade die generalisierend verfahrenden Soziologen zu *anderen* Formen der Generalisierung gelangen müssen als sie durch die 'Gesetze' der klassischen Physik repräsentiert sind. Beispiele für solche abweichenden Formen liefern u.a. Webers Idealtypen oder auch die von Ullmann-Margalit (1978) beschriebenen *invisible-hand-Erklärungen*. Wie auch immer, Weber bezeichnet gelegentlich sogar die Lehrsätze der Grenznutzenlehre als "eine Summe 'idealtypischer' Begriffe" (GAWL: 396).

weitere Spezifikation. Historische Einzelfälle dienen ihm ebenso wie anderen nur als Beispiele, an denen ein ganz genereller Zusammenhang veranschaulicht und geklärt werden soll. Eine Auseinandersetzung mit dem vorherrschenden Weberverständnis muß daher sinnvollerweise auch an diesen Streitfragen ansetzen. Sie sollte sich aber bewußt bleiben, daß die generalisierende Perspektive zwar mit Webers Werk vereinbar ist, er selbst aber sein Erkenntnisinteresse vorrangig als ein individualisierendes, das heißt 'historisches' definiert hat.

Diese Bemerkung ist wichtig aus folgendem Grund: Sobald wir die Geschichte der abendländischen Moderne unter dem Gesichtspunkt ihrer Einzigartigkeit oder historischen Besonderheit betrachten, rücken die grundlegenden 'Ideen' der abendländischen Tradition in eine andere Stellung ein: sie werden dann nämlich zu einem der primären Gegenstände eines individualisierenden Erkenntnisinteresses.

Während es im Kern die 'Interessen', präziser: verschiedene *Arten* von Macht- und Kampfkonstellationen sind, die Elemente von *genereller*, nämlich wiederkehrender oder sequentieller Ordnung in das geschichtlich-soziale Geschehen hineinbringen, sind es oft gerade die 'Ideen', mit denen die Besonderheiten der Entwicklung verschiedener Zivilisationen, die eigentümlichen Schicksale ihrer Menschen und natürlich die Geschichte der ihnen spezifischen Vorstellungen über die Welt und die Lebensführung zusammenhängen. Die Dynamik der politischen, ökonomischen und der psychischen, "ideellen" oder "inneren", Interessen ist vornehmlich für die generelle Gerichtetheit der gesellschaftlichen Entwicklung verantwortlich, während die je besondersartigen 'Ideen' oft gerade für die historischen Einzigartigkeiten, zum Beispiel für die *Verzweigungen* des multilinearen Stammbaums der sozialen Evolution maßgeblich sind — maßgeblich dann, wenn wir *individuelle* Zusammenhänge zu erkennen suchen, die sich *nicht ohne, aber eben auch nicht aus* Annahmen über generalisierbare Regelmäßigkeiten erklären lassen.

Das idealtypische Modell der gesellschaftlichen Evolution, von dem ich zeigen wollte, daß es Weber tatsächlich vorschwebte, fordert daher mindestens drei entscheidende Qualifikationen:

1. Jene Partikularität von Traditionen, die Weber hauptsächlich auf unterschiedliche Weltbilder und Lebensauffassungen zurückführt, kann sich auf ganze Zivilisationen und auf sehr lange Zeiträume ihrer Entwicklung erstrecken; mit der möglichen Ausweitung der westlichen Gesellschaftsordnung und der von ihr geprägten Institutionen zu einer globalen Realität — eine Entwicklung, die Weber gerade in ihren unangenehmsten Aspekten für unabwendbar hielt — könnte die *ursprünglich* partikulare Tradition eines "Rationalismus der Weltbeherrschung" zum beherrschenden Erkennungszeichen einer universellen Epoche der Menschheit avancieren.

2. Nicht nur 'Ideen', sondern auch historisch spezifische Machtkonstellationen können zur Partikularität langfristiger Entwicklungssequenzen Anlaß geben, wie dies zum Beispiel für das "historische Bündnis" gilt, oder − um ein klassisches Beispiel zu zitieren − für die militärische Machtbalance zwischen Persern und Griechen in den Perserkriegen.

3. In Webers Konzeption der Sozialwissenschaften richtet sich das Erkenntnisinteresse des Wissenschaftlers nicht vorrangig auf jene Komponenten und Aspekte der Wirklichkeit, die sich in der Form möglichst genereller Regeln und abstrakter Gattungsbegriffe symbolisieren lassen:

> "Die Sozialwissenschaft, die *wir* treiben wollen, ist eine *Wirklichkeitswissenschaft*. Wir wollen die uns umgebende Wirklichkeit des Lebens, in welches wir hineingestellt sind, *in ihrer Eigenart* verstehen − den Zusammenhang und die Kulturbedeutung ihrer einzelnen Erscheinungen in ihrer heutigen Gestaltung einerseits, die Gründe ihres geschichtlichen So-und-nicht-anders-Gewordenseins andererseits."
> (GAWL: 171)

Weil wir an der ganzen Wirklichkeit, deren Bestandteil wir sind, Interesse nehmen und nicht allein an jenen abstrahierbaren Relationen, die wir für ihre Beherrschung und Erkenntnis benötigen, deshalb können wir jenen unter ihren Komponenten unsere Aufmerksamkeit nicht entziehen, die als stets gefährdete, oft ohnmächtige und, wenn realisiert, meist unerwünschte Folgen zeigende Schöpfungen menschlicher Vorstellungskraft doch unser Leben in einer je eigentümlichen Weise färben − unsere Erfolge wie unser Scheitern.

6. Resultat

Das Thema dieser Arbeit ist ein kritischer Vergleich der Beiträge Max Webers, Norbert Elias' und der älteren Frankfurter Schule zu einer Theorie der sozialen Evolution, die den Wandel historisch und kulturell spezifischer Persönlichkeitsstrukturen zu erklären sucht. Angesichts der verschiedenen Meinungen und Interpretationen, die heute in der internationalen Wissenschaftlergemeinschaft über das damit bezeichnete Problemfeld und über die Arbeiten jener Autoren im Umlauf sind, droht bereits die so formulierte Aufgabenstellung auf Widerspruch zu stoßen. Auch Norbert Elias weist in der Einleitung zur zweiten Auflage seines Hauptwerks die Vermutung zurück, es handle sich dabei "um eine Untersuchung über eine 'Evolution' im Sinne des 19. Jahrhunderts" (Elias 1976a: XII). Und in einer jüngeren Publikation ebenso wie in *Was ist Soziologie?* macht er nachdrücklich auf den Unterschied zwischen der *irreversiblen* biologischen 'Evolution' und der *reversiblen* gesellschaftlichen 'Entwicklung' aufmerksam (1987c: 351, 341, 354; 1970: 175–186). Ebenso würden viele Autoren der Sekundärliteratur (besonders außerhalb der deutschen Soziologie) die Etikettierung der Arbeiten Webers oder auch Horkheimers und Adornos als evolutionstheoretisch ablehnen und stattdessen Begriffe wie 'Modernisierungstheorie', 'Gesellschaftsgeschichte', 'Universalgeschichte' oder, für die *Dialektik der Aufklärung*, schlicht 'Philosophie', 'Gesellschaftstheorie' oder 'social theory' vorziehen.

Obwohl ich mir der Schwierigkeiten bewußt bin, insbesondere auch der Stigmatisierungen, die ich damit in Kauf nehme, habe ich eigensinnig und um das Risiko des Mißverstandenwerdens an diesem umstrittenen und in mancher Hinsicht für Soziologen tatsächlich problematischen Begriff festgehalten. Aus gutem Grund: Bei der Behandlung meines Themas schälte sich als Leitfaden sowohl der einzelnen Interpretationen als auch der übergreifenden Argumentation allmählich eine bestimmte Vorstellung heraus: die Konzeption gesellschaftlicher Entwicklung als eines *ungeplanten*, von keiner übermächtigen Hand gelenkten, aber dennoch strukturierten oder gerichteten Prozesses. Im Anschluß an die Darstellung und Interpretation der Eliasschen Theorie des Zivilisationsprozesses habe ich diese Vorstellung im Kapitel 3. als Leitthema dieser Arbeit entwickelt. Die Idee von Formen einer spontanen Ordnung im sozialen Geschehen wird dabei − ein scheinbar leichter Schritt − *auf die Zeitdimension übertragen.* Wie sehr diese Übertragung herrschenden Denk- und Sprachgewohnheiten widerspricht, kann leicht jeder bei einiger konstanter Aufmerksamkeit selbst beobachten − insbesondere im Umgang mit Geschichtswissenschaftlern und Ethnologen. Man braucht ein wenig Selbstdistanz, um zu bemerken, daß hier die Zeitdimension auf eigentümliche Weise von allem ausgenommen wird, was gewöhnlich ohne große Schwierigkeit für die anderen Dimensionen Anerkennung und Anwendung findet.

Wie ich dargestellt habe, ist es der — mindestens implizite — Vollzug dieses Schritts, der Webers Analysen der Rationalisierung auf das engste mit Elias' Untersuchungen zum langfristigen Wandel der Verhaltensweisen und Gefühle verbindet. Wir haben aber vorläufig nur sehr wenige Worte zur Verfügung, um diesen gedanklichen Schritt zu symbolisieren. Häufig wird der Begriff der Entwicklung dazu benutzt. Aber er hat einen Nachteil: Er ist noch viel ungenauer und vieldeutiger als der Begriff der Evolution. Man kann genauso von der 'Entwicklung des Universums' wie von der 'Entwicklung des Embryos' sprechen, von der 'Entwicklung der Industrie im Zweiten Kaiserreich' wie von der 'Entwicklung eines Künstlers'. Vor allen Dingen zielt dieser Begriff nicht scharf genug auf das, was hier gemeint ist. Die Entwicklung einer befruchteten Eizelle oder eines Pflanzenkeims folgt relativ eng einem 'Bauplan', der sehr viel im vorhinein festlegt, vor allem sehr viele Möglichkeiten ausschließt. Darüberhinaus wird der Begriff häufig gerade auf *geplante* Prozesse oder sogar auf Planungsprozesse selbst angewendet. Der semantische Unterschied wird deutlich, wenn man probehalber einmal von der 'Evolution des Embryos im Mutterleib' oder etwa von einem 'Stadtevolutionsplan' spricht — obgleich der letztere Ausdruck sicherlich oft angemessener wäre als der etablierte 'Stadtentwicklungsplan'.

Der Terminus 'Evolution' bringt dagegen recht genau das zum Ausdruck, worauf es hier ankommt: den ungesteuerten, zufallsabhängigen, im voraus nicht oder nicht in hohem Maße festgelegten, nur relativ wenige Möglichkeiten ausschließenden, Charakter des so bezeichneten Prozesses. Jedenfalls schwingt diese spezifische Bedeutung hier weit hörbarer mit als beim Wort 'Entwicklung'.

Zumindest in der Biologie ist der Terminus in der hier gemeinten Bedeutung gebräuchlich und etabliert. Angesichts dieser Tatsache und der Lage, daß eigentlich kein anderer fest im wissenschaftlichen Vokabular verankerter Ausdruck zur Verfügung steht, um das hier Gemeinte hinreichend genau zu symbolisieren, halte ich es für ratsam, diesen Begriff nicht *vorzeitig* preiszugeben. Es ist kein Zufall, wenn immer wieder biologische Termini — etwa der der 'Ökologie' — sich aufdrängen, wenn wir die Eigenart von eigendynamischen Prozessen und nicht-intentionalen Zuammenhängen zu kommunizieren suchen. Das liegt daran, daß man sich in der Biologie längst an die Existenz solcher Ordnungsmuster und prozessualen Zusammenhänge gewöhnt hat, die nicht von den Intentionen und Merkmalen eines steuernden 'Subjekts' determiniert sind. Erst in jüngster Zeit gewinnt die Einsicht unter Sozialwissenschaft-

lern Raum, daß auch ihr Gegenstandsbereich in hohem Maße durch Prozeßstrukturen oder Zusammenhänge des bezeichneten Typs geprägt ist.[147]

Vergleicht man unter diesem Gesichtspunkt die Analysen langfristiger
Prozesse, die Weber und Elias vorgelegt haben, so lassen sich allerdings noch
viel weitergehende Übereinstimmungen herausarbeiten.

Beide Autoren beziehen sich in ihren Untersuchungen zwar großenteils auf
unterschiedliche historische Tatsachen, verarbeiten diese aber durchaus in einer
analogen Weise. Wie für Elias steht auch in Webers Protestantismus–Aufsatz
die Entstehung einer *systematischen* Selbstkontrolle der Trieb- und Affektimpulse im Mittelpunkt. Obgleich Weber die *Entstehung* neuer Typen des sozialen
Habitus in der Kanalisierung spezifischer psychischer Bedürfnisse durch religiöse Vorstellungen und — im Fall der Sekten — durch die soziale Organisation
der religiösen Gemeinschaften verursacht sieht, erklärt er die *Diffusion* des
rationalisierten Menschentypus doch in ganz derselben Weise wie Elias: nämlich
aus einem Prozeß der sozialen Auslese von Charaktereigenschaften unter sich
durch denselben Prozeß verändernden Konkurrenzbedingungen.

Wenn beispielsweise Robert Nisbet (1969: 276-277; 1970: 200-201) dies
als eine *exogene* Erklärung sozialen Wandels deutet, so zieht er dabei nicht nur
eine im Prinzip willkürliche Trennungslinie zwischen Religion und Wirtschaft,
die gleichsam die Verhältnisse hochdifferenzierter moderner Gesellschaften in
die frühe Neuzeit projiziert. Er übersieht dabei außerdem die Rolle, die die
ausgelöste Eigendynamik des ökonomischen Prozesses in Webers Erklärungsmodell übernimmt. Webers Erklärung der Rationalisierung der frühen chinesischen Fürstenstaaten schließlich widersteht sogar direkt und offensichtlich
einer Interpretation à la Nisbet. Genau wie Elias in seinem Modell des "Monopolmechanismus" operiert Weber hier wie in mehreren anderen Fällen mit
einem Modell *endogenen Wandels*, das Nisbet gerade zum wichtigsten Erken-
nungsmerkmal eines überholten "Evolutionismus" stilisiert hat.

In diesem Kontext ist es dann nicht mehr verwunderlich, wenn sich auch im
einzelnen weitreichende Übereinstimmungen darin erkennen lassen, wie Weber
und Elias durch ihre jeweilige Begrifflichkeit die relevanten Seiten von gesellschaftlichen Entwicklungsprozessen selegieren und in den Brennpunkt ihrer
theoretischen Linsen rücken. Nicht zufällig nimmt Elias' Theorie des Staatsbildungsprozesses von Webers Definition des Staates als Gewaltmonopol ihren
Ausgangspunkt. Die formale Rationalisierung 'politischer' und 'ökonomischer'
Organisationen, von Weber meist als "Bürokratisierung" bezeichnet, impliziert

---

147 Siehe dazu besonders den Abschnitt 3.2 dieser Arbeit. Unter den jüngeren Autoren, die
diese These vertreten, verdient besonders Raymond Boudon hervorgehoben zu werden,
dessen Schriften zugleich eine nützliche Einführung in einen weiten Teil der relevanten
Literatur vermitteln (vgl. Boudon 1980: Kapitel IV–VI; 1979: Kapitel 3-6).

vor allem anderen die dauerhafte Monopolisierung und Zentralisierung der für diese Gebilde je spezifischen Machtressourcen: die "Trennung" der Organisationsmitglieder von den "Betriebsmitteln". Und ebenso wie Weber rekonstruiert Elias in dieser Hinsicht strukturelle Parallelen zwischen der Entwicklung 'ökonomischer' und 'politischer' Institutionen. Das liegt aber eben auch daran, daß die Begriffe und zentralen Hypothesen beider auf dieselben oder zumindest auf ähnliche Aspekte der geschichtlich-sozialen Wirklichkeit zielen.

Eine sorgfältige nähere Untersuchung der von Weber im Kontext seiner Rationalisierungstheorie verwendeten Rationalitätsbegriffe und der mit ihrer Hilfe formulierten Sachaussagen läßt, wie ich zu zeigen versucht habe, den Schluß zu, daß Weber damit genau jene Aspekte von historischen Prozessen thematisiert, die Elias ebenso wie Horkheimer und Adorno als Fortschritte von Naturbeherrschung, sozialer Kontrolle und Selbstkontrolle charakterisiert. So liegt mindestens implizit eine der "Triade der Grundkontrollen" analoge Annahme über die Mechanismen gesellschaftlicher Entwicklung der evolutionären Sonderstellung zugrunde, die Weber dem asketischen Protestantismus in der Pluralität religiöser Entwicklungsrichtungen zuschreibt. Nur hier gelangte die Ausbildung religiöser Lebensführungsideale zu einem praktisch wirksamen Rationalismus der "Weltbeherrschung". Von diesem zentralen Schnittpunkt aus lassen sich sämtliche der von Weber verwendeten, scheinbar ganz heterogenen, Rationalitätsbegriffe entschlüsseln.

Die verschiedenen Varianten dieses Begriffs werden von ihm genau verwendet, um jene Aspekte des Gegenstandsbereichs langfristiger historischer Prozesse zu erfassen, die als Trieb- und Affektkontrolle, als Monopolisierung sozialer Machtchancen und als Steigerung der Beherrschbarkeit ("Berechenbarkeit") sozialer und natürlicher Prozesse bezeichnet werden können. Das kommt zum Beispiel darin zum Ausdruck, daß Weber den Begriff des "Fortschritts" im Kontext historischer Analysen nur dann für legitim hält, wenn er auf die Veränderungen in den "technischen" Aspekten der Handlungs- und Organisationsformen abzielt, d.h. auf die in seinen Augen allein als wertneutrale Maßstäbe verwendbaren Dimensionen der Zweckrationalität und der formalen Rationalität. Fortschritte in diesen Dimensionen lassen sich nämlich intersubjektiv überprüfbar als Steigerungen der logischen Konsistenz, der Adäquanz von Mittel und Zweck und der Prognosefähigkeit der Folgen individueller und organisierter kollektiver Handlungen abschätzen.

In diesem Sinne bemißt sich die Rationalität von Handlungen danach, inwieweit die beabsichtigten mit den tatsächlichen Folgen des Handelns konvergieren, d.h. aber *inwieweit* der Handelnde in der Lage ist, die als Gegenstand des Handelns in Betracht kommenden Prozesse zu prognostizieren und zu kontrollieren. Die formale Rationalität von Organisationsformen — zum Beispiel des ökonomischen Lebens — wiederum bemißt sich daran, in welchem Maße sie ein in diesem Sinne zweckrationales Handeln ermöglichen und begünstigen.

Die Rationalität von Symbolsystemen schließlich (wie zum Beispiel religiöse Weltbilder) mißt Weber daran, inwieweit sie geeignet sind, ein Handeln dieses zweckrationalen Typs erstens als gedankliches Hilfsmittel und zweitens als Prägeapparatur von Handlungsmotiven zu unterstützen. Magie und "außerweltliche" Heilslehren erscheinen nach diesem Maßstab als irrational oder defizient, weil sie die Handelnden von der effizienten Kontrolle natürlicher und sozialer Prozesse ablenken und ihre Bedürfnisse und Antriebsenergien in andere Kanäle als die der zweckrationalen Beherrschung der 'äußeren' Wirklichkeit leiten. Wie Weber bemerkt, können solche Lehren und die mit ihnen verknüpften Heilsmethoden allerdings insofern relativ rational sein, als sie den Gläubigen zumindest zu einer gesteigerten *Selbstkontrolle* seiner eigenen Trieb- und Affektnatur motivieren. Das höchste Niveau der Rationalität religiöser Weltbilder und Ethiken aber wird nach Webers Kriterien dort erreicht, wo sich Selbstkontrolle ("Askese") *und* innerweltliche Orientierung der Handlungsziele miteinander verbinden ("innerweltliche Askese") und dergestalt Selbstbeherrschung in ein Mittel von "Weltbeherrschung" verwandelt wird.

Hinter scheinbar höchst verschiedenen Terminologien verbirgt sich also eine weitgehend identische theoretische Perspektive auf die Gegenstände der geschichtlich-sozialen Welt — bei allen drei Theorien, die hier zur Diskussion stehen. Die Übereinstimmung zwischen Elias und der älteren Frankfurter Schule in den beiden Grundannahmen einer fortschreitenden Umwandlung von "Fremdzwängen" in soziogene "Selbstzwänge" und einer Interdependenz von Naturbeherrschung, sozialer Kontrolle und Selbstkontrolle in der Menschheitsentwicklung habe ich in Kapitel 4. deutlich genug herausgearbeitet, um sie hier nur knapp erwähnen zu müssen. Das gleiche gilt für die markanten Unterschiede zwischen Elias und Horkheimer und Adorno bei der Formulierung und Behandlung der Machtproblematik.

Die Einebnung verschiedener Formen und Varianten von Machtbalancen im Zeichen eines globalisierten Herrschaftsbegriffs resultiert ungefähr in demselben Effekt, den es hätte, wenn man bei der Lektüre von Webers Schriften die Bedeutungsdifferenzen zwischen verschiedenen materialen Rationalitäten, zwischen formaler und materialer Rationalität und zwischen Zweck- und Wertrationalität vergessen würde. Trotzdem bleiben die Konvergenzen zwischen Webers Rationalisierungstheorie und der *Dialektik der Aufklärung* unübersehbar. Vielleicht am schlagendsten zeigt sich dies in der Parallele zwischen Horkheimers und Adornos These vom "Niedergang des Individuums" und Webers Diagnose der zunehmenden Ausbreitung eines opportunistisch-pragmatischen Utilitarismus. Anders als Weber entwickeln Horkheimer und Adorno recht konkrete sozialpsychologische Hypothesen darüber, welches die gesellschaftlichen und familienstrukturellen Bedingungen dafür sind, daß die "verinnerlichte" Bindung an letzte Wertmaßstäbe im Schwinden begriffen ist. Ihre Rekonstruktion dieses Prozesses widerspricht weniger in der Sache als in der

Wertung dem Theorem einer Informalisierung sozialer Normen und Verhaltensstandards, das von Elias und seinen Schülern entwickelt worden ist.

In der Sache divergieren Elias und die Autoren der *Dialektik der Aufklärung* vor allem darin, daß sie diese jüngere Entwicklung des modernen Sozialcharakters mit der vollständigen Unterwerfung unter ein als monolithisch und allumfassend konzipiertes System von 'Herrschaft' gleichsetzen. Demgegenüber berücksichtigen Elias, de Swaan und Wouters auch an dieser Stelle den *zweiseitigen* oder *polyzentrischen Charakter* beinahe aller Machtbalancen zwischen Menschen. Deutlicher als irgendwo sonst zeigt sich an dieser Stelle auch die Divergenz der politischen Wertungen unter den hier behandelten Autoren. Diese Divergenz ist es, die bei jedem von ihnen jeweils verschiedene Aspekte einer im Kern sehr ähnlich diagnostizierten Entwicklungstendenz in den Vordergrund rücken läßt. Weitgehende Einigkeit besteht über die zunehmende Anonymisierung, Komplexitätssteigerung und Verlängerung der Abhängigkeitsketten zwischen Menschen. Aber wo Weber die "säkularisierende Wirkung des Besitzes" (GARS I: 196) beklagt und Horkheimer und Adorno den Untergang der innengeleiteten Unternehmerpersönlichkeit hervorheben, wenden die Repräsentanten der Figurationssoziologie das Augenmerk besonders auf jene Spielräume erweiterter Macht- und Selbstbestimmungschancen sowie auf die Zugewinne an materieller Sicherheit, die die bürokratisch–kapitalistischen Staatsgesellschaften breiten Schichten ihrer Bevölkerungen gewähren. Jenseits der komplementären optischen Verzerrungen mag gerade dieser kritische Fall verdeutlichen, daß auch unter den Vertretern entgegengesetzter politischer und persönlicher Ideale erstaunliche Übereinstimmungen in der Diagnose möglich sind.

Genauso wichtig sind aber die Chancen der wechselseitigen Korrektur und Ergänzung, die sich aus dem Vergleich der Theorien ergeben. Dies gilt besonders für die Arbeiten Webers und Elias'. Zum Beispiel ermöglicht der besondere Akzent, der in Webers Untersuchungen auf der gefährdeten Kompatibilität und den möglichen Spannungen zwischen Fortschritten in der effizienten Kontrolle *verschiedener* Weltdimensionen ("Selbstbeherrschung" versus "Weltbeherrschung") oder *verschiedener* Sphären der sozialen Realität ("Politik", "Ökonomie", "Religion", "Wissenschaft") liegt, gegenüber den Thesen von Elias weitergehende Differenzierungen und eine präzisere Fassung der Probleme, die in der gegensätzlichen Eigendynamik verschiedener Funktionssphären und im Verhältnis von *universalen* Tendenzen zu 'historischen' *Besonderheiten* begründet sind. Durch die Berücksichtigung erstens der historischen Kontingenz spezifischer Machtkonstellationen, die – wie das "historische Bündnis" – von weitreichenden Folgen dafür sind, in welchem *Maße* und mit welcher 'Konsequenz' sich latente *generelle* Entwicklungstendenzen innerhalb einer bestimmten Zivilisation durchsetzen können, und zweitens der unterschiedlichen Rolle, die die *divergierenden* materialen 'Rationalitäten' verschiedener Weltreligionen für den evolutionären Durchbruch zur modernen bürokratisch-kapitalistischen Gesellschaftsform spielen, entwickelt Weber ein komplexeres und in manchen Hinsichten erklärungskräftigeres Modell des okzidentalen Entwicklungsprozesses. Insbesondere handelt es sich bei seiner Evolutionstheorie um "eine Kombination von Stufen- und Alternativenmodell" (Schluchter 1979: 242). Die generelle Entwicklungstendenz (die 'Stufenfolge') wird dabei im wesentlichen von der Tendenz der formalen Rationalisierung bezeichnet, während vor allem die divergierenden Entwicklungsrichtungen der religiösen Heilsmethodik und Lebensauffassung für die alternativen Richtungen stehen, in die sich verschiedene Zivilisationen bewegen können. Allerdings: nur in einer unter den verschiedenen möglichen Richtungen der religiösen Rationalisierung kann sich nach Webers Auffassung die *universale* Tendenz der formalen Rationalisierung gesellschaftlicher *Handlungszusammenhänge* konsequent durchsetzen.

Auf der anderen Seite zeigt der Vergleich, welche Probleme die Verwendung des philosophischen Begriffs der Rationalität für die Diagnose von ungeplanten sozialen Prozessen mit sich bringt. Der Begriff der Rationalität ist auch bei Weber vor allem am Vorbild der Kontrolle der 'großen' Persönlichkeit über ihre Lebensführung und ihre Umwelt orientiert, letzen Endes am Idealbild des autonomen konkurrenzkapitalistischen Unternehmers. Obwohl Weber keineswegs blind ist für Autonomiedefizite, die der diesem Idealbild korrespondierende Zustand für die Lohnarbeiter impliziert, sind die apologetischen Obertöne seines Begriffs formaler Rationalität kaum überhörbar.

Man muß sich jedenfalls fragen, ob eine Analyse der sozialen Bedingungen formaler Rationalisierung nicht zu erheblich anderen Resultaten führen würde, wenn nicht die Beherrschbarkeit ökonomischer Prozesse durch die wenigen Träger der Kapitalbildungsfunktion, sondern die Beherrschbarkeit sozialer Prozesse durch die Mehrheit der Staatsbürger oder − um ein anderes Beispiel zu geben − die Kontrollierbarkeit des zwischenstaatlichen Kräftespiels durch internationale Instanzen politischer Steuerung und Konfliktverarbeitung zum Bezugsgesichtspunkt des Rationalitätsmaßstabs gewählt würde.

An diesem Punkt der Interpretation erweist sich der angeblich abstrakte Gattungsbegriff der formalen Rationalität (vgl. WuG: 45) eben doch als ein *materialer*, nämlich konkreter, Rationalitätsbegriff.

Webers Fassung dieses Terminus ist jedenfalls direkt und eindeutig auf die Entstehungs- und Bestandsbedingungen einer konkurrenzkapitalistisch-nationalstaatlichen Ordnung bezogen. Man muß dieser Ordnung oder doch bestimmten Zügen derselben nicht den Status einer evolutionären Errungenschaft bestreiten, um ihre Einordnung als *Gipfelpunkt* in der Skala eines Rationalitätsbegriffs mit universalistischem Anspruch in Frage zu stellen. Hier zeigt sich deutlich die Rolle der *Wertbeziehung*, die der Konstruktion des Weberschen Begriffs zugrundeliegt. Jedenfalls muß man dieses die Begriffsbildung steuernde *thema-*

tische Selektionskriterium berücksichtigen, wenn man die Bedeutung der mit Webers Begriffen formulierten Sachaussagen präzise verstehen will.

Dieses Problem ist umso dringlicher, als Weber diese Voraussetzungen seiner Terminologie nicht genügend erläutert und viel zu oft versäumt hat, den jeweils verwendeten Rationalitätsbegriff eindeutig nach Art und Bezugsgesichtspunkt zu qualifizieren. Unter diesen Umständen muß die Verwendung eines einzigen Ausdrucks als problematisch erscheinen, der gleichermaßen auf den strukturellen Wandel von sozialen *Organisationsformen* ("Bürokratisierung"), die Entwicklung von *Symbolsystemen* (Rechtsrationalisierung, Entzauberung und Systematisierung von Weltbildern) und den Wandel in der Verteilung und Art der intentionalen Handlungsorientierungen bezogen wird. Auf diese Weise droht wiederholt der Unterschied zwischen intentionalen und nicht-intentionalen Zusammenhängen und Strukturen zu verwischen. Weber selbst hat gegen hegelianische und romantische Konzeptionen der geschichtlich-sozialen Welt darauf hingewiesen, daß sich soziale Systeme nicht nach dem Vorbild von Symbolsystemen interpretieren lassen, weil Kontrafinalität geradezu zu den Definitionsmerkmalen von "Geschichte" gehört (z.B. GPS: 547). Trotzdem schimmert in seinen Thesen zur Rationalisierung und Entzauberung doch immer wieder eine Art hegelianischer Geschichtskonzeption durch, in der soziale Entwicklung als ein Prozeß der *gleichsam* logisch folgerichtigen Entfaltung einer ahistorischen, von Ewigkeit her vorgegebenen "Vernunft" erscheint.

Elias' Theorie ist konsequent genug, die schon für Weber höchst problematische apriorische Einheit der "Rationalität" in untereinander *heterogene* Formen der Kontrolle und Selbstkontrolle aufzulösen und jeweils als das nicht-intendierte Resultat von ungeplanten sozialen Prozessen zu identifizieren. Ganz deutlich und unzweideutig hat er die Konsequenz gezogen, die schon in Webers Begrifflichkeit angelegt, aber nicht explizit formuliert ist: daß nämlich das Gemeinsame an verschiedenen Formen von "Rationalität" präzise im Moment der Kontrolle begründet ist: der Macht über natürliche, soziale und psychische Prozesse. Weil Elias konsequenter als Weber dabei eine Strategie der iterativen Begriffsbildung verfolgt (üblicherweise wird das irreführend als "induktives" Vorgehen charakterisiert), führt die Identifikation von Rationalität und Kontrolle der Realität bei Elias nicht zu einer homogenisierenden Auffassung verschiedener "Rationalitäten" und Machtbalancen, in der sich Naturbeherrschung, soziale Herrschaft und Selbstbeherrschung zu einem hermetisch abgeschlossenen "Gehäuse der Hörigkeit" verdichten. Diese Tendenz zu einer globalen Reifikation der Begriffe Rationalität und Herrschaft, die auch bei Weber schon wirksam ist, läßt sich vielleicht am deutlichsten an der Theorie Horkheimers und Adornos exemplifizieren, die den Prozeß der "Aufklärung" in dieser Weise interpretieren.

Auf diese Weise lassen sich Webers und Elias' Theorien dazu verwenden, die jeweiligen Engpässe und Lücken ihrer Ansätze wechselseitig zu korrigieren.

Die Tendenzen zu einer Übergeneralisierung der Entwicklungstrends der westeuropäischen Geschichte bei Elias lassen sich durch Webers Hypothesen über das spannungsträchtige Verhältnis verschiedener Teilprozesse (ökonomische versus politische versus religiöse Evolution) abbremsen und so auf das rechte Maß bringen.

Während Elias zumindest in manchen Formulierungen die Vorstellung suggeriert, daß politische Integration und Marktentwicklung überall *automatisch* miteinander harmonieren und sich wechselseitig verstärken, weist Weber darauf hin, daß die besondere *Symbiose* von Gewaltmonopolisierung und Produktionsmittelmonopolisierung in der europäischen Neuzeit an *historisch spezifische*, obgleich nicht notwendig einzigartige Bedingungen geknüpft war. Insofern sind Webers Analysen geeignet, gewisse überzogene Verallgemeinerungen des evolutionstheoretischen Modells bei Elias zu relativieren. Auf der anderen Seite zeigt der Vergleich der Protestantismusthese mit der soziogenetischen Analyse der höfisch-aristokratischen Rationalität, daß Weber die *Einzigartigkeit* der in der innerweltlichen Askese repräsentierten Form der Selbstkontrolle überschätzt und die Genese von Selbstkontrolle zu ausschließlich aus der religiösen 'Ethik' zu erklären sucht. Berücksichtigt man die empirischen Ergebnisse von Elias' Untersuchungen des Zivilisationsprozesses, erweist sich die von Weber untersuchte protestantisch-bürgerliche Persönlichkeitsstruktur als *eine* Phase und Variante innerhalb eines übergreifenden langfristigen Wandels der sozialen Charakterstrukturen, der sich schwerlich aus den Veränderungen theologischer oder philosophischer Ideensysteme erklären läßt.

Außerdem – und das ist genauso entscheidend – begegnet Elias schon im Ansatz den hegelianischen Tendenzen einer Verwechslung der naturwüchsigen Entwicklungsdynamik historischer Prozesse mit der "Entwicklungslogik" von Aussagensystemen, d.h. der idealistischen Gleichsetzung der Entwicklungsstrukturen sozialer Geschehenszusammenhänge mit einer Reihe von aufeinander 'logisch' aufbauenden Lernschritten, wie sie sich *im nachhinein* als 'idealer' Pfad aus kognitiven Lernprozessen rekonstruieren läßt.[148] Hier wie sonst vermeidet Elias die Illusion eines gesamtgesellschaftlichen Makrosubjekts, die stets droht, wenn gesellschaftliche Prozeßzusammenhänge direkt aus Gesetzlichkeiten des 'Geistes', in Wirklichkeit stets: der individuellen Psyche, abgelei-

---

148 Siehe die Argumentation in Abschnitt 5.8. Gemäß den hier vorgetragenen Überlegungen sind solche Analogien gerade *insofern und insoweit* sinnvoll, als die "Entwicklungslogik" von kognitiven Lernprozessen – trotz der scheinbaren Nähe – nur wenig mit *logischen* Zusammenhängen im strengen Sinne gemein hat. Vielmehr haben wir es hier, wie bei anderen 'psychologischen' Zusammenhängen, mit einer besonderen Kategorie von nicht-intentionalen Entwicklungsstrukturen zu tun. Das Problem liegt also weniger im Vergleich von psychischen mit sozialen Prozeßstrukturen als solchem, sondern vielmehr in der allzu leicht irreführenden Etikettierung der ersteren als "Entwicklungs*logik*".

tet werden. Das liegt im wesentlichen an der besonderen Fassung, die in diesem Ansatz die Idee der nicht-intendierten Folgen sozialen Handelns erhält. Während Weber die soziale Wirklichkeit primär als Handlungswirklichkeit – d.h. als einen Zusammenhang intentionaler Handlungen – konzipiert, rückt Elias' Konzeption der sozialen Realität von Anfang an die nicht-intentionalen Verflechtungen zwischen verschiedenen intentional handelnden Menschen in den Mittelpunkt. Dadurch verbietet es sich für ihn schon von seinem begrifflichen Ansatz her, soziale Zusammenhänge als intentionale Zusammenhänge zu konzipieren – es sei denn, dies ist im Ausnahmefall empirisch gerechtfertigt: nämlich durch das Maß an Kontrolle, das intentional handelnde Menschen über soziale Prozesse gewonnen haben! Im engsten Zusammenhang mit dieser Akzentsetzung steht der zentrale Stellenwert, den in seinem Ansatz die Begriffe der "Konkurrenz" und der "Macht" erhalten – und insbesondere die Annahme einer inhärenten Reziprozität nahezu aller Machtrelationen.

In ganz ähnlicher Weise hat – wie ich gezeigt habe – Weber die Vorstellung der "Paradoxie der Wirkung gegenüber dem Wollen" stillschweigend mit den "sachlichen Gesetzlichkeiten" (WuG: 353) sozialer Konkurrenzkämpfe um Machtchancen ökonomischer oder anderer Natur verknüpft. Wesentlich auf diesem Zusammenhang beruht seine Vorstellung einer "Tragik, in die alles Tun, zumal aber das politische Tun, in Wahrheit verflochten ist" (GPS: 547; vgl. auch GASS: 445). Dieser Zusammenhang wirkt sich natürlich vor allem im Bereich des auf 'äußeren' Erfolg hin orientierten Handelns aus und hier vor allem in jenen "Sphären", die durch die unvermeidliche Konkurrenz um fundamentale Machtchancen gekennzeichnet sind: den Bereichen des politischen und ökonomischen Handelns. Es ist daher kein Zufall, wenn Weber wiederholt vor allem diese beiden Handlungssphären als Beispiele für jene "Tragik" anführt:

> "Wie das ökonomische und das politische rationale Handeln seinen Eigengesetzlichkeiten folgt, so bleibt jedes andere rationale Handeln innerhalb der Welt unentrinnbar an die brüderlichkeitsfremden Bedingungen der Welt, die seine Mittel oder Zwecke sein müssen, gebunden (...)" (GARS I: 552).

Die "Versachlichung", von der Weber in diesem Zusammenhang redet, bedeutet gar nichts anderes als die Anpassung des erfolgsorientierten Handelns an die "immanenten Eigengesetzlichkeiten" (GARS I: 544) der jeweiligen Konkurrenzprozesse (siehe für diese Deutung von "Versachlichung" insbesondere: WuG: 353, 361, 440 und GARS I: 547; vgl. dazu Brubaker 1984: 32–33).

In modernen westlichen Gesellschaften sind es die "sachlichen Gesetzlichkeiten" von ausdifferenzierten Konkurrenzprozessen in voneinander 'getrennten' Handlungssphären, die es den Handelnden nahelegen, möglichst alle relevanten Bedingungen ihres Handlungsfeldes möglichst umfassender und präziser Beherrschung durch Berechnung zu unterwerfen – einschließlich ihrer eigenen Trieb- und Affektnatur. Diese Interpretation läßt sich dahin extrapolieren, daß die spezifische Rationalität dieses Gesellschaftstyps für Weber genau darin besteht, daß hier die sozialen Handlungssphären nach der Natur der für sie je spezifischen Machtmittel voneinander geschieden sind, und daher in ihnen relativ unabhängig voneinander Ausleseprozesse im Sinne eines konstanten, je spezifischen Selektionsmusters ablaufen können. Dadurch ist die kontinuierliche und 'kumulative' Steigerung der Machtpotentiale je spezifischer Machtquellen in der Struktur dieser Gesellschaften verankert.

Damit wäre die konkurrenzkapitalistisch-nationalstaatliche Form der Vergesellschaftung das gleichsam idealtypisch oder experimentell 'reine' Demonstrationsmodell einer generellen Korrelation, die Weber in verschiedenen Einzelfallanalysen teils implizit, teils explizit behauptet hat: der generellen Korrelation von Prozessen formaler Rationalisierung mit Situationen einer verschärften Konkurrenzspannung zwischen in sich stabilisierten Organisationseinheiten.

Bei genauerem Hinsehen registriert Weber nur hier — in sozialen Konstellationen dieses Typs — eine *immanente* Entwicklungstendenz zu *formaler* Rationalisierung. Anders als im Falle der Rechtsrationalisierung, wo Weber formale Rationalität beinahe nur als historischen Ausnahmefall betrachtet, erzeugen die politischen und ökonomischen Machtkonstellationen, wo sie durch eine verschärfte Konkurrenz gekennzeichnet sind, eine Eigendynamik in Richtung formaler Rationalität. Die analogen Figurationszwänge, die in Konkurrenzprozessen wirksam sind, erzeugen wiederkehrende Muster und eine 'kumulative' oder sequentielle Strukturiertheit langfristiger historischer Geschehenszusammenhänge und begründen damit Möglichkeiten der Formulierung von relativ generalisierbaren Begriffen und Aussagen für den historischen Gegenstandsbereich.

Die von Weber vorausgesetzte Korrelation ist jedoch nicht zu verwechseln mit der These eines automatischen, mit 'logischer' Notwendigkeit sich vollziehenden 'Fortschritts'. Daß die darin formulierte endogene Entwicklungstendenz keineswegs unentrinnbar ist, beruht unter anderem auf der Möglichkeit, daß die Konkurrenzspannungen von einem erfolgreichen Monopolisierungsprozeß wieder absorbiert werden können — wie im Falle des chinesischen Kaiserreichs. Vor allem von hierher sieht Weber auch in der Zukunft die Tendenz einer *konsequenten* formalen Rationalisierung in steter Gefährdung.

So läßt sich erstaunlicherweise Elias' Theorie in dieser Hinsicht als eine Art 'Rationalisierung' der Weberschen Soziologie betrachten: als eine Systematisierung und konsequentere Fassung des Themas der nicht-intentionalen "Eigengesetzlichkeiten", der "Paradoxie" und "Tragik" innerweltlichen Handelns. Daß er dabei zu einer 'optimistischeren' Zukunftsperspektive als Weber gelangt, beruht wiederum auf der Systematisierung eines Gedankens, den man gelegentlich auch bei Weber finden kann. Das ist die Annahme, auch die Eigendynamik sozialer Konkurrenzprozesse könne unter bestimmten Bedingungen den Handelnden eine *Mäßigung* der Rücksichtslosigkeit gegenüber jene Akteuren nahelegen, von deren Handeln ihre eigenen Lebensbedingungen in der einen oder anderen Weise *abhängig* sind. Daß diese wechselseitige Interdependenz – ob als Partner oder als miteinander verstrickte Gegner – über den ganzen Globus hin zugenommen hat und zunehmen wird, wenn nicht ein weltweiter Krieg diese Entwicklungstendenz umkehrt, das ist eine der präzisesten Richtungsaussagen und Prognosen, die Elias' Analyse des Zivilisationsprozesses enthält. Und zwar gilt dies vor allem und gerade in jenen Handlungsbereichen, in denen die Interessen der Beteiligten aufs massivste berührt werden – nämlich in der internationalen Politik und auf dem Gebiet der wirtschaftlichen Verflechtungen. So wie "honesty is the best policy" eine utilitaristische Maxime darstellt, die dem auf Kreditwürdigkeit und auf das gute Image seiner Produkte angewiesenen Geschäftsmann nicht einfach gleichgültig sein kann, wenn er seine eigenen Interessen nicht schädigen *will*, so ist die Temperierung der zwischenstaatlichen Konkurrenz heute zu einem Gebot der "Staatsräson" geworden. Das ist jedenfalls eine Schlußfolgerung, die sich aus Elias' *Diagnose* gewinnen läßt, ohne daß damit das Gebiet der "Wertung" selbst betreten würde. Wie die *Zwecke* zu bewerten sind, die hinter jener Formel stehen, das ist eine ganz andere Frage.

Die Systematisierung von theoretischen Annahmen der hier behandelten Art ist immer eine zweischneidige Angelegenheit. Das liegt in der Natur der Sache – das heißt: der Symbole, mit denen Menschen ihre Wirklichkeit verarbeiten. Die konsistentere Ausarbeitung eines Grundgedankens und seiner Verknüpfungen mit anderen Begriffen und Annahmen bedeutet die Möglichkeit, umfassendere Zusammenhänge und Muster zu erkennen, wo zuvor keine besondere Strukturiertheit wahrgenommen wurde. Sie bedeutet damit zugleich eine höhere *Selektivität* der Wahrnehmung. Das hat Vorteile wie Nachteile. Die Vorteile, die die durch Elias erreichte Synthese bietet, erweisen sich unter anderem bei dem Versuch, Ordnung in das etwas überkomplexe und unübersichtliche Gemälde des Weberschen Werkes hineinzubringen. Sie ermöglicht auch dort, Zusammenhänge nachzuvollziehen, die zuvor unentdeckt geblieben sind. Wer die Paragraphen 1 bis 7 und 9 bis 17 der "Soziologischen Grundbegriffe" für den Kern der Weberschen Soziologie gehalten hat, der ist – wie ich hoffe – hier eines anderen belehrt worden. Vielleicht lohnt es sich, den Paragraphen 8 künftig in den Mittelpunkt der Weber-Interpretation zu rücken, wie Eduard Baumgarten vorgeschlagen hat. Die Selektivität, die in einer solchen Perspektive – wie in *jeder* anderen – impliziert ist, sollte davor nicht zurückschrecken lassen. Denn: die *wirklichen* Grenzen eines solchen theoretischen Ansatzes werden erst dann sichtbar, wenn man seine Leistungsfähigkeit *ernsthaft* erprobt hat. Davon aber scheint mir die gegenwärtige Soziologie bislang noch weit entfernt zu sein.

Verzeichnis der Abkürzungen

Die am häufigsten zitierten Schriften Max Webers werden mit den folgenden Abkürzungen angeführt:

ASS 20, 21	= Weber, M., 1905: Die protestantische Ethik und der "Geist" des Kapitalismus. Archiv für Sozialwissenschaft und Sozialpolitik 20: 1-54 und 21: 1-110.
GARS I, II, III	= Weber, M.: Gesammelte Aufsätze zur Religionssoziologie. Drei Bände. (Fotomechanischer Nachdruck der Originalausgabe von 1920/21) Tübingen: Mohr (Siebeck), 1978 (I), 1978 (II), 1976 (III).
GASS	= Weber, M., 1924: Gesammelte Aufsätze zur Soziologie und Sozialpolitik. Tübingen: Mohr (Siebeck).
GASW	= Weber, M., 1924: Gesammelte Aufsätze zur Sozial- und Wirtschaftsgeschichte. Tübingen: Mohr (Siebeck).
GAWL	= Weber, M., 1973: Gesammelte Aufsätze zur Wissenschaftslehre (hrsg. von J. Winckelmann). 4. Aufl., Tübingen: Mohr (Siebeck).
GPS	= Weber, M., 1980: Gesammelte Politische Schriften (hrsg. von J. Winckelmann). 4. Aufl., Tübingen: Mohr (Siebeck).
Wirtschaftsgeschichte	= Weber, M., 1981: Wirtschaftsgeschichte: Abriß der universalen Sozial- und Wirtschaftsgeschichte (hrsg. von S. Hellmann und M. Palyi). 4. (gegenüber der 3. unveränderte) Aufl., Berlin: Duncker & Humblot.
WuG	= Weber, M., 1972: Wirtschaft und Gesellschaft: Grundriß der verstehenden Soziologie (hrsg. von J. Winckelmann). 5. revidierte Aufl., Tübingen: Mohr (Siebeck).

Literaturverzeichnis

Abramowski, G., 1966: Das Geschichtsbild Max Webers. Stuttgart: Klett

Adorno, T.W., 1942: Reflexionen zur Klassentheorie. In: ders., 1972, Gesammelte Schriften, Bd. 8: Soziologische Schriften I. Frankfurt: Suhrkamp

Ders., 1957: Soziologie und empirische Forschung. In: ders., 1970, Aufsätze zur Gesellschaftstheorie und Methodologie. Frankfurt: Suhrkamp

Ders., 1968: Spätkapitalismus oder Industriegesellschaft? In: ders., 1970, Aufsätze zur Gesellschaftstheorie und Methodologie. Frankfurt: Suhrkamp

Ders., 1969: Stichworte. Frankfurt: Suhrkamp

Ders., 1975a: Minima Moralia. Frankfurt: Suhrkamp

Ders., 1975b: Negative Dialektik. Frankfurt: Suhrkamp (stw)

Albert, H., 1985: Mißverständnisse eines Kommentators. Zeitschrift für Soziologie 14, 4: 265-267

Alexander, J.C., 1983: The Classical Attempt at Theoretical Synthesis: Max Weber. London: Routledge & Kegan Paul

Ders., 1984: The Parsons Revival in German Sociology. S. 394-412 in: R. Collins (Hrsg.), Sociological Theory 1984. San Francisco/London: Jossey-Bass

Andreski, S., 1984: Max Weber's Insights and Errors. London: Routledge & Kegan Paul

Arnason, J.P., 1971: Von Marcuse zu Marx. Neuwied: Luchterhand

Ders., 1984: Large-Scale Units and Long-Term Processes: Social Theory and the Concept of Civilization. Paper written for the conference "Civilizations and Theories of Civilizing Processes. Comparative Perspectives". ZiF (Zentrum für interdisziplinäre Forschung), Universität Bielefeld, 14.-17.6.1984

Ders., 1987: Figurational Sociology as a Counter-Paradigm. Theory, Culture & Society 4: 429-456

Aron, R., 1965: Max Weber und die Machtpolitik. S. 103-120 in: O. Stammer (Hrsg.), 1965

Aya, R., 1978: Norbert Elias and "The Civilizing Process", Theory and Society 5, 2: 219-228

Bachrach, P./Baratz, M.S., 1977: Macht und Armut. Frankfurt: Suhrkamp

Bader, V./Berger, J./Ganßmann, H./v.d. Knesebeck, J., 1976: Einführung in die Gesellschaftstheorie: Gesellschaft, Wirtschaft und Staat bei Marx und Weber. 2 Bände. Frankfurt/New York: Campus

Bandura, A., 1979: Sozial-kognitive Lerntheorie. Stuttgart: Klett-Cotta

Bauman, Z., 1979: The Phenomenon of Norbert Elias. Sociology 13: 117-125

Baumgarten, E., 1964: Max Weber: Werk und Person. Tübingen: Mohr (Siebeck)

Beetham, D., 1974: Max Weber and the Theory of Modern Politics. London: George Allen & Unwin

Bellah, R.N., 1957: Tokugawa Religion: The Values of Pre-Industrial Japan. Glencoe: The Free Press

Ders., 1973: Religiöse Evolution. S. 267-302 in: C. Seyfarth/W.M. Sprondel (Hrsg.), 1973

Bendix, R., 1960: Max Weber: An Intellectual Portrait. London: Heinemann

Ders., 1964: Max Weber — Das Werk. Darstellung, Analyse, Ergebnisse. München: Piper

Ders., 1972: Max Webers Soziologie heute. S. 50-67 in: D. Käsler (Hrsg.), Max Weber — Sein Werk und seine Wirkung. München: Nymphenburger Verlagshandlung

Ders./Roth, G., 1971: Scholarship and Partisanship: Essays on Max Weber. Berkeley/London: University of California Press

van Benthem van den Bergh, G., 1971: The Structure of Development: An Invitation to the Sociology of Norbert Elias. (I.S.S. Occasional Papers No. 13, Oct. 1971). The Hague: Institute of Social Studies

Berger, S., 1973: Die Sekten und der Durchbruch in die moderne Welt: Zur zentralen Bedeutung der Sekten in Webers Protestantismus-These. S. 241-263 in: C. Seyfarth/W.M. Sprondel (Hrsg.), 1973

Blau, P.M., 1964: Exchange and Power in Social Life. New York/London: Wiley

Blok, A., 1979: Hinter Kulissen. S. 170-193 in: P.R. Gleichmann et al. (Hrsg.), Materialien zu Norbert Elias' Zivilisationstheorie. Frankfurt: Suhrkamp

Blomert, R., 1987: Psychosoziologische Aspekte der Zivilisationstheorie des Norbert Elias. Dissertation an der Wirtschafts- und sozialwissenschaftlichen Fakultät der Freien Universität Berlin. Berlin

Bogner, A., 1981: Macht und Herrschaft unter zivilisationstheoretischer Perspektive. Vervielfältigtes Typoskript. Universität Bielefeld. Fakultät für Soziologie

Ders., 1983: Bemerkungen zur Zivilisationstheorie. S. 542-546 in: F. Heckmann/P. Winter (Hrsg.), 21. Deutscher Soziologentag 1982: Beiträge der Sektions- und ad hoc-Gruppen. Opladen: Westdeutscher Verlag

Ders., 1985: Bemerkungen zu Hartmut Essers Aufsatz "Figurationssoziologie und Methodologischer Individualismus". Kölner Zeitschrift für Soziologie und Sozialpsychologie 37: 800-804

Borkenau, F., 1938: (Review of:) Über den Prozess der Zivilisation. Vol. I: Wandlungen des Verhaltens in den weltlichen Oberschichten des Abendlandes. By Norbert Elias. The Sociological Review 30: 308–311

Ders., 1939: (Review of:) Über den Prozess der Zivilisation. Vol. II. By Norbert Elias. The Sociological Review 31: 450–452

Born, K.E., 1980: Von der Reichsgründung bis zum Ersten Weltkrieg (= H. Grundmann (Hrsg.), Gebhardt: Handbuch der deutschen Geschichte, Bd. 16). München: Deutscher Taschenbuch Verlag

Boudon, R., 1979: Widersprüche sozialen Handelns. Darmstadt/Neuwied: Luchterhand

Ders., 1980: Die Logik des gesellschaftlichen Handelns: Eine Einführung in die soziologische Denk- und Arbeitsweise. Neuwied: Luchterhand

Bourdieu, P., 1987: Legitimation and Structured Interests in Weber's Sociology of Religion. S. 119–136 in: S. Lash/S. Whimster (Hrsg.), 1987

Breuer, S./Treiber, H. (Hrsg.), 1984: Zur Rechtssoziologie Max Webers: Interpretation, Kritik, Weiterentwicklung. Opladen: Westdeutscher Verlag

Brubaker, R., 1984: The Limits of Rationality: An Essay on the Social and Moral Thought of Max Weber. London: Allen & Unwin

Buck–Morss, S., 1977: The Origin of Negative Dialectics. Hassocks/Sussex: Harvester Press

Dies., 1978: (Review of:) Norbert Elias. The Civilization Process. Telos 37: 181–198

Burger, R., et al., 1978: Statt eines Interviews. Kriminalsoziologische Bibliografie 5, 19–20: 1–16

Burger, T., 1976: Max Weber's Theory of Concept Formation. Durham: Duke University Press

Carneiro, R.L., 1973: Eine Theorie zur Entstehung des Staates. In: K. Eder (Hrsg.), Seminar: Die Entstehung von Klassengesellschaften. Frankfurt: Suhrkamp

Cohen, J./Hazelrigg, L.E./Pope, W., 1975: De–Parsonizing Weber: A Critique of Parsons' Interpretation of Weber's Sociology. American Sociological Review 40: 229–241

Collins, R., 1980: Weber's Last Theory of Capitalism: A Systematization. American Sociological Review 45: 925–942

Ders., 1985: Three Sociological Traditions. New York: Oxford University Press

Ders., 1986a: Max Weber: A Skeleton Key. Beverly Hills/London: Sage

Ders., 1986b: Weberian Sociological Theory. Cambridge/New York: Cambridge University Press

Crozier, M./Friedberg, E., 1979: Macht und Organisation: Die Zwänge kollektiven Handelns. Königstein/Ts.: Athenäum

Dahrendorf, R., 1969: Zu einer Theorie des sozialen Konflikts. S. 108–123 in: W. Zapf (Hrsg.), 1969

Döbert, R., 1985: Formale Rationalität als Kern der Weberschen Modernisierungstheorie. S. 523–529 in: B. Lutz (Hrsg.), 1985

Drehsen, V., 1975: Religion und die Rationalisierung der modernen Welt: Max Weber. S. 89–154 in: K.W. Dahm et al., Das Jenseits der Gesellschaft. München: Claudius

Dubiel, H., 1978: Wissenschaftsorganisation und politische Erfahrung: Studien zur frühen Kritischen Theorie. Frankfurt: Suhrkamp

Dunning, E./Mennell, S., 1979: Figurational Sociology: Some critical comments on Zygmunt Bauman's "The phenomenon of Norbert Elias". Sociology 13, 3: 497–501

Durkheim, E., 1977: Über die Teilung der sozialen Arbeit. Frankfurt: Suhrkamp

Dux, G., 1973: Religion, Geschichte und sozialer Wandel in Max Webers Religionssoziologie. S. 313–337 in: C. Seyfarth/W.M. Sprondel (Hrsg.), 1973

Eder, K., 1976: Die Entstehung staatlich organisierter Gesellschaften. Frankfurt: Suhrkamp

Eisen, A., 1978: The Meanings and Confusions of Weberian 'Rationality'. British Journal of Sociology 29, 1: 57-70

Eisenstadt, S.N., 1969: Sozialer Wandel, Differenzierung und Evolution. S. 75-91 in: W. Zapf (Hrsg.), 1969

Elias, N., 1956: Problems of Involvement and Detachment. British Journal of Sociology 7, 3: 226-252

Ders., 1969: Sociology and Psychiatry. S. 117-144 in: S.H. Foulkes/G. Stewart Prince (Hrsg.), Psychiatry in a Changing Society. London/New York: Travistock

Ders., 1970: Was ist Soziologie? München: Juventa

Ders., 1971: Sociology of Knowledge: New Perspectives. Part One. Sociology 5: 149-168

Ders., 1974: Towards a Theory of Communities. Foreword to C. Bell/H. Newby (Hrsg.), The Sociology of Community: A Selection of Readings. London: Cass

Ders., 1976a: Über den Prozeß der Zivilisation. Erster Band: Wandlungen des Verhaltens in den weltlichen Oberschichten des Abendlandes. Frankfurt: Suhrkamp

Ders., 1976b: Über den Prozeß der Zivilisation. Zweiter Band: Wandlungen der Gesellschaft. Entwurf zu einer Theorie der Zivilisation. Frankfurt: Suhrkamp

Ders., 1977a: Zur Grundlegung einer Theorie sozialer Prozesse. Zeitschrift für Soziologie 6, 2: 127-149

Ders., 1977b: Adorno-Rede: Respekt und Kritik. S. 35-68 in: N. Elias/W. Lepenies, Zwei Reden anläßlich der Verleihung des Theodor W.Adorno-Preises 1977. Frankfurt: Suhrkamp

Ders., 1979: Die höfische Gesellschaft: Untersuchungen zur Soziologie des Königtums und der höfischen Aristokratie. 4. Aufl. Neuwied: Luchterhand

Ders., 1980: Die Zivilisierung der Eltern. In: L. Burkhardt (Hrsg.), "... und wie wohnst du?". Berlin: Internationales Design Zentrum Berlin

Ders., 1981: Zivilisation und Gewalt. S. 98-122 in: J. Matthes (Hrsg.), Lebenswelt und soziale Probleme. Frankfurt/New York: Campus

Ders., 1982a: The History of Manners. The Civilizing Process: Volume One. New York: Pantheon

Ders., 1982b: State Formation and Civilization. The Civilizing Process: Volume Two. Oxford: Blackwell

Ders., 1982c: Über die Einsamkeit der Sterbenden in unseren Tagen. Frankfurt: Suhrkamp

Ders., 1983a: Über den Rückzug der Soziologen auf die Gegenwart. Kölner Zeitschrift für Soziologie und Sozialpsychologie 35: 29-40

Ders., 1983b: Engagement und Distanzierung: Arbeiten zur Wissenssoziologie 1 (hrsg. von M. Schröter). Frankfurt: Suhrkamp

Ders., 1984a: Knowledge and Power: An Interview with Peter Ludes. In: N. Stehr/V. Meja (Hrsg.), Society and Knowledge: Contemporary Perspectives in the Sociology of Knowledge. New Brunswick: Transaction Books

Ders., 1984b: The Formation of States and Changes in Restraint. Paper prepared for the conference "Civilizations and Theories of Civilizing Processes. Comparative Perspectives", ZiF (Zentrum für interdisziplinäre Forschung), Universität Bielefeld, 14.-17.6.1984 (unveröffentlichtes Manuskript)

Ders., 1984c: Über die Zeit: Arbeiten zur Wissenssoziologie 2 (hrsg. von M. Schröter). Frankfurt: Suhrkamp

Ders., 1984d: Notizen zum Lebenslauf. S. 9-82 in: P.R. Gleichmann et al. (Hrsg.), 1984

Ders., 1985a: Das Credo eines Metaphysikers. Zeitschrift für Soziologie 14: 93-114

Ders., 1985b: Wissenschaft oder Wissenschaften? Zeitschrift für Soziologie 14: 268-281

Ders., 1985c: Humana conditio: Beobachtungen zur Entwicklung der Menschheit am 40. Jahrestag eines Kriegsendes (8. Mai 1985). Frankfurt: Suhrkamp

Ders., 1987a: Die Gesellschaft der Individuen (hrsg. von M. Schröter). Frankfurt: Suhrkamp

Ders., 1987b: The Changing Balance of Power between the Sexes – A Process-Sociological Essay: The Example of the Ancient Roman State. Theory, Culture & Society 4: 287-316

Ders., 1987c: On Human Beings and Their Emotions: A Process-Sociological Essay. Theory, Culture & Society 4: 339-361

Ders./Dunning, E., 1986: Quest for Excitement: Sport and Leisure in the Civilizing Process. Oxford/New York: Blackwell

Ders./Scotson, J.L., 1965: The Established and the Outsiders: A Sociological Enquiry into Community Problems. London: Cass

Elwert, G., 1980: Die Elemente der traditionellen Solidarität: Eine Fallstudie in Westafrika. Kölner Zeitschrift für Soziologie und Sozialpsychologie 32: 681-704

Ders., 1983: Bauern und Staat in Westafrika. Frankfurt/New York: Campus

Emerson, R.M., 1962: Power-Dependence Relations. American Sociological Review, 27: 31-41

Esser, H., 1984: Figurationssoziologie und Methodologischer Individualismus: Zur Methodologie des Ansatzes von Norbert Elias. Kölner Zeitschrift für Soziologie und Sozialpsychologie 36: 667-702

Eve, M., 1982: What is the Social? On the Methodological Work of Norbert Elias. Quaderni di sociologia 30, 1: 22-48. Torino: Einaudi

Ders., 1983: L'opera storica di Norbert Elias. Rivista di Storia Contemporanea 3: 396-408

Evers, H.D., 1984: The Civilizing Process: World Figuration or World-System? Paper prepared for the conference on "Civilizations and Theories of Civilizing Processes. Comparative Perspectives". ZiF (Zentrum für interdisziplinäre Forschung), Universität Bielefeld, 14.-17.6.1984

Ferguson, A., 1767: An Essay on the History of Civil Society. A. Millar/T. Caddel/A. Kincaid/J. Bell (Reprint 1971: New York: Garland Publishing)

Fisher, H.A.L., 1949: A History of Europe. London: Edward Arnold

Flap, H./Kuiper, Y., 1981: Figurationssoziologie als Forschungsprogramm. Kölner Zeitschrift für Soziologie und Sozialpsychologie, 33: 273-301

Foucault, M., 1976a: Über Attica. S. 46-57 in: ders., Mikrophysik der Macht. Berlin: Merve

Ders., 1976b: Macht und Körper. S. 91-98 in: ders., Mikrophysik der Macht. Berlin: Merve

Ders., 1978: Wahrheit und Macht. S. 21-54 in: ders., Dispositive der Macht. Berlin: Merve

Freud, S., 1915: Zeitgemäßes über Krieg und Tod. In: S. Freud, 1980

Ders., 1917: Einführung in die Psychoanalyse. In: ders., 1971, Sigmund Freud-Studienausgabe, Band I: Vorlesungen zur Einführung in die Psychoanalyse und Neue Folge. Frankfurt: S. Fischer

Ders., 1927: Die Zukunft einer Illusion. In: S. Freud, 1980

Ders., 1930: Das Unbehagen in der Kultur. In: S. Freud, 1980

Ders., 1933: Warum Krieg? In: S. Freud, 1980

Ders., 1980: Sigmund Freud-Studienausgabe, Band IX: Fragen der Gesellschaft: Ursprünge der Religion. Frankfurt: S. Fischer

Freund, J., 1968: The Sociology of Max Weber. London: Allen Lane

Fromm, E., 1932: Über Methode und Aufgabe einer analytischen Sozialpsychologie. Zeitschrift für Sozialforschung 1: 28-54

Gabriel, K., 1979: Analysen der Organisationsgesellschaft: Ein kritischer Vergleich der Gesellschaftstheorien Max Webers, Niklas Luhmanns und der phänomenologischen Soziologie. Frankfurt/New York: Campus

Gay, P., 1970: Die Republik der Außenseiter. Frankfurt: S. Fischer

Gerhards, J., 1988: Soziologie der Emotionen: Fragestellungen, Systematik und Perspektiven. München: Juventa

Gerth, H.H./Mills, C.W., 1946: Introduction. S. 1-74 in: dies. (Hrsg.), From Max Weber: Essays in Sociology. New York: Oxford University Press

Giddens, A., 1977: Studies in Social and Political Theory. London: Hutchinson

Ders., 1981: A Contemporary Critique of Historical Materialism. Volume One: Power, Property and the State. London: Macmillan

Ders., 1984: The Constitution of Society: Outline of the Theory of Structuration. Berkeley/Los Angeles: University of California Press

Gleichmann, P.R./Goudsblom, J./Korte, H. (Hrsg.), 1977: Human Figurations: Essays for Norbert Elias. Amsterdam: Amsterdam Sociologisch Tijdschrift

Dies. (Hrsg.), 1979: Materialien zu Norbert Elias' Zivilisationstheorie. Frankfurt: Suhrkamp

Dies. (Hrsg.), 1984: Macht und Zivilisation: Materialien zu Norbert Elias' Zivilisationstheorie 2. Frankfurt: Suhrkamp

Goudsblom, J., 1977: Sociology in the Balance: A Critical Essay. Oxford: Blackwell
(dt. Ausgabe 1979: Soziologie auf der Waagschale. Frankfurt: Suhrkamp)

Ders., 1979: Aufnahme und Kritik der Arbeiten von Norbert Elias in England, Deutschland, den Niederlanden und Frankreich. S. 17-100 in: P.R. Gleichmann et al. (Hrsg.), 1979

Ders., 1984: Zum Hintergrund der Zivilisationstheorie von Norbert Elias: Das Verhältnis zu Huizinga, Weber und Freud. S. 129-147 in: P.R. Gleichmann et al. (Hrsg.), 1984

Green, M., 1980: Else und Frieda: die Richthofen-Schwestern. München: dtv

Habermas, J., 1971: Urgeschichte der Subjektivität und verwilderte Selbstbehauptung. In: ders., Philosophisch-politische Profile. Frankfurt: Suhrkamp

Ders., 1976: Zur Rekonstruktion des Historischen Materialismus. Frankfurt: Suhrkamp

Ders., 1981a: Theorie des kommunikativen Handelns. Band 1: Handlungsrationalität und gesellschaftliche Rationalisierung. Frankfurt: Suhrkamp

Ders., 1981b: Theorie des kommunikativen Handelns. Band 2: Zur Kritik der funktionalistischen Vernunft. Frankfurt: Suhrkamp

Ders., 1981c: Dialektik der Rationalisierung (Interview). Ästhetik und Kommunikation 45/46: 126-155

Hahn, A., 1986: Differenzierung, Zivilisationsprozeß, Religion: Aspekte einer Theorie der Moderne. S. 214-231 in: F. Neidhardt/M.R. Lepsius/J. Weiß (Hrsg.), Kultur und Gesellschaft (= Sonderheft 27 der Kölner Zeitschrift für Soziologie und Sozialpsychologie). Opladen: Westdeutscher Verlag

von Hayek, F.A., 1967: Studies in Philosophy, Politics and Economics. London: Routledge & Kegan Paul

Ders., 1969: Freiburger Studien. Tübingen: Mohr (Siebeck)

Hempel, C.G., 1965: Aspects of Scientific Explanation. New York/London: The Free Press/ Collier-Macmillan

Hennis, W., 1987: Max Webers Fragestellung: Studien zur Biographie des Werks. Tübingen: Mohr (Siebeck)

Henrich, D., 1952: Die Einheit der Wissenschaftslehre Max Webers. Tübingen: Mohr (Siebeck)

Hirschman, A.O., 1984: Leidenschaften und Interessen: Politische Begründungen des Kapitalismus vor seinem Sieg. 2. Aufl., Frankfurt: Suhrkamp

Honneth, A., 1983: Anthropologische Berührungspunkte zwischen der lebensphilosophischen Kulturkritik und der "Dialektik der Aufklärung". S. 786-792 in: F. Heckmann/P. Winter (Hrsg.), 21. Deutscher Soziologentag 1982: Beiträge der Sektions- und ad hoc-Gruppen. Opladen: Westdeutscher Verlag

Ders., 1985: Kritik der Macht: Reflexionsstufen einer kritischen Gesellschaftstheorie. Frankfurt: Suhrkamp

Ders./Joas, H., 1980: Soziales Handeln und menschliche Natur: Anthropologische Grundlagen der Sozialwissenschaften. Frankfurt/New York: Campus

Horkheimer, M., 1937: Traditionelle und kritische Theorie. Zeitschrift für Sozialforschung 6: 245-294

Ders., 1941: The End of Reason. Zeitschrift für Sozialforschung (= Studies in Philosophy and Social Science) 9: 366-388

Ders., 1942: Autoritärer Staat. In: ders., 1972, Gesellschaft im Übergang (Hrsg. W. Brede). Frankfurt: Athenäum Fischer

Ders., 1965: Einleitung zur Diskussion. S. 65-67 in: O. Stammer (Hrsg.), 1965

Ders., 1974a: Zur Kritik der instrumentellen Vernunft (Hrsg. von A. Schmidt). Frankfurt: Athenäum Fischer

Ders., 1974b: Notizen 1950-1969 und Dämmerung: Notizen in Deutschland. Frankfurt: S. Fischer

Ders./Adorno, T.W., 1971: Dialektik der Aufklärung. Frankfurt: Fischer Taschenbuch

Jacoby, R., 1978: Soziale Amnesie: Eine Kritik der konformistischen Psychologie von Adler bis Laing. Frankfurt: Suhrkamp

Jantsch, E., 1982: Die Selbstorganisation des Universums. Vom Urknall zum menschlichen Geist. München: dtv

Jay, M., 1976: Dialektische Phantasie: Die Geschichte der Frankfurter Schule und des Instituts für Sozialforschung 1923-1950. Frankfurt: S. Fischer

Käsler, D., 1979: Einführung in das Studium Max Webers. München: Beck

Kalberg, S.E., 1978: Max Weber's Concept of Rationalization. Ann Arbor: University Microfilms International (zugleich: Dissertation, State University of New York at Stony Brook, The Graduate School. Stony Book, May 1978)

Ders., 1981: Max Webers Typen der Rationalität. S. 9-38 in: W.M. Sprondel/C. Seyfarth (Hrsg.), Max Weber und die Rationalisierung sozialen Handelns. Stuttgart: Enke

Kilminster, R., 1979: Praxis and Method: A Sociological Dialogue with Lukács, Gramsci and the Early Frankfurt School. London/Boston: Routledge & Kegan Paul

Kocka, J., 1973: Karl Marx und Max Weber im Vergleich. S. 54-84 in: H.-U. Wehler (Hrsg.), Geschichte und Ökonomie. Köln: Kiepenheuer & Witsch

Ders. (Hrsg.), 1986: Max Weber, der Historiker. Göttingen: Vandenhoeck & Ruprecht

Kröpp, W., 1979: Zur Grundlegung des Interaktionismus: Soziologie als Wirklichkeitswissenschaft. Diss., Universität Bielefeld. Fakultät für Soziologie

Ders., 1980: Arnold Gehlen − Debatte und Dialog. S. 115-127 in: R. Pohlmann (Hrsg.), Person und Institution: Helmut Schelsky gewidmet. Würzburg: Königshausen + Neumann

Küenzlen, G., 1980: Die Religionssoziologie Max Webers: Eine Darstellung ihrer Entwicklung. Berlin: Duncker & Humblot

Kuzmics, H., 1984: Elias' Theory of Civilization. Telos 61: 83-99

Ders., 1987: Der Preis der Zivilisation: Die Zwänge der Moderne im theoretischen Vergleich. Habilitationsschrift. Graz

Langton, J., 1982: The Behavioural Theory of Evolution and the Weber Thesis. Sociology 16: 341-358

Ders., 1984: Weber, Darwinism and Sociocultural Evolution: A Reply to Haines. Sociology 18: 413-416

Lasch, C., 1979: The Culture of Narcissism. New York: Warner

Ders., 1985: Historical Sociology and the Myth of Maturity: Norbert Elias's "Very Simple Formula". Theory and Society 14: 705-720

Lash, S./Whimster, S. (Hrsg.), 1987: Max Weber, Rationality and Modernity. London: Allen & Unwin

Lepenies, W., 1977: Ein Außenseiter, voll unbefangener Einsicht. S. 9–34 in: N. Elias/W. Lepenies, Zwei Reden anläßlich der Verleihung des Theodor W. Adorno-Preises 1977. Frankfurt: Suhrkamp

Levine, D.N., 1981: Rationality and Freedom: Weber and Beyond. Sociological Inquiry 51, 1: 5–25

Lind, J.D., 1983: The Organization of Coercion in History: A Rationalist-Evolutionary View. S. 1–29 in: R. Collins (Hrsg.), Sociological Theory 1983. San Francisco/London: Jossey-Bass

Löwenthal, L., 1933: Zugtier und Sklaverei. Zeitschrift für Sozialforschung 2: 198–212

Löwith, K., 1960: Max Weber und Karl Marx. S. 1–67 in: ders., Gesammelte Abhandlungen. Stuttgart: Kohlhammer

Loos, F., 1970: Zur Wert- und Rechtslehre Max Webers. Tübingen: Mohr (Siebeck)

Luhmann, N., 1975: Evolution und Geschichte. S. 150–169 in: N. Luhmann, Soziologische Aufklärung 2: Aufsätze zur Theorie der Gesellschaft. Opladen: Westdeutscher Verlag

Ders., 1978: Geschichte als Prozeß und die Theorie sozio-kultureller Evolution. S. 413–440 in: K.-G. Faber/C. Meier (Hrsg.), Historische Prozesse (= Theorie der Geschichte: Beiträge zur Historik, Bd. 2). München: dtv

Ders., 1980: Gesellschaftsstruktur und Semantik: Studien zur Wissenssoziologie der modernen Gesellschaft, Band I. Frankfurt: Suhrkamp

Lukács, G., 1970: Geschichte und Klassenbewußtsein. Neuwied: Sammlung Luchterhand

Lukes, S., 1978: Power: A Radical View. London: Macmillan

Lutz, B. (Hrsg.), 1985: Soziologie und gesellschaftliche Entwicklung: Verhandlungen des 22. Deutschen Soziologentages in Dortmund 1984. Frankfurt/New York: Campus

Mannheim, K., 1958: Mensch und Gesellschaft im Zeitalter des Umbaus. Darmstadt: Hermann Gentner

Ders., 1970: Die Bedeutung der Konkurrenz im Gebiet des Geistigen. S. 566–613 in: ders., Wissenssoziologie (hrsg. von K.H. Wolff). 2. Aufl., Neuwied: Luchterhand

Marcuse, H., 1965: Industrialisierung und Kapitalismus. S. 161–180 in: O. Stammer (Hrsg.), 1965

Ders., 1971: Triebstruktur und Gesellschaft. Frankfurt: Suhrkamp

Marshall, G., 1982: In Search of the Spirit of Capitalism: An Essay on Max Weber's Protestant Ethic Thesis. New York: Columbia University Press

Mayntz, R., 1985: Die gesellschaftliche Dynamik als theoretische Herausforderung. S. 27–44 in: B. Lutz (Hrsg.), 1985

McNeill, W.H., 1980: The Human Condition: An Ecological and Historical View. Princeton: Princeton University Press

Ders., 1984: The Rise of the West as a Long Term Process. Paper prepared for the conference "Civilizations and Theories of Civilizing Processes: Comparative Perspectives". ZiF (Zentrum für interdisziplinäre Forschung), Universität Bielefeld, 14.-17.6.1984

Mennell, S., 1977: "Individual" Action and its "Social" Consequences in the Work of Norbert Elias. S. 99–109 in: P.R. Gleichmann et al. (Hrsg.), 1977

Merton, R.K., 1936: The Unanticipated Consequences of Purposive Social Action. American Sociological Review 1: 894–904

Mommsen, W., 1974a: Max Weber: Gesellschaft, Politik und Geschichte. Frankfurt: Suhrkamp

Ders., 1974b: The Age of Bureaucracy. New York/London: Harper & Row

Ders., 1974c: Max Weber und die deutsche Politik 1890–1920. 2. überarb. und erw. Aufl., Tübingen: Mohr (Siebeck)

Morgenstern, C., 1985: Die unmögliche Tatsache. In: ders., Das Morgenstern-Buch (hrsg. von M. Schulte). 3. Aufl., München/Zürich: Piper

Nagel, E., 1971: Der Einfluß von Wertorientierungen auf die Sozialforschung. S. 237-260 in: H. Albert/E. Topitsch (Hrsg.), Werturteilsstreit. Darmstadt: Wissenschaftliche Buchgesellschaft

Nisbet, R.A., 1966: The Sociological Tradition. New York: Basic Books

Ders., 1969: Social Change and History: Aspects of the Western Theory of Development. London: Oxford University Press

Ders., 1970: Developmentalism: A Critical Analysis. S. 167-204 in: J.C. McKinney/E.A. Tiryakan (Hrsg.), Theoretical Sociology: Perspectives and Developments. New York: Appleton-Century-Crofts

Nozick, R., 1974: Anarchy, State and Utopia. New York: Basic Books

Parsons, T., 1949: The Structure of Social Action. 2. Aufl., New York/London: The Free Press/Collier-Macmillan

Ders., 1965: Introduction. S. xix-lxvii in: M. Weber, The Sociology of Religion. London: Methuen

Ders., 1966: Societies: Evolutionary and Comparative Perspectives. Englewood Cliffs: Prentice-Hall

Ders., 1967: On the Concept of Political Power. S. 297-354 in: ders., Sociological Theory and Modern Society. New York/London: The Free Press/Collier-Macmillan

Ders., 1969: Evolutionäre Universalien der Gesellschaft. S. 55-74 in: W. Zapf (Hrsg.), 1969

Popper, K.R., 1973: Objektive Erkenntnis: Ein evolutionärer Entwurf. Hamburg: Hoffmann & Campe

Rehberg, K.-S., 1979: Form und Prozeß: Zu den katalysatorischen Wirkungschancen einer Soziologie aus dem Exil: Norbert Elias. S. 101-169 in: P.R. Gleichmann et al. (Hrsg.), 1979

Riesebrodt, M., 1980: Ideen, Interessen, Rationalisierung: Kritische Anmerkungen zu F.H. Tenbrucks Interpretation des Werkes Max Webers. Kölner Zeitschrift für Soziologie und Sozialpsychologie 32: 111-129

Ringer, F.K., 1983: Die Gelehrten: Der Niedergang der deutschen Mandarine 1890-1933. Stuttgart: Klett-Cotta

Rittner, V., 1975: Horkheimer/Adorno: Die Dialektik der Aufklärung. Die unterirdische Geschichte des Abendlandes und das Verhältnis von Körper, Herrschaft und Zivilisation. S. 126-160 in: D. Kamper (Hrsg.), Abstraktion und Geschichte: Rekonstruktionen des Zivilisationsprozesses. München: Hanser

Rossi, P., 1986: Max Weber und die Methodologie der Geschichts- und Sozialwissenschaften. S. 28-50 in: J. Kocka (Hrsg.), 1986

Ders., 1987: Vom Historismus zur historischen Sozialwissenschaft: Heidelberger Max Weber-Vorlesungen 1985. Frankfurt: Suhrkamp

Roth, G., 1968: Introduction. S. XXVII-CIV in: G. Roth/C. Wittich (Hrsg.), Max Weber, Economy and Society: An Outline of Interpretive Sociology. Vol. 1. New York: Bedminster Press

Ders./Schluchter, W., 1979: Max Weber's Vision of History: Ethics and Methods. Berkeley: University of California Press

Ders., 1987a: Rationalization in Max Weber's Developmental History. S. 75-91 in: Lash, S./Whimster, S. (Hrsg.), 1987

Ders., 1987b: Max Webers Entwicklungsgeschichte und historische Soziologie. S. 283-305 in: ders., Politische Herrschaft und persönliche Freiheit. Frankfurt: Suhrkamp

Salomon, A., 1957: Fortschritt als Schicksal und Verhängnis. Stuttgart: Enke

Sampson, S.F., 1984: The Formation of European National States, the Elaboration of Functional Interdependence Networks, and the Genesis of Modern Self-Control. (Review of: The Civilizing Process, Vol. 2 by Norbert Elias). Contemporary Sociology 13, 1: 22-27

Schivelbusch, W., 1982: Intellektuellendämmerung: Zur Lage der Frankfurter Intelligenz in den zwanziger Jahren. Frankfurt: Insel

Schluchter, W., 1979: Die Entwicklung des okzidentalen Rationalismus: Eine Analyse von Max Webers Gesellschaftsgeschichte. Tübingen: Mohr (Siebeck)

Ders., 1980: Rationalismus der Weltbeherrschung: Studien zu Max Weber. Frankfurt: Suhrkamp

Ders., 1981: Altisraelitische religiöse Ethik und okzidentaler Rationalismus. S. 11–77 in: ders. (Hrsg.), Max Webers Studie über das antike Judentum. Frankfurt: Suhrkamp

Ders., 1983: Einleitung: Max Webers Konfuzianismusstudie – Versuch einer Einordnung. S. 11–54 in: ders. (Hrsg.), Max Webers Studie über Konfuzianismus und Taoismus. Frankfurt: Suhrkamp

Ders., 1984: Max Webers Religionssoziologie: Eine werkgeschichtliche Rekonstruktion. Kölner Zeitschrift für Soziologie und Sozialpsychologie 36: 342–365

Schröter, M., 1985: "Wo zwei zusammenkommen in rechter Ehe ...": Sozio- und psychogenetische Studien über Eheschließungsvorgänge vom 12. bis 15. Jahrhundert. Frankfurt: Suhrkamp

Sewing, W., 1983: Bericht von der Sektionsveranstaltung "Soziologische Theorien". Kölner Zeitschrift für Soziologie und Sozialpsychologie 35: 199–201

Seyfarth, C., 1973: Protestantismus und gesellschaftliche Entwicklung. S. 338–366 in: C. Seyfarth/W.M. Sprondel (Hrsg.), 1973

Ders./Schmidt, G., 1977: Max Weber Bibliographie: Eine Dokumentation der Sekundärliteratur. Stuttgart: Enke

Ders./Sprondel, W.M. (Hrsg.), 1973: Seminar: Religion und gesellschaftliche Entwicklung: Studien zur Protestantismus-Kapitalismus-These Max Webers. Frankfurt: Suhrkamp

Sica, A., 1984: Sociogenesis versus Psychogenesis: The Unique Sociology of Norbert Elias. Mid-American Review of Sociology 9, 1: 49–78

Smith, A., 1974: Der Wohlstand der Nationen: Eine Untersuchung seiner Natur und seiner Ursachen (hrsg. von C. Recktenwald). München: Beck

Stammer, O. (Hrsg.), 1965: Max Weber und die Soziologie heute: Verhandlungen des 15. Deutschen Soziologentages. Tübingen: Mohr (Siebeck)

Stauth, G./Turner, B.S., 1988: Nietzsche's Dance: Resentment, Reciprocity and Resistance in Social Life. Oxford: Blackwell

van Stolk, B./Wouters, C., 1984: Die Gemütsruhe des Wohlfahrtsstaates. S. 242–260 in: P.R. Gleichmann et al. (Hrsg.), 1984

Dies., 1987: Frauen im Zwiespalt: Beziehungsprobleme im Wohlfahrtsstaat. Frankfurt: Suhrkamp

de Swaan, A., 1976: De mens is de mens een zorg: over verstatelijking van verzorgingsarrangementen. De Gids 139, 1/2: 35–48

Ders., 1981: The Politics of Agoraphobia. Theory and Society 10, 3: 359–385

Tenbruck, F.H., 1959: Die Genesis der Methodologie Max Webers. Kölner Zeitschrift für Soziologie und Sozialpsychologie 11: 573–630

Ders., 1975: Das Werk Max Webers. Kölner Zeitschrift für Soziologie und Sozialpsychologie 27: 663–702

Theweleit, K., 1977: Männerphantasien. 1. Band: Frauen, Fluten, Körper, Geschichte. Frankfurt: Roter Stern

Topitsch, E., 1965: Max Weber und die Soziologie heute. S. 19–38 in: O. Stammer (Hrsg.), 1965

Treiber, H., 1984: "Wahlverwandtschaften" zwischen Webers Religions- und Rechtssoziologie. S. 6–68 in: S. Breuer/H. Treiber (Hrsg.), 1984

Trubek, D.M., 1984: Max Weber über das Recht und die Entstehung des Kapitalismus. S. 152–198 in: S. Breuer/H. Treiber (Hrsg.), 1984

Tuchman, B., 1982: Der ferne Spiegel: Das dramatische 14. Jahrhundert. München: dtv

Turner, B.S., 1974: Weber and Islam: A Critical Study. London/Boston: Routledge & Kegan Paul

Ders., 1981: For Weber: Essays in the Sociology of Fate. Boston/London: Routledge & Kegan Paul

Ders., 1985: (Review of:) Norbert Elias, The Civilizing Process, Vol. 2 & The Court Society. Theory, Culture and Society 2, 3: 158-161

Tyrell, H., 1979: Universalhistorische Rationalisierung und Bürokratie bei Max Weber. Vervielfältigtes Typoskript. Universität Bielefeld. Fakultät für Soziologie (teilweise publiziert als Tyrell 1981)

Ders., 1981: Ist der Webersche Bürokratietypus ein objektiver Richtigkeitstypus? Zeitschrift für Soziologie 10: 38-49

Ullmann-Margalit, E., 1978: Invisible-Hand Explanations. Synthese 39: 263-291

Vogel, U., 1973: Einige Überlegungen zum Begriff der Rationalität bei Max Weber. Kölner Zeitschrift für Soziologie und Sozialpsychologie 25: 532-550

Wallerstein, I., 1974: The Modern World-System: Capitalist Agriculture and the Origins of the European World Economy in the Sixteenth Century. New York/London: Academic Press

Watzlawick, P./Weakland, J.H./Fisch, R., 1979: Lösungen: Zur Theorie und Praxis menschlichen Wandels. Bern/Stuttgart: Huber

Weaver, W., 1955: Science and People. Science 122, 3183: 1255-1259

Ders., 1957: Science and the Citizen. Science 126, 3285: 1225-1229

Weber, Marianne, 1926: Max Weber: Ein Lebensbild. Tübingen: Mohr (Siebeck)

Weber, Max, 1972: Die protestantische Ethik II: Kritiken und Antikritiken. 2. erw. Aufl., Hamburg: Siebenstern Taschenbuch Verlag

Ders., 1973: Soziologie Universalgeschichtliche Analysen Politik (hrsg. von J. Winckelmann). 5., überarb. Aufl., Stuttgart: Kröner

Wellmer, A., 1969: Kritische Gesellschaftstheorie und Positivismus. Frankfurt: Suhrkamp

Wehler, H.-U., 1980: Das Deutsche Kaiserreich 1871-1918. Göttingen: Vandenhoeck & Ruprecht

Wehowsky, A., 1977: Uns beweglicher machen als wir sind − Überlegungen zu Norbert Elias. Ästhetik und Kommunikation 30: 8-18

Weiß, J., 1975: Max Webers Grundlegung der Soziologie. München: Verlag Dokumentation (UTB)

Wiggershaus, R., 1986: Die Frankfurter Schule: Geschichte Theoretische Entwicklung Politische Bedeutung. München: Hanser

Winckelmann, J., 1952: Legitimität und Legalität in Max Webers Herrschaftssoziologie. Tübingen: Mohr (Siebeck)

Ders., 1966: Max Webers Verständnis von Mensch und Gesellschaft. S. 195-243 in: K. Engisch/B. Pfister/J. Winckelmann (Hrsg.), Max Weber: Gedächtnisschrift der Ludwigs-Maximilians-Universität München. Berlin: Duncker & Humblot

Ders., 1976: Erläuterungsband zu Max Weber, Wirtschaft und Gesellschaft. Tübingen: Mohr (Siebeck)

Ders., 1980: Die Herkunft von Max Webers "Entzauberungs"-Konzeption. Kölner Zeitschrift für Soziologie und Sozialpsychologie 32: 12-53

Wippler, R., 1978: Nicht-intendierte soziale Folgen individueller Handlungen. Soziale Welt 29, 2: 155-179

Wittfogel, K.A., 1957: Oriental Despotism: A Comparative Study of Total Power. New Haven: Yale University Press

Wouters, C., 1977: Informalisation and the Civilizing Process. S. 437-453 in: P.R. Gleichmann et al. (Hrsg.), 1977

Zapf, W. (Hrsg.), 1969: Theorien des sozialen Wandels. Köln: Kiepenheuer & Witsch

Zeleny, M. (Hrsg.), 1981: Autopoiesis: A Theory of Living Organization. New York/Oxford: Elsevier North Holland

Namenregister

(Das Literaturverzeichnis und das Verzeichnis der Abkürzungen sind im Register nicht erfaßt.)

Aus dem Programm
Sozialwissenschaften

Horst Reimann u.a.
Basale Soziologie:
Theoretische Modelle

3. Aufl. 1985. 256 S. 12 x 19 cm. (Studienreihe Gesellschaft.) Kart.

Dieser Band gibt eine allgemeine Einführung in das Fachgebiet Soziologie und zeigt deren Stellung innerhalb der Sozialwissenschaften. Er informiert über die wichtigsten theoretischen Modelle zur Erklärung sozialen Verhaltens und zur Erfassung gesamtgesellschaftlicher Strukturen und Prozesse.

Horst Reimann u.a.
Basale Soziologie:
Hauptprobleme

3. Aufl. 1984. 243 S. 12 x 19 cm. (Studienreihe Gesellschaft.) Kart.

Dieser Band unterrichtet über die wichtigsten soziologischen Problembereiche. Besonderes Gewicht liegt dabei auf der Einbeziehung sozial- und kulturanthropologischer Erkenntnisse in die soziologische Interpretation.

Gabor Kiss
Einführung in die
soziologischen Theorien I

Vergleichende Analyse soziologischer Hauptrichtungen.

3., verb. Aufl. 1977. 303 S. 12 x 19 cm. (Studienbücher zur Sozialwissenschaft, Bd. 13.) Pb.

Einführung in die
soziologischen Theorien II

Vergleichende Analyse soziologischer Hauptrichtungen.

3. Aufl. 1977. 358 S. 12 x 19 cm. (Studienbücher zur Sozialwissenschaft, Bd. 27.) Pb.

Die „Einführung in die soziologischen Theorien" gibt einen Überblick über die wichtigsten Theorieansätze in der Soziologie; sie soll eine Schnellorientierung über die zentralen Fragen der Soziologie mit Verweis auf die wichtigsten Quellen und Quellentexte den Studierenden und den Interessenten ermöglichen und einen Leitfaden für spezielle Fragen – wie z.B. Normen, Rolle, System usw. – bieten.

Der erste Band umfaßt die wichtigsten Gesellschaftskonzeptionen vom Beginn der Industrialisierung an bis etwa 1900. Band 2 behandelt im systematischen Zusammenhang mit Band 1 folgende soziologische Konzeptionen mit vergleichenden Analysen: Gesellschaft als Gruppenanalyse / Formale Soziologie (Beziehungslehre) / Die Struktur des sozialen Handelns / Strukturfunktionalismus / Konflikttheorie / Marxistische Soziologie in Osteuropa / Die Kritische Theorie / Die funktionalstrukturelle Systemtheorie von Niklas Luhmann.

WESTDEUTSCHER
VERLAG

Aus dem Programm
Sozialwissenschaften

Friedrich H. Tenbruck

Die kulturellen Grundlagen der Gesellschaft

Der Fall der Moderne.
1989. 322 S. 15,5 x 22,6 cm. Kart.

Inner- und außerhalb der Wissenschaften wird die Kultur als wesentliches Element unserer Wirklichkeit wiederentdeckt. Die Reduktion des Menschen und seiner Welt auf szientistische Strukturen, Gesetzmäßigkeiten, Abläufe oder Codes ist an ihre Grenzen gekommen. Man besinnt sich wieder auf „Kultur", also jene sinnhaften Gehalte und symbolischen Bedeutungen, die wir in der Wirklichkeit entdecken und in unser Handeln hineinlegen. Hierfür gilt es allerdings, dem entleerten Allerweltsbegriff „Kultur" wieder einen sicheren Umriß zu geben. Ausgehend von der Eigenart des Menschen als Kulturwesen, das sich in einer Vielfalt verschiedener Kulturen verwirklicht, verfolgt der Autor die geschichtliche Entfaltung der spezifisch modernen Kulturmächte bis hin in die Gegenwart.

Alexander Schwan

Politische Philosophie im Denken Heideggers

2., um einen Nachtrag 1988 erw. Aufl. 1989. 15,5 x 22,6 cm. Kart.

In der heftigen Diskussion über Martin Heideggers Verhältnis zum Nationalsozialismus bedarf es zwischen dem Herunterspielen seines profaschistischen politischen Engagements einerseits und der blanken Verwerfung seiner bedeutenden Philosophie andererseits der

angemessenen Differenzierung. Alexander Schwan arbeitet den Unterschied zwischen Heideggers (gleich vieler anderer deutscher Intellektueller) anfänglicher Bejahung des autoritären Führerstaates und seiner späteren Distanz zur totalitären Diktatur und Weltanschauung heraus. Er weist die Begründung für beide Haltungen in Heideggers seinsgeschichtlichen Denken selbst nach. Heideggers Werkanalyse in den dreißiger Jahren und seine spätere Besinnung auf das „Wesen der Technik" werden als wichtigste Grundlagen einer echten, allerdings inhaltlich sehr problematischen Politischen Philosophie systematisch erörtert.

Rudolf Wendorff

Zeit und Kultur

Geschichte des Zeitbewußtseins in Europa.

3. Auflage (Sonderausgabe) 1985. 720 S. 15,5 x 22,6 cm. Kart.

Erstmalig wird hier zusammenhängend dargestellt, wie sich im abendländisch-europäischen Kulturkreis seit den Anfängen im Vorderen Orient das Verhältnis der Menschen zum Phänomen Zeit entwickelt hat. Die Auswirkungen auf Erleben, Denken, Verhalten und Handeln und vor allem auf die Dynamik der westlichen Welt stehen dabei im Mittelpunkt.

WESTDEUTSCHER
VERLAG